文化符号与城市旅游品牌管理研究

马东跃　何伟　张明／著

WENHUA FUHAO YU
CHENGSHI LÜYOU PINPAI
GUANLI YANJIU

中国环境出版社・北京

图书在版编目（CIP）数据

文化符号与城市旅游品牌管理研究 / 马东跃，何伟，张明著. — 北京 : 中国环境出版社，2015.7
ISBN 978-7-5111-2372-5

Ⅰ. ①文… Ⅱ. ①马… ②何… ③张… Ⅲ. ①城市旅游—品牌—经营管理—研究 Ⅳ. ① F590.7

中国版本图书馆 CIP 数据核字（2015）第 080666 号

出 版 人 王新程
责任编辑 黄 颖
责任校对 尹 芳
装帧设计 金 喆

出版发行 中国环境出版社
（100062 北京市东城区广渠门内大街 16 号）
网 址：http://www.cesp.com.cn
电子邮箱：bjgl@cesp.com.cn
联系电话：010-67112765（编辑管理部）
010-67175507（科技图书出版中心）
发行热线：010-67125803，010-67113405（传真）
印装质量热线：010-67113404

印 刷 北京中科印刷有限公司
经 销 各地新华书店
版 次 2015 年 7 月第 1 版
印 次 2015 年 7 月第 1 次印刷
开 本 787×1092 1/16
印 张 11.5
字 数 252 千字
定 价 34.00 元

前言

旅游是现代城市的主要功能之一，城市已成为旅游资源开发和旅游业发展的重要地域单元。随着我国城市化进程的加快，城市旅游在整个旅游业和地方经济中的地位和作用也将进一步提升。同时，由于市场竞争的日益加剧，品牌已成为旅游目的地重要的竞争利器。在“文化牵引经济”的时代，城市旅游品牌的文化竞争力日益突出，如何在城市旅游资源禀赋的基础上挖掘提炼城市旅游品牌的文化内涵，形成与该地密切相关的城市旅游品牌文化符号成为城市旅游管理者和经营者提升城市旅游形象，取得竞争优势的重要手段。本书在前人研究成果及相关理论基础上，从文化符号的视角、运用演绎归纳、问卷调查、实地考察、案例分析、理论模型等方法对城市旅游品牌的管理进行了较为系统的理论探讨，以成都市为例对所提出的城市旅游品牌管理框架进行了实证研究。通过统计数据、深度访谈、问卷调查等手段获得相关资料，分析了成都城市旅游品牌管理中存在的问题，提出了该地城市旅游品牌在设计、传播、延伸、竞争与合作等方面的设想。

本书从符号学的视角对城市旅游品牌进行清晰的界定，使城市旅游品牌的概念明朗化，并在管理的实践中具有可操作性。旅游业步入“形象驱动”的发展阶段后，城市管理者、经营者们对城市旅游品牌化十分重视。然而，由于缺乏系统的理论指导，在城市旅游品牌化的实践中却充满了困惑、误区和挫折。往往是花费了大量的人力、物力、财力却收效甚微。因此，加强城市旅游品牌的学术研究，为实践提供可操作的理论指导显得十分迫切。

本书运用符号学的相关理论和方法对城市旅游品牌文化进行剖析，在此基础上，探究城市文化符号与城市旅游品牌管理之间的内在逻辑联系，探讨城市旅游品牌的塑造、传播、延伸、竞争合作、评估等系统的管理方法。通过本研究，澄清以往城市旅游品牌在概念和认识上的误区，为城市旅游品牌管理符号化的理论和实践提供一种有价值的思路和方法。以符号学、品牌学和消费社会理论为基础，对城市旅游品牌的管理开展研究是一次学术探索，具有一定的理论和现实意义。

本书在以下方面有所创新：

首先，采用一个新的研究视角。城市旅游品牌可以直观地表现为一个或一组文化符号，可以且应该纳入符号学研究的视野。在西方消费社会的消费观念和消费行为的影响下，商品的符号价值日益凸显，受到消费者的青睐和重视。本书从文化符号的视角，运用符号学的理论对城市旅游品牌管理进行了相关研究，具有一定的理论和实践意义。

其次，目前，学界对城市旅游品牌的概念尚无统一的界定，对这一概念未做深入的剖析与探讨，在一定程度上影响了城市旅游品牌化的理论研究和实践的可操作性。本书从符号学的视角对城市旅游品牌进行了界定和剖析，提出了一种新的城市旅游品牌概念，消除了目前在城市旅游品牌管理研究和实践领域中存在的一些误区。

再次，文化符号的视角，将“游客凝视”的观点与消费社会中“符号消费”理论相结合，揭示了消费社会背景下，旅游体验的本质，即旅游者以“凝视”为介体，搜寻和解读异域各种文化符号的过程，从而实现其身份识别和消费认同。这一过程可以简单地表述为：旅游者（主体）—凝视（介体）—异域文化符号（客体）—搜寻、解读异域文化符号（体验）—身份识别、消费认同（目的）。

最后，基于文化符号，提出了城市旅游品牌的管理概念性框架。剖析了文化符号在城市旅游品牌的设计、传播、延伸、竞争与合作、资产评估等方面的运用，构建了城市旅游品牌管理的概念性框架。

伴随着日趋激烈的市场竞争，品牌成为各地发展城市旅游的竞争利器。在物质极大丰富的时代，消费者对产品（服务）的文化符号价值日益关注和青睐。城市旅游品牌的管理可以而且应该纳入符号学的视野，将城市旅游资源的文化特色提炼升华至包含与该地密切相关的具有独特旅游体验价值承诺的品牌文化符号，针对城市旅游品牌的文化符号特征，开展品牌的设计、传播、延伸、竞争与合作、资产评估等管理工作。

在本书写作中，马东跃负责本书整体框架思路的制定，并写作第五、六、七章和负责最后统稿；何伟负责第一、二、三、四章的写作；张明负责绪论部分及第八、九章的写作，并协助完成第七章内容。

目录

绪 论

一、旅游“城市化”与城市旅游

（一）旅游“城市化”的发展

随着后工业化时代的到来，城市综合实力的增强、环境的改善，以及各种配套服务设施的完善和齐备，带来了更多的商务、会议会展、国内外交流等方面的客人，使城市具有了旅游管理、接待、集散和辐射中心的功能；同时，城市能提供非城市地区所没有的娱乐、文化设施，提供独特的旅游体验，旅游开始“城市化”。城市日益成为旅游目的地与客源地的统一体，不再仅仅是区域的经济、文化、政治中心，也成为旅游活动中心。于是一种新的现象——以城市为旅游目的地的旅游，即城市旅游得以产生，并日渐兴盛起来。城市已经成为旅游资源开发和旅游业发展的重要地域单元，是现代旅游活动的主体和现代旅游发展的支撑点。

就我国而言，城市旅游的起步较晚，但发展迅速，城市旅游在整个旅游业中的地位和作用也日渐凸显。世界旅游业发展的经验及现状表明，城市已经成为发展旅游业的核心载体，一个地区或国家旅游业的经营越来越多地围绕着城市，特别是中心城市来进行。

我国城市 1996—2008 年连续 12 年进入高速发展时期。城镇化率从 29.4%（1996 年）提高到 45.7%（2008 年），平均每年上升 1.36 个百分点，城镇人口从 3.59 亿上升到 6.06 亿。随着我国城市化进程的加快，我国城市旅游在旅游业和整个国民经济中的地位和作用将会进一步提升。随着旅游业的迅速发展，旅游目的地之间的竞争也日益激烈。旅游已进入形象驱动的发展阶段，品牌成为旅游竞争的利器。如何挖掘城市旅游资源特色，构建城市旅游品牌，形成比较优势和竞争力，促进城市旅游的持续发展是我国城市旅游发展进程中的重点和难点。

（二）西方消费社会的形成与影响

得益于技术创新、现代管理体系以及资本运营的成就，欧美国家在第二次世界大战以后经济持续繁荣，西方发达国家在 20 世纪六七十年代开始形成消费社会。消费社会是指后工业化社会，生产相对过剩，需要鼓励消费以便维持、拉动、刺激生产，消费成为社会生活和生产的主导动力和目标。传统经济学将人假设为“理性经济人”，人们更多关注的是产品的物性特征，其消费行为是对物品的“使用价值”消费。在消费社会里，人们则更多关注商品的符号价值、文化精神特性与形象价值。传统社会的生产只是艰难地满足生存的必需，而消费社会显然把生活和生产都定位在超出生存必需的范围。

鲍德里亚从现代社会中人与物的关系入手，从特殊的需求理论出发来界定社会。他指出，消费者不是对具体的物的功用或个别的使用价值有所需求，他们实际上是对商品所赋予的意义（及意义的差异）有所需求，人们已从实物需求过渡到其背后的意义需求。在这种情况下，“商品拜物教”就相应地转变成了“符号拜物教”。人们对商品的膜拜变成了对符号的膜拜。符号消费侵入了社会各个领域，人们对完美的追求与符号消费之间形成了对应关系，消费者意欲尽可能地占有各类符号的各种意义，无论是符号的现实意义还是历史意义。

在经济全球化浪潮和媒体传播的双重作用下，眼下中国的“符号消费”也从方兴未艾跃进到如火如荼。清华大学社会学系教授孙凤在接受《中国青年报》记者采访时说“符号消费体现的是一种‘社会区隔’。在社会分层不断细化的今天，正是消费逐渐将具有不同经济实力、身份地位、审美品位、教育水平的人区隔开了。”“在中国，许多大城市已进入以追求商品符号价值为特征的消费社会时代。”

现代社会中，作为人们一种生活方式的选择，旅游越来越成为许多人生活的构成部分。在“符号拜物教”的时代背景下，旅游的体验变成了旅游者借助“凝视”，将自身从日常的经验中分离出来，到旅游目的地追寻、搜集、解读与自身惯常生活空间里不同的文化符号的实践过程。旅游者通过对目的地各种符号的消费和拥有，实现其旅游动机——身份的识别与消费的认同。

（三）我国城市旅游品牌管理现状

随着全球化浪潮的冲击，我国旅游业所面临的国内外竞争也将进一步加剧，这已是不争的事实。由于旅游业自身的特点，各地都将发展旅游业作为带动地方经济、提升自身形象、吸引外来投资的法宝。众多城市纷纷加入到旅游开发的行列中。同时，我国城市旅游品牌管理的理论研究和实践都相当薄弱。“与我国工业、商贸、信息等产业相比，我国旅游业在品牌的觉醒和品牌的建设方面起步相对较晚。主要原因在于旅游品牌培育的环境基础不牢、品牌意识淡薄、品牌概念体系认识不清等。经营者们更多的是从促销角度来进行信息传播和形象打造，多注重短期、直接的经济效益，并未或较少从战略的高度来进行品牌建设和管理。”在城市旅游发展过程中，定位不清、形象不明、品牌不响、营销不力、产品项目雷同、千城一面的现象十分突出。造成上述现象的根源在于城市旅游的管理者和经营者未能发掘、提炼城市文化中具有地域性、特色性的城市文化，未将城市文化升华至一种包含与该地密切相关的城市旅游品牌文化符号。因此，从符号学的视角，结合其他相关理论对我国城市旅游品牌进行系统性的研究，不仅具有理论意义，而且还具有重要的现实指导作用。

二、研究的主要内容

本书研究主要包括以下内容。

第一，国内外相关研究回顾与评述，相关概念的理清。对研究所涉及的几个关键概念：文化、文化符号；城市、旅游城市、城市旅游；品牌、旅游品牌和城市旅游品牌等进行了辨析和界定。以符号学的理论为基础，从文化符号的视角对城市旅游品牌进行了界定和剖析，构建城市旅游品牌“三位一体”的整体概念，对旅游者的旅游行为进行了符号学的解读。提出城市旅游品牌管理内容的概念性框架，以此展开对城市旅游品牌管理的探讨。

第二，探讨了文化符号与城市旅游品牌的设计。论述了文化符号在城市旅游品牌设计中的运用，包括文化符号与城市旅游品牌名称、标志、宣传口号之间的关系，提出了城市旅游品牌各构成要素的设计原则。

第三，探讨了城市旅游品牌传播的概念、构成要素、传播内容和空间维度，对城市旅游品牌传播进行了符号学解读。阐述了文化符号与城市旅游品牌传播过程的有机联系，具体分析了城市旅游品牌传播渠道各自的特点，提出了城市旅游品牌传播的策略。

第四，探讨了文化符号与城市旅游品牌的延伸。以制造业中品牌延伸研究的理论为基础，分析了文化符号与品牌延伸之间的内在联系。在此基础上，剖析了旅游品牌延伸方面所面临的困境，提出了城市旅游品牌的延伸机制。

第五，论述了文化符号与城市旅游品牌的竞争与合作之间的关系。分析了城市旅游品牌竞争力构成的核心要素及竞争力形成机制，介绍了城市旅游竞争力的评价体系，指出品牌不仅是城市间旅游市场竞争的利器，也是城市间开展旅游合作的基石。以长江三角洲地区为例，论述了该地区开展城市区域旅游合作的进展情况。

第六，探讨了城市旅游品牌资产的评估。从文化符号与品牌的价值、品牌认同等方面入手，剖析了品牌资产的符号性特征，分析了城市旅游品牌资产的构成要素。就城市旅游品牌资产评估问题进行了探讨，构建了城市旅游品牌资产评估体系。

第一章　相关概念及研究的理论基础

第一节　相关概念辨析

为便于研究的开展，有必要先将本书所涉及的几个主要概念进行理清和界定。

一、文化、文化符号

英国文化学家泰勒在《原始文化》一书中提出了文化的早期经典界定，认为文化是包括知识、信仰、艺术、道德、法律、习俗和任何人作为一名社会成员而获得的能力和习惯在内的复杂整体。随后，人们对文化给出了诸多定义。本书中的文化是一个狭义的概念，指的是城市文化。刘国光（1991）指出城市文化往往也被称为“都市文化”，是市民在长期的生活过程中，共同创造的、具有城市特点的文化模式，是城市生活环境、生活方式和生活习俗的总和。城市文化包括物质文化和非物质文化两个方面。前者属于物质的或有形的器物用品，如城市建筑、园林、教堂、公共文化娱乐设施、交通工具等；后者则为社会心理、价值观念、道德、艺术、宗教、法律、习俗以及城市居民的生活方式等。

符号是指能够传递事物信息的一种标志，它在生活中代表一定的信息或意义。“文化的内隐部分为价值观和意义系统，其外显形态为各种符号，这些符号主要体现为物质实体和行为方式。文化的存在取决于人类创造、使用符号的能力。”文化符号，是指具有某种特殊内涵或者特殊意义的标识。本书的文化符号指的是城市在其历史发展进程中沉淀下来的精华，是城市精神和理念的载体，表达和体现了城市文化的内涵。

二、城市、城市旅游、旅游城市

“城市”一词的历史悠久，在中国文字史上，“城市”这个词是由“城”和“市”两个字组合而成的。历史上的“城”指的是城墙围起来的地方。《墨子·七患》中说：“城者，所以自守也”。《吴越春秋》中说：“筑城以卫君，造郭以守民”。“城”的目的是用于抵御外敌入侵。随着商品生产和交换的发展，“城”又成为商品买卖的场所，即出现了“市”，于是，军事目的的“城”与商业目的的“市”合二为一，形成了中国历史上的“城市”。

关于城市的定义，国内外学者从不同的视角出发，城市的概念也各不相同，本书中城市的定义为：城市是指一定规模及密度的非农业人口集聚地和一定层级或地域的经济、政治、社会和文化中心。

在全球旅游业发展大潮的推动下，城市已成为旅游资源开发和旅游业发展的重要地域单元，成为现代旅游业的支撑点。世界上一些主要的城市已经成为最主要的旅游目的地，如巴黎、纽约、东京、华盛顿、罗马、威尼斯等。中国旅游业发展的经验及现状表明，城市已经成为发展旅游业的核心载体，一个国家或地区旅游业的经营越来越多地围绕着城市特别是中心城市来进行（魏小安，2001）。目前学界关于城市旅游的概念尚未有一个统一的定义。有学者认为，“城市旅游”要以人们为何选择城市作为旅游地为出发点，分析旅游者的社会心理，特别是旅游者的动机（P. Pearce，1993）。宋家增（1996）以上海为例，提出“都市旅游”的概念，将其定义为都市旅游是以都市风貌、风光、风情为特色的旅游。郑向敏（2007）认为都市旅游可以概括为受都市文化、都市景观和都市商务氛围吸引，在工商业发达的大城市进行的，以探亲访友、商务会议、文化修学、观光购物以及娱乐休闲等为目的的旅游活动，是都市发展到一定阶段的必然产物。但城市既包括工业化、商业化的大城市，也包括历史文化小城，因此都市旅游并不等于城市旅游。本书认为城市旅游就是以城市为载体，以城市各种资源为旅游吸引物而开展的旅游活动。城市旅游具有以下几个要素：①城市旅游的空间区域包括建成区和市域；②城市旅游的主体是国际游客、国内游客和本市居民；③城市旅游的客体是组成城市的各类物质和非物质要素，包括自然、文化、产业、建筑、居民、事件等各类景观。

根据全国科学技术名词审定委员会的审定，旅游城市是指具备独特的自然风光或者人文资源等独特资源，能够吸引旅游者前往，具备一定的旅游接待能力，以景区景点为核心、以旅游产业为主体、旅游业产值超过城市 GDP 的 7% 的一类城市。城市旅游是指城市的旅游功能和旅游产业，而旅游城市则是指城市的性质。

三、品牌、旅游品牌、城市旅游品牌

品牌的英文单词 Brand，源自古挪威文 Brandr，意思是“烧灼”。人们用这种方式来标记家畜等需要与其他人相区别的私有财产。到了中世纪的欧洲，手工艺匠人用这种打烙印的方法在自己的手工艺品上烙下标记，以便顾客识别产品的产地和生产者。到了20世纪50年代，美国奥美广告公司的创办人大卫·奥格威（David Ogilvy）第一次提出了现代意义上的品牌概念。国内外学者从不同的角度对品牌的定义进行了探讨，众说纷纭，莫衷一是。美国市场营销协会（American Marketing Association，AMA）将品牌定义为："一个名词、术语、标记或设计，或是它们的组合运用，其目的是借以辨认某个销售者或某群销售者的产品或服务，并使之同竞争对手的产品和服务区别开来。"这一定义得到多数人的认同。这里所说的名词、术语、标记、设计等都是符号，清晰地表明品牌的认知和界定应从符号学的视角展开。同时，品牌不仅仅标识产品（服务），也反映了企业文化。因此，我们认为品牌是用于指特定产品或服务的，具有一定内在含义的文化符号。

品牌概念扩展到旅游领域并被学界关注始于20世纪90年代后期，和品牌的定义一样，旅游品牌的概念也是众说纷纭。Cai（2002）认为，旅游目的地的品牌化就是"通过积极的形象构建来选择一个协调一致的要素组合以获得目的地的识别和区分，与典型的产品和服务不同，目的地品牌的名称一般与该地实际的地理名称联系在一起。"Morgan等（2003）认为，建立旅游品牌首先应确立持久的、恰当的、易于表达的和能够吸引潜在旅游者的品牌核心价值。Blain等（2005）指出目的地品牌化是"一系列的市场活动，这些活动支持旨在识别并使目的地差异化的名称、符号、标识或图案等，一致地传达与目的地独特性相关的、值得回忆的旅游体验期望，巩固和强化旅游者与目的地的情感，降低消费者搜寻成本和感知风险，这些活动共同创造出能积极影响消费者目的地选择行为的目的地形象。"Kerr（2006）将旅游品牌定义为"旅游品牌是用于识别和区分目的地的一种名称、符号、标识、词语或其他图案，品牌传达的是与该目的地独特关联的值得回忆的旅游体验，巩固和强化旅游者对该目的的体验的美好回忆。"旅游品牌是目的地核心旅游资源提炼而成的用于识别和区分的名称、标识或图案等符号象征，其目的是向旅游者传达与该地独特关联的、值得回忆的旅游体验的承诺。以此为基础，本书认为城市旅游品牌是城市旅游管理者和经营者以城市区域内旅游资源禀赋为基础，以城市特色文化为核心提炼而成的，用于代表其自身及产品（服务）特征的，便于并促进旅游者对其感知的，由名称、标志等组成的符号系统。从上面的描述中，可以看出城市旅游品牌概念包含以下几个含义：①城市旅游品牌直观地表现为一个或一套可识别的视觉、语言等文化符号；②城市旅游品牌符号向目标市场的消费者表达和传递着与目的地独特关联的与众不同的旅游体验的承诺，并通过自己的名称、标识、图案等符号系统与其他城市的旅游产品和服务相区别；③城市旅游品牌符号是目的地排他性、独特性核心旅游资源的提炼和升华，反映的是目的地特色文化的内涵，而不是文化内涵的旅游体验的简单化、表象化和舞台化；④城市旅游品牌的构建是个一系统工程，需要以城市的社会、经济、文化、环境、居民、设施等为基础。

第二节　研究的理论基础

一、符号学理论

符号是指以一个事物（媒介）代表或指涉另一个事物的东西。符号无处不在，语言、文字、图案、色彩、音乐、动作等都是符号。“我们生活的这个世界不是一种‘事实’而是关于事实的符号，我们从一个系统到另一个系统不同地给这些符号编码和解码。”卡希尔曾说“人是符号的动物”。在这样一个充满符号的世界中，人们以符号为手段，进行思维活动、表达思想、传递信息及人际交流。对符号现象的关注古皆有之。《公孙龙子·指物论》中就说：“物莫非指，而指非指。”其中的“指”即指称对象的符号，任何对象都是由符号来指称的，而符号的本身并不是符号所指称的对象。荀子的《正名》中也指出：“名无固宜，约定俗成谓之宜，异于约则谓之不宜。”说明符号的约定俗成的性质。

西方符号学的起源可以追溯到古希腊罗马时期，古希腊医学家希波克拉底把病人的症状看做符号，被称为“符号学之父”。柏拉图、亚里士多德等哲学家也把符号列为哲学的考察对象，后来诸多思想家对符号进行了种种阐述，为后来的“符号学”发展奠定了基础。西方现代“符号学”发轫于20世纪，其理论渊源主要源自：①瑞士语言学家索绪尔；②美国哲学家皮尔斯；③德国哲学家恩斯特·卡西尔；④现代逻辑学。

（一）索绪尔符号学理论

语言符号学的代表人物当属F. D. 索绪尔。索绪尔从语言现象入手，将词及语言作为系统进行研究，从语言学的角度提出了构建独立的符号学思想。依据二元的方法，索绪尔认为，符号（sign）是由能指（词汇）和所指（对象/内容）两部分组成的两面实体（dyad）。能指（signifier）是符号的形式，即符号的形体，由物质、行为或表象载体所充当的对符号意义的指称或指向，较为确定，又称“明示”，能指是符号的纯物质的层面；所指（signified）是符号的内容，即符号所传达的内在含义，意义通过符号载体来表达、提示和显示，不太确定，故又称“意义”或“隐含”，所指是符号的心理概念。能指与所指之间的关系是任意的，由社会约定俗成。索绪尔认为符号是一个由能指和所指构成的自足的两面体。《普通语言学教程》反映了其主要的符号学观点，该书由索绪尔的学生整理出版。在书中他指出：“语言是一种表达观念的符号系统，因此，可以比之于文字、聋哑人的字母、象征仪式、礼节形式、军用信号等。它只是这些系统中最重要的。”“因此，我们可以设想有一门研究社会生活中符号生命的科学；它将构成社会心理学的一部分，因而也只是普通心理学的一部分；我们称它为符号学。”索绪尔将符号分解为能指和所指即指称物和被指称物两个组成部分，这一对范畴构成了欧洲符号学研究的基础。

（二）皮尔斯符号学理论

C.S. 皮尔斯被誉为美国最具影响力的哲学家。他在逻辑学研究的基础上，把人们判断的表述形式概括为三种范畴：涉及感觉质、人的经验、思维。皮尔斯认为符号由代表者（representative）、对象（object）、解释项（interpretant）三个部分构成的一个三元整体（triadic unity）。符号便是用于代表或表现其他事物（指涉对象）的东西，它可以被人所理解或解释，从而对人具有一定的意义。根据符号与对象的关联，皮尔斯将符号划分为三种下位符号，即图形符号（icon）、标识符号（index）和象征符号（symbol）。皮尔斯的符号学思想可以用皮尔斯的符号三角形来表示，如图 1-1 所示。

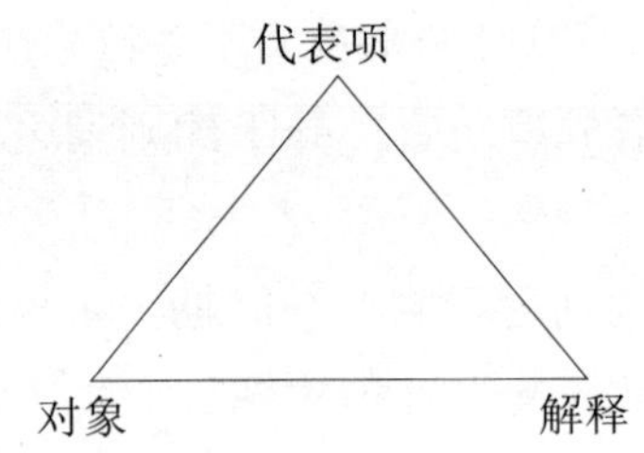

图 1-1 皮尔斯“三位一体”符号三角形

皮尔斯的符号学概念具有广泛性，为此他提出了无限符号过程的理论，他认为，解释项本身就像另外一个符号，或者“大脑中的符号”，解释项在符号三角关系中起重要的作用。作为解释项，它还能承担另外一个符号 / 代表项的职能，这样它又和另外一个对象产生关系，依次产生新的解释项，然后又转化成新的符号 / 代表项，又和新的对象产生关系，产生另外一个解释项，接着又和新的对象产生关系，产生另外一个解释项，如此往复，生生不息。皮尔斯的符号学理论适用于任何领域，被人们称为“广义符号学”，其理论后来被广泛运用于语言学、文艺学、美学、建筑学和广告学等领域。

（三）卡西尔符号学理论

E. 卡西尔是文化哲学思想的创始人，他从文化哲学的视角提出了符号论思想，致力于创立有别于形而上学的符号哲学体系。卡西尔认为，与信号从属于物理世界不同，符号从属于人的意义世界，人类只有通过符号活动才能创造出使自身区别于其他动物的文化实体，并且只有人类才具有这种符号化的能力；人类以语言和艺术为中心进行各种活动，人类精神文化所有的形式都是符号活动的产物，由此他提出人类是符号的动物。卡西尔从哲学的高度，以符号学理论为基础，运用符号学方法去探究、理解和解决人与世界的关系问题和人与人的关系问题，对后来相关研究有着重要的启迪。

（四）现代逻辑学

20世纪30年代以来，美国哲学家莫里斯在前人研究的基础上，从逻辑语义学角度对符号学作了全面的研究，为符号学理论的体系化作出了重要贡献。他认为符号的本质在于，符号化过程是一种人类行为。符号学可以作为一种元语言，它的研究可以划分为三个分支学科，即语构学，研究符号之间的结构形式关系；语义学，研究符号与其指涉对象的关系；语用学，研究符号与其环境和解释者之间的关系。

上述四种符号学理论的提出，涵盖了人类认知和思维活动的不同类型，为符号学在其他领域的运用提供了理论原理。符号学理论可以也应该应用到旅游学的研究之中。

二、品牌理论

现代品牌理论的研究发端于1955年由伯利·B. 加德纳（Burleigh B.Gardner）和西德尼·J. 利维（Sidney J.Levy）在《哈佛商业评论》上发表的题为《产品与品牌》一文，文中作者强调品牌不仅具有功能性价值，而且还具有情感价值；提出品牌创建要超越差异性和功能主义，应该注重开发品牌的个性价值，强化品牌满足顾客理性和情感需要的价值，与目标顾客建立明晰而亲密的情感联系，取得竞争比较优势。随着全球经济的发展，品牌在竞争中的地位和作用日益凸显，品牌理论成为学界研究的热点。通过对国外有关品牌理论的梳理，可以看出品牌理论的发展与市场营销实践密不可分，品牌理论研究呈现渐进式特点。

（一）品牌观念阶段

品牌观念阶段介于20世纪50年代至60年代，研究主题为“什么是品牌”。大卫·奥格威1955年在美国广告协会的演说《形象与品牌》一文中提出品牌的定义，他认为“品牌是一种错综复杂的象征。它是品牌属性、名称、包装、价格、历史、声誉、广告的方式的无形组合。品牌同时也因消费者对其使用者的印象，以及自身的经验而有所界定。”Burleigh B.Gardner和Sidney J.Levy（1955）发表《产品与品牌》一文，认为“品牌具有理性人情感价值，品牌创建要超越差异和功能主义，注重开发一种个性价值，是顾客享受满意服务。”美国市场营销协会于20世纪60年代将品牌定义为“品牌是一种名称、术语、标记、符号或设计，或者是它们的组合运用，其目的是借此辨认某个销售者或某群销售者的产品或服务，并使之与竞争对手的产品和服务区别开来。”

（二）品牌战略阶段

品牌战略阶段介于20世纪60年代至80年代。随着市场竞争的日益激烈，使得对品牌的研究上升到企业战略的高度，研究主题是“如何创建品牌”。美国广告专家罗瑟·瑞夫斯（Rosser Reeves，1961）提出独特营销主张（Unique Selling Proposition，U.S.P）理论，认为创建品牌的战略方法是为品牌提出一个独特销售主题。瑞夫斯将USP理论定义为三部分：①明确的销售主题；②销售主题的独特性；③销售主题的普遍性。大卫·奥利威（1962）提出品牌形象理论，认为创建品牌的战略方法是塑造品牌形象，“每一则广告都应该看成是对品牌形象这种复杂现象做贡献…… 致力于以广告为自己的品牌树立明确而突出的个性的厂商会在市场上获得较大的占有率和利润空间。”阿尔·里斯（Al Ries，1972）和杰克·特劳特（Jack Trout，1972）在《广告时代》杂志上发表了《定位新纪元》一文，令“定位”(positioning) 一词开始进入人们的视野。他们认为，创建品牌的战略方法是提出一个品牌定位。定位本质上不改变产品，产品的价格和包装事实上都未改变。“定位不是你对产品要做的事，定位是你对预期客户要做的事。换句话说，你要在与其客户的头脑里给产品定位。”

（三）品牌资产阶段

20世纪80年代以来，随着公司并购浪潮的兴起，强势品牌以数倍于其有形价格出售，这一现象促进了品牌资产（Brand Equity）的研究，主题是“什么是品牌资产和如何评估品牌资产”。大卫·阿克尔（David A. Aaker，1991）从消费者效用的角度首次提出品牌资产概念，他认为“品牌资产是与品牌名称和标志相联系、能够增加或减少企业所销售的产品或提供服务的价值和顾客价值的一系列资产与负债。”阿克尔提出了品牌资产的阿克尔模型，认为品牌资产由五个维度构成：品牌质量感知、品牌认知、品牌联想、品牌忠诚和与品牌相关的商标、专利等其他资产。1993年，凯文·莱恩·凯勒（Kevin Lane Keller）提出了基于消费者的品牌资产定义，他认为“以顾客为本的品牌资产就是由于顾客对品牌的认知而引起的对该品牌营销的不同反应。与没有标明品牌的产品相比（比如该产品只有一个虚假的品牌或根本没有品牌），顾客更倾向于标明品牌的产品，并会对它的市场营销作出更积极的反应。”

随着品牌资产理论日益受到重视，人们开始从不同的角度，选用不同的指标对品牌资产价值进行定性和定量的评估。世界品牌实验室（1990）独创了“品牌附加值工具箱”（BVA Tools），其评估方法BVA（Brand Value Added）与目前通行的“经济适用法”（Economic Use Method）相吻合。英国英特品牌咨询公司（1992）提出了机遇未来收益贴现的品牌资产评估模型。后来又有学者分别提出了诸多品牌资产评估模型，如品牌资产评估电通模型、品牌资产趋势模型、品牌资产十要素模型和品牌引擎模型等。对于品牌资产评估一般有两种基本取向：一是从公司或财务的角度，赋予品牌某种价值；二是从消费者的角度评估品牌强度，即品牌在消费者心目中的所处位置。主要的评估方法有：财务评估法、财务指标+市场要素法、财务要素+消费者要素法等。

（四）品牌管理阶段

20世纪90年代至21世纪初期，品牌理论进入品牌管理的研究阶段，研究的主题是"如何开展品牌管理"。凯文·莱恩·凯勒（1998，2003）在《战略品牌管理》一书中提出了建立品牌资产、评估品牌资产和管理品牌资产的战略品牌管理过程。大卫·艾克（1998）从品牌领导者的视角提出了品牌识别、品牌组合、品牌创建和品牌组织的品牌管理过程，敏锐地观察到品牌管理从传统的战术管理模式到战略管理模式的转变。大卫·艾克（2004）在《品牌组合》中提出了品牌组合和品牌延伸的品牌管理过程，认为"品牌组合的目标是促进协同作用、充分利用品牌资产、创造和保持市场的相关性、建设和支持差别化的、充满活力的品牌，并且实现清晰度。"

经济全球化的发展趋势，新兴市场的复杂性，竞争日益剧烈，多品牌、品牌延伸等营销策略的发展，使得现代品牌管理出现了新的发展方向。大卫·艾克指出今天的品牌管理制度已经朝以下三个方向变化。①由技术性管理向策略管理的转变。品牌经理人职位的提升；注重品牌资产的发展；衡量品牌资产的价值；②品牌经理人的工作范围由狭窄向宽广转变。多项产品和市场；复杂的品牌工程；注重品牌类别的管理；全球化的视野；整合营销；内外的沟通与协作；③由注重销售向品牌认同转变。品牌经理在对顾客、竞争对手和企业政策全盘了解的基础上，不仅注重销售和获得短期绩效指标，更要注重品牌认同，促进品牌认同的发展。

（五）品牌关系阶段

关系营销开始属于服务营销和工业品营销，主要是指顾客与服务或工业品供应商之间的关系。20世纪90年代后，关系营销的概念被运用到品牌和产品的层面，形成了品牌理论研究的新领域——品牌关系论，研究主题是"如何发展品牌关系"。马斯·布莱克斯通认为"品牌关系是客观品牌与主观品牌的互动，是品牌的客观方面（品牌形象，形象有好坏之分）和主观方面（品牌态度，态度有正负之别）两个维度相互作用的结果。"汤姆·邓肯和桑德拉·莫里蒂提出品牌关系论，他们认为，从企业运作的角度看，消费者与品牌关系包括知名度、可信度、一致性、接触点、同应度、热忱心、亲和力和喜爱度等。苏珊·菲尼尔（1998）采用隐喻方法，将人际关系理论引入品牌关系研究之中，把品牌关系类比为社会中人际之间的交往，提出了15种品牌关系。2001年，苏珊·菲尼尔撰文提出了品牌关系关联理论，他认为："品牌—顾客关系分为顾客与产品关联、顾客与品牌关联、顾客与顾客关联、顾客与企业关联四种关系。"我国学者周志民（2007）通过梳理和总结，认为品牌关系理论研究框架主要有四个部分构成：品牌关系的性质；品牌关系的形成；品牌关系的状态；品牌关系的作用。

三、消费社会理论

（一）消费社会的形成及其特征

第二次世界大战之后，随着经济的复苏和快速发展，西方资本主义社会在经济体制、社会结构、生活方式及人际关系等方面发生了巨大的变革，一个以城市和工业占主导地位的社会形成。对于这种新出现的社会，人们的称谓各不相同，如“技术社会”“闲暇社会”“后现代社会”“后工业社会”等。法国哲学家让·鲍德里亚（Jean Baudrillard）从物、商品、符号、关系等入手分析和理解这个新型社会的政治、经济、文化及其他各种社会现象，并将其定义为“消费社会”。与生产社会相比，消费社会具有自己的特征，主要表现为在消费社会中，消费拥有了新的地位、社会逻辑和文化。

（1）消费地位的改变。在马克思“生产社会”中，消费在“生产—交换—分配—消费”这个社会再生产单向链条中处于最终的环节，从属于生产活动，消费体现着人们对生活中物品的需求与满足。在消费社会，消费取代生产的逻辑成为了社会再生产过程的中心，人们不再是生产什么就消费什么，而是要消费什么就生产什么，消费作为生产的起点和终点，成为刺激再生产欲望、拉动内需、促进社会发展的动力，成为支撑整个社会经济运行的灵魂。环顾四周，我们的整个生活都被消费所控制着。

（2）新的消费的社会逻辑。在消费社会里，消费不是对财富和服务的使用价值占为己有的逻辑，消费的对象不再是传统消费中所谓的物质性的单个物品或产品，而是处于“物体系”（人的行为及人际关系系统）中的物品，在这个体系中物品表现出自己的意义与功能。在消费社会中，消费的逻辑就是生产和驾驭社会符号的逻辑。消费的过程可以从以下两个基本方面来分析：第一，作为建立在一个密码基础之上的明确意义和交流过程，实际消费行为能够在其中的交流中实现并具备应有的意义。在这里，消费是一种交流体系，而且是一种语言的同等物。第二，作为社会分类和区分过程，物和符号在这里不仅作为对不同意义的区分，按顺序排列于密码之中，而且作为法定的价值排列于社会等级。人们从来不消费物的本质（使用价值）——人们总是把物（从广义的角度）用来能够突出你的符号或让你加入视为理想的团体，或参考一个地位更高的团体来摆脱本团体。在这里，消费不仅仅是对某个单件物品物质属性（使用价值）的占有和消耗，而是通过对存在于“物体系”中的物品的消费，完成“关系”的消费，实现消费的目的：“我”与“他者”的身份识别和“我”在社会网格中的“类”的归属。

（3）新的消费文化。随着科技的进步和社会生产力的提高，消费社会中的产品出现过剩。“今天，在我们的周围，存在着一种由不断增长的物、服务和物质财富所构成的惊人的消费和丰盛现象。”与此同时，消费离开了实物而成为操作符号的一种系统行为。在消费社会中，人类已经从原来被物所奴役转变为被符号所包围和支配，整个世界变成了一个符号的世界、符号的王国，符号价值代替了物的使用价值和价值，人们由以前的“拜物教”转而成为“拜符号教”。

（二）消费社会的符号学解析

符号是鲍德里亚消费社会的一个关键词，其对消费社会的后现代主义符号学观点深受索绪尔和巴特的符号学理论影响。鲍德里亚正是以符号为切入点，分析了消费社会中物/符号/关系的现象，从政治经济学的视角，揭示了与“生产社会”（商品社会）、“景观社会”不同的“消费社会”的本质。

（1）消费的符号化。鲍德里亚认为在消费社会里，消费不再是对物品功能的使用、拥有等，而是沟通和交换的系统，是被持续发送、接收并重新创造的符号编码，是一种语言。“要想成为消费的对象，物品必须成为符号，也就是外在于一个它只作意义指涉的关系——因此它和这个具体关系之间，存在的是一种偶然性的和不一致的关系，而它的合理一致性，也就是它的意义，来自它和所有其他的符号—物之间的关系，抽象而系统的关系。”在消费成为一种系统化的符号操作行为的情形之下，消费者将注意的焦点和追逐的目标由所指（物）转移到能指——物的符号上，这里能指（符号）本身已经变成了消费的客体，这些客体通过被建构成为符码而获得了自己的权力和魅力。

（2）消费的关系化。消费社会里，“物”不是因其物质性而是因其同其他“物”的差异性关系而被消费。当“物”转变为系统化的“符号”，当“消费”成为系统化的符号的操作行为时，人们之间的相互关系也随之变为一种“消费”关系，也就是说，人们之间的关系试图在物品中并且通过物品被“消费”。“消费”一词在此也就蕴含了双重含义：一方面意味着“使用”，另一方面意味着“实现”。在消费社会里，“每一种欲望、计划和需求，每一种激情和关联都被抽象化为符号。被消费的不是物，而是关系本身。”

（3）消费的差异化。基于马克思的“二重价值”观，鲍德里亚将符号学观点引入消费社会中，给商品贴上了符号价值的标签。他认为，消费已成为一种人们可以试图加以理解的语言，整个社会就是依靠这种语言和编码进行沟通和交谈，消费的过程就相应地变成了一个重新编码的过程。在这个过程中，对不同物品的消费，对不同物品消费拥有的特权暗示着种种不同的符号，这些符号使每个人的身份得以重新建构，这种建构后的身份使新的社会等级取代了旧的不同阶层区分。“当我们消费物品时，我们就是在消费符号，同时在这个过程中界定我们自己。”通过对物的能指——符号的占有和消费，人们完成了“我”与“他”的区分以及“我”与“我们”的“类”的认同。这种以符号为中介的消费，使得差异化成为消费社会中人们追求的目标。伴随着经济全球化的浪潮，西方消费社会的消费符号化现象也在广告的助推之下席卷地球村的各个角落，影响着人们的消费观念和消费行为。

20世纪70年代中期之后，由于鲍德里亚符号权力分析逐渐脱离了早期将消费的符号学与马克思政治经济学相结合的尝试，从而表现出明显的相对主义、虚无主义和形而上学倾向。其对消费符号化的认识走向极端，将消费社会的一切视为符号，漠视或否定符号所指——“物”的功能性和使用价值，强调符号的能指性，直至认为消费只不过是充满符号王国里的一种符号能指的游戏活动。尽管如此，鲍德里亚的符号消费理论对于当今社会中品牌的塑造、传播、延伸等还是具有重要的借鉴和参考价值。本书坚持认为城市旅游品牌的创建应“名副其实”，即以旅游产品（服务）的功能和使用价值为基础，将其特色文化的价值符号化，满足目标市场旅游者的利益诉求。

第三节 城市旅游品牌管理的概念性框架

在旅游业竞争加剧的背景下，旅游品牌的价值和作用也日益凸显，旅游品牌的管理已成为旅游企业管理领域中一项重要工作。鉴于城市旅游自身的特点，本书将城市旅游品牌的管理定义为：城市旅游管理者和经营者以城市旅游资源为基础，为培育品牌资产而开展的以城市特色文化为核心，以满足旅游者需求为目标的有关城市旅游品牌的设计、传播、延伸、竞争与合作、资产评估等一系列战略决策和策略执行活动。这一定义明确指出：①品牌管理主体是城市旅游管理者和经营者，必须为城市旅游品牌的管理确立责任明确的管理者。②品牌管理的目的是培育品牌资产，包含感知质量、品牌知晓度、品牌忠诚度、品牌联想和其他资产，提升和巩固城市旅游品牌的市场竞争力。③品牌管理的核心是提炼、传播、维护城市旅游资源中特色文化符号，目的是满足目标市场旅游者的消费需求，城市旅游品牌一切管理活动必须围绕城市特色文化和目标市场的旅游者来展开。④品牌管理的内容是城市旅游品牌战略决策和策略执行，具体包括品牌的设计、传播、延伸、竞争与合作、评估等工作。

第二章　城市旅游品牌的符号学解析

城市旅游品牌是城市旅游经营者用于代表自身及其产品（服务）特征的，便于并促进旅游者对其感知的由名称、标志等组成的文化符号系统，目的是表达和传递与该地独特关联的旅游体验的价值承诺。作为符号系统，旅游品牌可以用现代符号学的思想对其进行解析。

第一节　索绪尔符号学视角的品牌解析

索绪尔认为，符号是由能指（词汇）和所指（对象 / 内容）两部分组成的两面实体。能指是符号的形式，用于指称或代表某一事物的媒介物，处于表达层面；所指是符号的内容，即被指称或涉及的事物，处于内涵层面。能指与所指之间的关系是任意的，由社会约定俗成。按照索绪尔的观点，品牌符号可以看做是包括符号能指、所指及两者之间对应关系的两面实体（图 2-1）。品牌符号的能指通常表现为一个名称、标志或其组合，品牌符号的所指是品牌符号所代表的内容及意义。

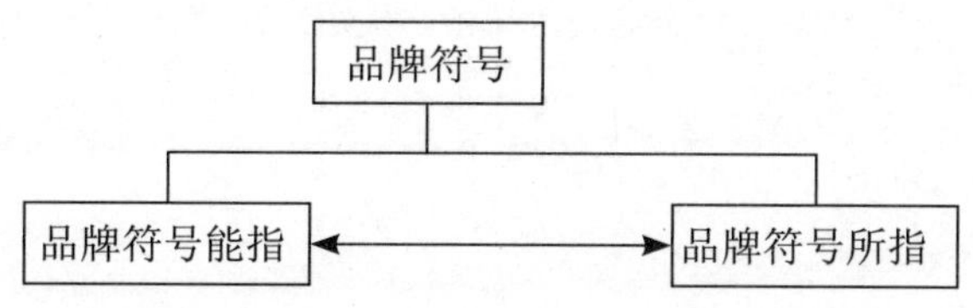

图 2-1　基于索绪尔符号学理论的品牌符号

受索绪尔符号学理论的启示，我们认为对品牌符号应从两个方面去认识：一是品牌符号本身，它是符号的客观形式和物质载体，其作用是引起消费者的注意，将自身及其

产品 / 服务与其他品牌及其产品 / 服务区别开来。二是品牌符号的所指，它是符号的内容，是符号的心理层面，其作用是通过有意识地赋予符号以某种意义，引发消费者对符号内容的心理认同。应用索绪尔的符号学观点对品牌符号进行剖析，可以清楚地看到，创建品牌远不是设计一个好的名称和标志那样简单，它至少包括三个最基本而重要的环节：创造品牌符号本身（能指）；“赋予”符号以内容和意义（所指）；传播符号及其意义，使之为受众所知晓。

这实质是一个符号形式创造、符号内容和意义“赋予”、符号意义被传达和认知的过程（贾英，2009）。

第二节　皮尔斯符号学视角的品牌解析

皮尔斯把符号理解为代表或表现其他事物的东西，可以被人理解或解释并对人有意义。符号由三个要素构成：媒介，它是一种物质存在，用于表征或替代某一对象；指涉对象，即符号所指称和表征的事物；解释，即为人所理解并传达出一定意义。这三种要素不可分离，是“三位一体”的，皮尔斯符号的三角形形象地表达其符号学思想。

任何一个符号都是由上述三个要素构成的“三位一体”的完整的符号体系，符号之所以能成为符号，在于某人（解释者）用它（媒介）代表某一事物（对象），而符号之所以能代表他物，在于能被解释者所解释。符号离不开“解释者”的解释，同一符号往往面对不同的解释者，从而得到一致或不一致的“解释”。品牌作为一个符号或符号的组合，按照皮尔斯的符号学理论，也必然具有“三位一体”性，即由“解释”、“媒介”、“对象”所构成的完整的符号整体。

品牌符号的“三位一体”性表明，品牌概念必然要涉及企业的表达或消费者感受、企业名称和标志、企业及其产品 / 服务三个要素，分别对应皮尔斯符号学里的“解释”、“媒介”、“对象”，如图 2-2 所示。

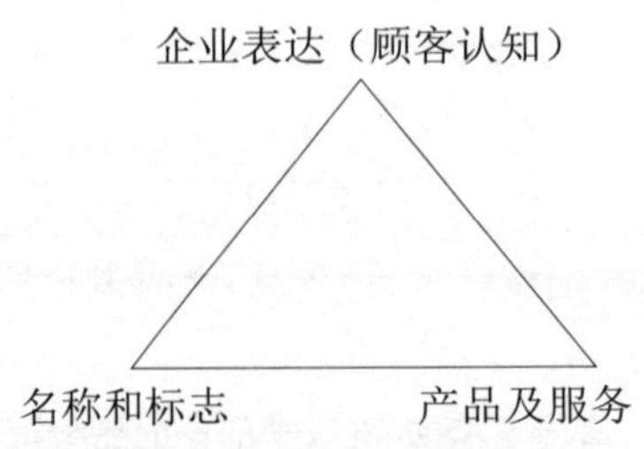

图 2-2　“三位一体”的品牌三角形

资料来源：王连森．基于符号学的整体品牌概念 [J]．北京工商大学学报（社会科学版），2004（5）：72-76.

图 2-2 表明，品牌既不是产品本身，也不是名称 / 标志，而是由企业名称 / 标志、产品 / 服务以及企业表达或消费者感受三个要素构成的有机整体。在这个“三位一体”的整体品牌概念里，“解释”、“媒介”、“对象”三要素存在着代表与被代表、表示与被表示、反映与被反映的逻辑关系，并一同出现（王连森，2004）。

受皮尔斯的符号学理论的启发，我们应从整体上把握品牌概念，在品牌的构建过程中，要注意以下几个方面：①品牌名称和标志是一种典型的符号（媒介），要通过精心的设计，发挥其自身的“符号价值”，能够表达和传递反映城市旅游资源中独特的文化内涵。②以产品和服务为基础，注重产品品质和服务质量，没有优质产品和服务的支撑，品牌名称和标志将是无源之水、无本之木。③“解释”是一种主观思维活动，因对象和视角的不同，其含义也各不相同。企业应从消费文化的角度，赋予品牌更多的、符合消费者审美情趣的价值内涵，为顾客提供更多的“情感性利益”，引发消费者的心理认同，培育和维系消费者对品牌之间忠诚度。

第三节　基于文化符号的城市旅游品牌

到目前为止，有关品牌的概念尚无统一的界定，学术界对城市旅游品牌的定义也未达成共识。按照美国营销协会的定义，“品牌是一种名称、术语、标识、符号或设计，或是它们的组合，其目的是借以辨认某个销售者或某群销售者的产品或服务，并使之同竞争对手的产品或服务区分开来”。这一定义得到多数人的认同，城市旅游品牌是品牌的一个类别，因此，这一定义仍然适用。但城市旅游有其自身的特点，本书拟从文化符号的视角对其进行进一步的剖析，使城市旅游品牌更加清晰，为城市旅游品牌的管理奠定基础。

一、城市旅游品牌三角形

城市旅游品牌是品牌的一个种类，可以直观地表现为一个典型的文化符号，其同样遵从符号“三位一体”的属性，根据图 2-2，我们可以得出一个城市旅游品牌三角形。

在城市旅游品牌三角形中，旅游体验表达（消费者认知）城市名称及标志、产品 / 服务分别对应着皮尔斯符号三角形中的“解释”、“媒介”和“对象”项。其中，“解释”项作为一种人的主观思维活动，具有不确定性，即城市旅游管理者和经营者对于城市旅游品牌符号的解释（对城市的表达）与消费者对城市旅游品牌的解释（对城市作为旅游目的地的认知和态度）并不一定是完全吻合的，常常存在偏差。为了使自己有关品牌的解释达到与目标市场消费者的认知一致或相同，城市旅游的管理者和经营者要适时进行市场调查，了解和掌握品牌认知的实际情况，采取相应的措施进行改进和调整。

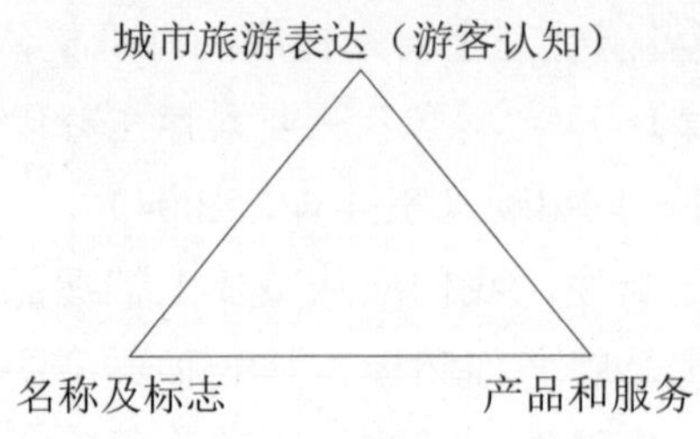

图 2-3 城市旅游品牌三角形

从图 2-3 中可以看出，城市旅游品牌既不是城市本身，也不是城市名称及标志，而是由城市旅游管理者和经营者表达（消费者认知）、城市名称及标志、产品 / 服务三要素组成的整体性的文化符号。三个构成要素之间存在着逻辑关系，即管理者和经营者的表达（消费者认知）反映着城市旅游文化特色，城市名称及标志代表着城市旅游文化特色，产品 / 服务支撑着城市旅游文化特色。

城市旅游品牌三角形为正确认识和理解城市旅游品牌这一抽象的概念提供了一个简单但有力的工具，即从整体上把握这一抽象的概念，把城市旅游品牌看做一个文化符号整体，并牢牢把握品牌构成的三要素以及它们之间的逻辑关系。

二、城市旅游品牌构成要素

菲利普·科特勒在《营销管理》一书中指出："品牌的要点，是销售者向购买者长期提供一组特定的特点、利益和服务。最好的品牌传达了质量的保证。然而品牌还是一个更为复杂的符号标志。" 一个品牌应能表达出六层含义：①属性。品牌首先给人带来特定的属性。②利益。属性需要转化成功能和情感利益。③价值。品牌体现了制造商的某些价值感。④文化。品牌象征一定的文化。⑤个性。品牌代表了一定的个性。⑥使用者。品牌还体现了购买或使用这种产品的是哪一种消费者。因此，城市旅游品牌作为符号系统，一方面要体现城市旅游资源中的特殊文化理念和内涵，另一方面又要结合旅游者的需求，使旅游者通过旅游体验获得一定的利益。

王连森（2004）运用符号学的相关理论，提出了"整体品牌"的概念模型，受其启发，并根据城市旅游自身的特点，本书从城市旅游品牌三角形出发，将城市旅游品牌的构成要素归纳为：经营者关于城市旅游的表达、城市品牌名称及标志、城市旅游产品 / 服务。其中，经营者关于城市旅游的表达是城市旅游管理者和经营者通过各种方式对于城市旅游的"解释"或"表达"，目的是告知旅游者关于城市，特别是该地城市旅游所能提供的独特旅游体验的价值承诺，以影响旅游者对城市旅游的认知（强化与经营者表达相一致的认知或修正旅游者的认知偏差）。后两者是客观存在物，属于城市旅游品牌的物质层面。换言之，城市旅游品牌是一个整体性的概念，城市旅游品牌除了包括城市旅游产品/服务、城市名称及标志外，还包括城市旅游经营者关于城市旅游的解释（表达）。这些解释（表达）通过语言、文字、图案、线条、色彩等各种符号向外界展示和传播城市旅游的某种独特的理念，这些解释（表达），包括解释（表达）的内容以及表达（解释）方式或活动本身构成了城市旅游品牌的一部分，不断诠释和丰富着品牌的内涵，使城市旅游品牌成为一个有意义的文化符号，成为旅游者认知、了解城市旅游的媒介。为了更好地理解城市旅游品牌，本书将对城市旅游品牌三个构成要素做一简要分析。

（一）城市旅游管理者、经营者的表达或旅游者认知

城市旅游品牌表达是通过各种符号对城市旅游独特体验价值的“描述”或“宣传”，其目的一是让旅游者了解该地城市旅游的特色，吸引旅游者前来消费；二是培养旅游者对该地城市旅游形象的良好认知，纠正旅游者对管理者和经营者关于城市旅游独特价值承诺的认知偏差，修正这种偏差，消除负面影响，使旅游者对城市旅游的认知与城市旅游的管理者和经营者的表达趋于一致；三是发挥“解释”项的联想功能。通过各种方式源源不断地表达经营者关于城市旅游的“解释”，赋予和充实城市旅游品牌的内涵，使其逐渐成为一个有意义的文化符号；利用“表达”所包含的丰富内涵，诱导旅游者产生与城市旅游管理者和经营者期望相一致的正面联想，激发旅游者的旅游动机，影响旅游者的目的地选择，发挥城市旅游品牌的指向作用。

（二）城市名称及标志

城市名称、标志或它们的组合是城市旅游品牌的外在表现形式。如石家庄城市旅游形象标识主体是“石家庄”三个象形文字，辅以英文单词“TOUR”，其中，TO两个字母巧妙地组成了“石”，图案上方的祥云是一个舞动、休闲的标识，下方是石家庄的汉语拼音，最下方是“燕赵古韵、魅力之城”的主题口号。该城市旅游名称及标志，风格轻松活泼、色彩鲜艳，充满活力及张力，同时把西方文化与中国传统汉字结合在一起，达到了很好的融合。这些由文字、图案所构成的名称、标志是城市旅游品牌最直接的物质载体。

（三）旅游产品/服务

尽管在消费社会的消费观影响下，符号在社会生活中的地位和作用日益显著，受到消费者的重视与青睐。但是，任何符号其价值都不可能完全脱离具体产品的使用价值而独立存在。从前面的分析中我们可以看到：品牌是一个“三位一体”的整体概念，产品/服务是符号所指涉的对象。就旅游而言，旅游者只有以具体的产品/服务为载体，通过旅游体验去获得对旅游品牌“解释”项的感知。旅游产品/服务质量的优劣直接影响旅游者体验质量的高低，产品/服务是城市旅游品牌重要的构成要素之一。

第三章 城市旅游品牌设计

城市已成为当前旅游业发展的重要地域单元，城市旅游之间的竞争也日渐激烈。如何打造独具特色的城市旅游品牌，取得竞争优势成为城市旅游管理者和经营者思考的课题和巨大的挑战。城市旅游形象和品牌定位是城市旅游品牌设计的前提和基础，也是城市旅游品牌管理的起点和目标。

第一节 城市旅游品牌与城市旅游形象

自20世纪50年代大卫·奥格威（David Ogilvy）第一次提出了现代意义上的品牌概念以来，其表现形式和功能一直在不断地发展和演化。城市旅游品牌是城市旅游管理者和经营者以城市区域内旅游资源禀赋为基础，以城市特色文化为核心提炼而成的，用于代表其自身及产品（服务）特征的，便于并促进旅游者对其感知的由名称、标志等组成的符号系统。

崔凤军（2005）指出，形象是相对于“具象”而言的，这个概念来源于人们对具体事物的感知，即存在于人们心目中的、通过感知活动所获得的对某一具体事物的印象。城市旅游形象是人们在对该地核心旅游资源感知和认同的基础上，通过感知活动所获得的对城市硬件形象和软件形象而形成的整体印象和评价，它是吸引潜在旅游者的重要因素。城市旅游形象是城市特色旅游资源的表现和反映，其基础是该地特色文化的提炼和升华。例如，巴黎——浪漫之都；香港——动感之都；维也纳——音乐之都等，无一不是与其地域特色文化有着紧密的联系。

城市旅游品牌与城市旅游形象是一对既有联系又有区别的概念：城市旅游形象是城

市空间范围内旅游资源外观的物质形象和内在的精神文化形象的有机统一；城市旅游品牌是城市旅游资源的特质和个性，传达了与该地独特相关的特定旅游体验的承诺。城市旅游形象离不开城市旅游品牌的支撑，旅游形象往往通过多个旅游品牌来展示。由于旅游品牌与旅游形象的内涵不同，其功能也就不同。Clarke（2000）指出旅游品牌的作用主要表现为：①旅游是一种与活动密切相关的体验，品牌有助于减低旅游者的搜寻成本；②品牌化可以减少无形性的影响；③品牌化可以通过各种渠道和时间，维护一致性；④减少旅游者与假日计划有关的风险因素；⑤有助于旅游企业各部门的精确分工；⑥为企业提出一个明确的目标，激励员工为之努力 。旅游品牌形象主要是界定品牌所代表的价值追求，包括：①品牌战略所致力于建立和维护的一系列的关系；②反映着特定品牌应该被目标市场消费者所感知的印象；③通过生成与利益或信誉有关的价值主张，建立品牌与其顾客的关系。城市旅游品牌与旅游形象是两个紧密关联又相互区别的概念，它们之间的关系如图 3-1 所示。

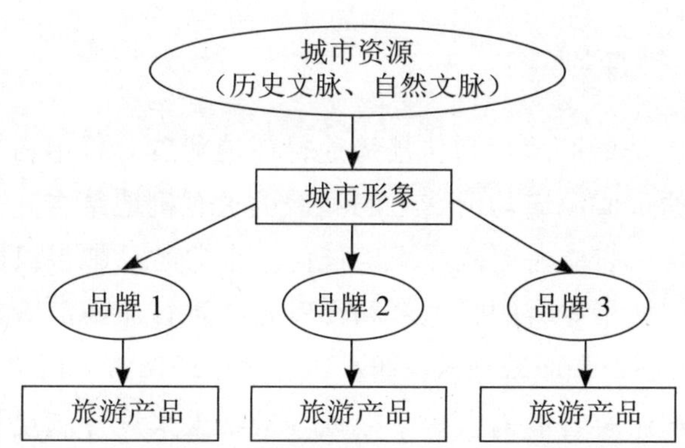

图 3-1 城市形象与品牌的关系

资料来源：崔凤军．城市旅游的发展与实践 [M]．北京：中国旅游出版社，2005.

第二节 文化符号与城市旅游品牌定位

一、品牌定位的概念

在旅游业发展到“品牌竞争”的阶段，城市旅游品牌能够对旅游者形成巨大的推动效应，成为旅游者目的地选择的重要影响要素。但要城市旅游品牌真正发挥其所承担的指向力和吸引力的作用，关键在于品牌的定位。很多品牌大师和营销专家都十分注重“定位”，并提出了各自的见解。斯坦利・帕罗格（Stanley Plog，2004）将定位解释为：“定位就是某一产品或服务的重要品质，从而能够以有意义的方式向消费者展现其有别于竞争产品或服务的特色（内含利益）。”科特勒认为“定位是组织设计出自己的产品和形象，从而在目标顾客心目中确定与众不同的有价值的地位。”由此可以看出，品牌定位的实质是品牌的拥有者推出自己设想的品牌形象，在目标市场的消费者心目中占据有利的位置，使消费者的消费行为和该品牌形象之间建立一种内在的联系，形成竞争的比较优势。

城市旅游品牌定位就是城市旅游经营者依据本地旅游资源中具有地域性、独特性的特色文化，结合旅游业发展趋势和市场需求，推出自己设想的、包含独特旅游体验价值承诺的旅游品牌文化符号，使之在目标市场的旅游者心中占据有利的位置，从而达到旅游者优先选择的目的。

二、品牌定位的原则

成功的城市旅游品牌定位是旅游产品进入市场、拓展市场、取得竞争优势的助推器。为确保旅游品牌的成功定位，必须遵循以下几个原则。

（一）市场导向性原则

品牌定位，其实就是借助营销和传播等途径在消费者心目中占据一个有利的位置，因此要将品牌所包含的价值承诺与消费者的利益诉求有机地结合起来。然而，任何一个旅游目的地都无法满足所有旅游者的需求，任何一个旅游品牌也只能以部分旅游者作为其服务的对象。所以，城市旅游的管理者和经营者在进行旅游品牌定位之前，要充分考虑目标市场的游客消费心理和旅游动机，通过科学的市场调查分析主要客源市场的方位、客源市场的构成、了解旅游者的需求等，根据分析结果来设计满足目标客源市场需要的旅游品牌，确保自己所设想的品牌定位与旅游者的需求相吻合。通过一系列的营销和传播活动向目标旅游者传达这一定位信息，使旅游者感知到该品牌所承诺的旅游体验与自身的旅游需求相契合，从而获得旅游者的认同和青睐，形成稳定持久的吸引力。

（二）符合城市发展现状的原则

品牌定位要考虑城市自身经济发展水平、资源禀赋、基础设施、接待能力、城市环境、区位条件等各种因素。城市旅游品牌定位一方面要促进现有城市资源的整合利用，发挥最大的效能，另一方面，不能盲目自恋，提出不切实际的品牌定位。

（三）差异化原则

品牌定位的任务就是确定某一产品或服务特有的价值承诺，以有意义的方式向旅游者传达和展现其有别于其他产品或服务的特色（内容、意义），彰显品牌个性，实现品牌的差异化。不能形成差异性，品牌将无法从品牌竞争当中脱颖而出。城市旅游品牌在设计中要体现城市地域性、独特性的城市文化。

（四）符合旅游产品自身的特点原则

旅游品牌应以旅游产品为载体，不可脱离具体的产品而孤立存在，品牌的定位要与产品自身的特点、属性、可行性等相结合，才能将品牌文化转化为生产力。例如，四川过去主打“熊猫故乡”的旅游品牌，但熊猫不是随时随地都能发现的，虽然树立了旅游品牌，也打响了知名度，却吸引不了旅游者。后来主打世界遗产地品牌，有了具体的产品支撑，从而确立了自己的强势旅游品牌。

（五）动态性原则

品牌定位不是一劳永逸、一成不变的，而是要关注和把握时代的脉搏、旅游者生活方式、价值观念、需求的变化以及市场竞争环境等，进行不断的调整。始终贴近旅游者的需求，以城市文化为核心，运用不同的符号形式表达和彰显城市旅游品牌的文化内涵，使品牌长期拥有生命力、吸引力和竞争力。

（六）可操作性原则

城市旅游品牌定位不是一种空洞而抽象的说辞，而是一种实实在在的战略和战术，必须具有可操作性。①品牌形象必须建立一套完整的识别系统，便于识别和传播品牌的文化特色。②旅游品牌的导入计划要符合城市旅游发展实际状况，可以长期执行。③城市旅游品牌定位要与城市总体发展战略一致，旅游品牌的创建要有利于城市品牌的塑造，提升城市整体形象。

城市旅游品牌定位原则要以城市旅游资源中的特色文化为核心，定位的目的是体现和展示具有特色性、地域性的城市文化个性。将城市的文化个性与旅游者的消费需求、城市发展战略、旅游产品设计等紧密结合起来，让旅游者通过对该地旅游产品和服务的体验，认知、了解城市旅游品牌文化符号的理念和内涵，并以此为基础，形成旅游者对城市旅游品牌的忠诚，从而提高城市旅游品牌在市场上的号召力和竞争力。

三、品牌定位的程序

品牌定位是个复杂的过程，其具体流程一般包括以下五个部分。

（一）旅游者分析

品牌定位的目的就是将自己品牌形象在旅游者的心目中树立并占据一个有利的位置，因此品牌定位必须对目标市场的旅游者进行分析，详细研究了解顾客的需求，将品牌所承诺的独特旅游体验与旅游者的个性需求有机结合，这样的品牌定位才可能具有号召力和吸引力。

（二）竞争者分析

所谓“知己知彼，百战不殆”。成功的品牌定位必须对业内竞争者的相关情况进行分析。要了解竞争者的数量、产品以及市场占有率、在市场中处于何种竞争地位、对手有哪些优势和劣势以及发展动向等。运用一切调研手段，对市场和消费者展开深入调查，广泛搜集相关资料，通过科学系统的分析，形成客观的分析结果，为决策者的决策行为提供可靠的参考。

（三）竞争品牌定位分析

品牌的功能在于识别，将自身的产品或服务与竞争者的产品或服务区别开来。因此，定位之前了解竞争品牌定位的意义显得格外重要。通过相关信息的分析，结合城市的各种资源，寻找和发掘与竞争品牌的差异点，选择与众不同的品牌定位，提炼并彰显品牌个性与魅力。

（四）品牌定位决策

每座城市在形成和发展的历程中，其资源禀赋、城市风貌、规模、人口、经济、设施等方面都会存在差异，品牌定位并非求大求全，面面俱到，而是要选择与旅游者需求相符的，最具特色且能够展示其独特竞争优势的差异点来进行品牌定位。

（五）品牌定位的监控与调控

品牌定位是一个动态性的过程，在完成品牌定位设计、相应的品牌传播和营销活动开展之后，城市旅游管理者和经营者要密切注意产品在市场上的销售情况以及竞争对手和目标市场旅游者对于品牌定位的反映，根据各方的反映，查找原因和总结经验，对品牌定位进行适时地调整。

城市旅游品牌不是一个简单的符号，其定位应以城市文化为核心，彰显和展示城市旅游品牌中能够带给旅游者独特旅游体验的，具有鲜明地域特征的文化内涵。通过对旅游者、竞争对手的分析，了解自身旅游品牌定位的得失，及时作出调整，保持城市旅游品牌文化符号鲜明的个性特征。

第三节　文化符号与城市旅游品牌设计

城市旅游品牌设计就是关于品牌形式或构成要素的设计，按照“三位一体”的整体品牌概念模型，城市旅游品牌的设计包括品牌名称、品牌标志、管理者和经营者关于城市旅游的“表达”（口号）。城市旅游品牌设计就是以品牌名称、标志、口号等视觉和语言符号为载体，向旅游者表达和传递与该地密切相关的独特旅游体验价值承诺的设计，体现城市文化理念和内涵的设计的独特性、地域性。同时遵循品牌设计的原则，运用恰当的方式和手段将特色城市文化表现出来。

一、 品牌设计的一般原则

品牌权威专家凯勒教授指出，品牌要素的设计必须遵循六条原则：易记性、含义的丰富性、可接受性、可转移性、适宜性、保护性。旅游品牌作为品牌的一种，其设计同样要遵循这六条原则。

（一）易记性

品牌符号本身要容易被消费者记住和识别，记忆是消费者对品牌资产的一种储蓄。好的品牌符号应该在低传播投入的情况下，让人“过目不忘”。易记的品牌符号具有以下几个特点：①独特。如耐克的标识是一个代表天使翅膀的漂亮“对钩”，足以唤起大家对耐克的一切联想。②消费者熟知的元素。如四川出产的“娇子”品牌香烟，其标志是一个大熊猫的形象。③与产品类别相契合。品牌符号要正确直观地表达出所指涉的产品属性或功能。如“金利来”、“舒肤佳”，如果按字面直译成“金狮”、“捍卫”，就无法将品牌与其所代表的产品关联起来，品牌的回忆度就会大打折扣。

（二）含义的丰富性

品牌设计中要含有对品牌特征和品牌利益的描述。好的品牌必须同时包括描述性含义和说服性含义。描述性含义反映的是品牌特征：产品类别、使用者、产地等信息。这样，当消费者看到某一品牌的时候，就很容易联想到其所属的产品类别，如奔驰——汽车；海飞丝——洗发水；李宁——体育服装 / 用品；泸州老窖——名酒等。说服性描述反映的是品牌和产品的独特利益。如奔驰——汽车飞奔时的快感；舒肤佳——洗浴后皮肤的舒适；五粮液——浓缩五谷杂粮之精髓。品牌含义越丰富，品牌的信息量就越大，就能更好地促进消费者对品牌和产品的认知，通过品牌所包含的丰富联想，激发消费者的消费欲望。

（三）可接受性

美国著名营销专家伯纳德•施密特（Bernard Schmitt，1997）和亚历克斯•西蒙森（Alex Simonson，1997）提出“营销美学”理论。他们指出，品牌标识设计、营销活动等都应当为消费者带来美学上的感官体验。因此，品牌符号的设计要符合人们的价值观和审美情趣，令人产生良好的感官认知和美学体验，培育和增强消费者对品牌和产品的接受程度。如“百事可乐”这一品牌名称令人想到“万事顺意”的祝福；“福临门”蕴含家有喜庆、安康幸福之意，这些品牌名称符合人们的心理，具有较高的可接受性。消费者也会因为对这些品牌名称的接受和偏爱，进而对品牌所指涉及的产品产生好感和偏爱。

（四）可转移性

品牌设计的可转移性是指品牌能向不同的产品种类延伸和向不同的市场转移，为品牌的延伸奠定基础。品牌在实现扩张的时候，就可以利用原有的已经具有知晓度和美誉度的品牌影响力，向不同的市场或地理空间延伸。在经济全球化背景下，品牌设计的可转移性显得尤为重要。

（五）适应性

品牌适应性可以通过调整或修改适应外部环境的变化，如消费者价值观审美观的改变、公司战略调整、企业兼并收购等。如苹果电脑公司最初的标志是一个彩色的、被咬了一口的苹果，这个标志激发了众人的好奇心：为什么苹果被咬了一口？而苹果电脑对消费者的诱惑就像那个被咬了一口的苹果一样，只有尝试之后才会知道。为适应目标市场消费者的消费心理和审美取向，2003 年苹果公司进行了标识的更新，将原有的彩色苹果换成一个半透明的、泛着金属光泽的银灰色 LOGO。这一新的标识显得更为立体、时尚、个性，更加符合苹果公司旗下的两个具有重要影响力的产品 Itunes 和 iPad 对年轻一代消费者的审美和创新的感觉。

（六）保护性

品牌设计的保护性表现在法律和竞争两个方面。一是从法律的角度，及时向工商管理部门申请注册，实行品牌知识产权的自我保护，防止品牌被他人侵权。二是从竞争的角度，品牌设计要难以模仿，防止竞争者“搭便车”行为的发生。

城市旅游品牌设计既要遵循上述品牌设计的一般原则，同时也要结合城市旅游品牌自身的特点，才能彰显品牌特色和行业特征，更好地发挥品牌的作用。本书将围绕城市旅游品牌名称、品牌标志、品牌口号等方面展开论述。

二、品牌名称

品牌名称是品牌的核心要素，是形成品牌概念的基础，它是指品牌中能够读出声音的部分，它有可能是企业的名称，也有可能是商标名称（丁桂兰，2008）。品牌名称的设计就是为品牌取名，也称品牌命名。万事开头难，在品牌管理领域，业界普遍认为品牌命名是打造品牌的关键一步。美国营销专家阿尔•里斯（2002）指出：“从长远观点来看，对于一个品牌来说，最重要的就是名字！” 由于品牌名称具有吸引消费者注意、便于消费者传播、提高产品档次和品位、增加品牌联想等功能。长期以来，企业界对自己品牌的名称十分重视，从市场营销层面、法律层面和语言层面，利用各种方式为自己品牌谋得一个新颖、独特、易记、富有内涵的品牌名称。然而，城市旅游品牌的命名却与此不同，有其自身的特殊性。

Cai（2002）指出："与典型的产品和服务不同，旅游品牌名称与目的地实际地理名称相联系。"城市旅游是以城市为载体开展的旅游活动，城市旅游品牌的名称就是城市本身的名字。城市经过千百年的演化，其名称一般已经固化，不可轻易改变。因此，与其他产品和服务不同，城市旅游品牌名称只能是其城市名字，而不能随意命名。尽管如此，城市旅游品牌名称在设计上还是应该通过适当的方式表现出来。从设计美学的角度，利用汉语字母、英文、书法艺术、色彩等表现手段展示品牌名称，给消费者以视觉冲击和美学感受，增强城市旅游品牌名称的独特性和感染力。如前文中提到的石家庄城市旅游品牌的名称，利用英文单词"TOUR"前面的两个字母"TO"的变体，巧妙地组成了"石"字，构思新颖，设计精巧，令人印象深刻。

三、品牌标志

品牌标志又称品牌标识，用于品牌识别的视觉符号，包括标志文字、标志图案、标志色和标志物。作为品牌的具象符号，品牌标志是品牌必备的要素，不仅帮助区别不同的品牌，而且还有助于消费者产生相应的联想。现代心理学家的分析指出：人类在凭借感觉接收到的外界信息之中，高于 8% 的印象是来自于眼睛视觉的接收，11% 来自于听觉的接收，3.5% 来自于嗅觉的接收。相比之下，图形比语言更容易记忆和回忆，在短期和长期记忆中均能保持更长的时间，品牌的标志可以带给消费者视觉上最大的满足。一般而言，消费者往往也是借由品牌标志来识别产品的。

目前，国内旅游标识发展现状不容乐观。据唐人旅游发展集团首席分析师张效军介绍，该集团以"2009 年中国城市旅游竞争力评价"产生的"2009 年中国旅游竞争力百强城市"为样本，对 31 个省区市和 100 个城市进行了旅游标识的专项调查研究。发现大部分省份已拥有自己的旅游标识，但设计水平和推广效果参差不齐；从城市来看，在所调查的 100 个城市中，拥有旅游标识的城市仅占 46%，而且在已经拥有旅游标识的城市中，符合相应设计原则的优秀作品仅占 20% 左右。这说明，绝大多数城市还未意识到旅游标识在城市旅游宣传与整体形象打造上的重要作用。我国城市旅游的标志在设计、推广、应用等方面与国外相比还存在较大差距。

（一）品牌标志的种类

（1）文字标志

文字是人类最重要的沟通与交流的符号，在品牌标志的设计中被广泛运用。文字标志是指用独特艺术形式书写的品牌全称或首个字母。如 SONY、KFC、BMW、健力宝、万宝路、金利来等。首个字母，如麦当劳金黄色的"M"是个经典的个案。受行业特点的影响，作为城市旅游品牌的标志，一方面要用文字的形式标识出城市的名称，另一方面还要向消费者传达这个标志与城市旅游有关。如前文中提到的石家庄城市旅游品牌标志，除了有该市名称之外，还分别有英文“TOUR”，中文“旅游”的字样。再如，敦煌市城市旅游品牌标志，双环形中镶嵌轻盈婀娜的双飞天，双环之中有中英文对照的“敦煌旅游”，这种表现方式，清晰、准确地表达了该品牌标志的属性和功能。

（2）图案标志

品牌的图案标志是对品牌标志的一种图解，即用图案的形式表达品牌标志，包括标识符号、图形等。在制造业里，用图案作为品牌标志的品牌举不胜举，如奥迪的“四环相扣”、宝马的“蓝天白云螺旋桨”、海飞丝的“带有一颗晶莹水珠的一缕秀发”、苹果电脑的“透明的、泛着金属光泽、被咬了一口的‘苹果’”等。而城市旅游品牌的标志，一般是用形象的或抽象的图案，将该市核心旅游资源形象地表达出来。如余杭市的旅游品牌标志，就是将“余杭”的“余”演绎成一只由良渚文化形象元素构成的腾飞的大鸟。这个品牌标志表示和传达了该地的核心旅游吸引物的文化特质，让人一目了然，对目标市场的旅游者产生了较强的吸引力。

（3）标志色

标志色是指品牌颜色标志，又称标准色，就是运用品牌书法和图案色彩的象征意义去诠释品牌。作为符号构成的要素，人类赋予了色彩以不同的寓意。色彩的运用得当，可以给消费者以强烈的视觉冲击，引发其心理的共鸣。如西班牙的旅游 LOGO 是由 20 世纪西班牙绘画三杰之一的米罗设计的。主体由火红的太阳和一颗闪耀的星星构成，颜色运用了西班牙国旗的三种色彩，表达了对生命和自由的称颂和激情，从而象征着旅游和假期带给人们的欢快。扬州城市旅游标志中的绿柳代表着该市绿色人居环境和绿江南，让人不由地联想到“春来江水绿如蓝，能不忆江南”的诗情画意。

（4）标志物

标志物是指用人物、动物、景物等具体的图形来代表品牌，与标志图案相比，标志物则更加具体化。用人们熟悉的标志物来标识品牌，可以缩短消费者与品牌间的心理距离，提高品牌的可接受度和受欢迎度。旅游是一种体验，具有无形性和异地消费的特性。与品牌名称相比，具象化的标志物受文化因素的影响没有语言信息那样大，更具市场的可转移性，能够跨越文化和地域的限制。

城市旅游品牌的标志物要凸显该地独特的旅游体验，反映该地的地域性文化特征。在标志物的选择上，尽量选择最为知名的元素为主题，比如澳大利亚是袋鼠，荷兰选用了郁金香，加拿大则是一片枫叶。敦煌城市旅游标志是“双环形中镶嵌轻盈婀娜的双飞天”，“飞天”代表了敦煌深厚的文化底蕴和核心旅游资源。扬州城市旅游标志物则以扬州标志性建筑“五亭桥”为主体，与具有扬州特色的古城墙、桃花、杨柳、仙鹤、桥、湖水、明月一起，构成一道美丽的江南风景。该标识整个图案动静结合，通过各类元素的组合，将扬州“人文、生态、宜居”的城市特质表现出来，充分体现了扬州历史文化名城的底蕴和旅游特色，表达了“天下三分明月夜，二分无赖是扬州”的深远意境。

（二）品牌标志的作用

作为城市旅游品牌构成的必备要素，品牌标志重要的作用，具体表现以下几个方面：

（1）易于品牌的识别和记忆

在品牌标志独有的文字、图案、色彩和标志物的影响下，旅游者更加容易识别和记住品牌。如故宫——北京、飞天——敦煌、埃菲尔铁塔——巴黎、大本钟——伦敦、泰姬陵——阿格拉。

（2）增强品牌联想

风格独特的标志物能够激发旅游者的丰富联想，刺激其旅游动机。如傲然挺立的迎客松，令人联想到“五岳归来不看山，黄山归来不看岳”的黄山；想到奇松、怪石、云海、温泉的黄山四绝等。埃菲尔铁塔让人联想起充满时尚、浪漫风情的巴黎：香水、时装、巴黎女郎、香榭丽舍大街……

（3）反映各子品牌之间的联系

城市空间地域内，富有各种自然和人文资源，可以开发成不同种类的品牌和产品。这些子品牌之间既要体现各自的差异，令城市旅游品牌更加丰满，提高旅游者的可选择性。同时，子品牌之间又要保持一定的内在联系，体现出城市文化的“同宗性”，从各个侧面反映和表现母品牌的理念。

（4）提高品牌的受欢迎度

品牌标志以抽象或具象的事物为载体，表达和传递着品牌的理念信息。通过综合运用文字、图案、色彩、标志物等构成要素，品牌标志不仅可以给人带来艺术的视觉享受，同时也能刺激旅游者产生幻想，爱屋及乌地将对品牌标志的喜爱“移情”至其所代表的品牌及产品。如迎客松作为黄山的旅游品牌标志，一方面让人联想到青松傲霜斗雪的品格与个性，另一方面又传达了“笑迎八方来客”的热情。作为品牌标志物，迎客松与旅游者的心理认知吻合，受到旅游者的欢迎。而旅游者也很自然地将自己对迎客松的喜爱，移情到其所代表的品牌和产品，从而提高了品牌的吸引力和号召力。

（5）增强品牌的可变性

品牌作为市场竞争的利器，其作用在于形成竞争比较优势。随着市场竞争环境、消费者需求和企业战略的变化，品牌也必须做出相应的调整。城市名称是城市旅游品牌的核心要素，不能随意更改，而品牌标志则可以根据需要，进行适当的调整。特别是在当今经济全球化，旅游业竞争日益剧烈的背景下，旅游业要从全球化的视野去构建品牌，树立品牌在海外市场的知晓度和影响力，品牌的可变性显得尤为重要。从目标市场旅游者的消费需求、民族心理、审美情趣等入手，综合运用品牌的图案、色彩、标志物等，设计出识别性强、认同度高、受欢迎度大的品牌标志，为品牌的扩展奠定基础。

（三）品牌标志的设计原则

品牌标志是品牌的载体和“视觉语言”，其设计要遵循以下几个原则：

（1）简洁鲜明原则

品牌标志是旅游者认知目的地的渠道，也是提高目的地知晓度的一种手段。在城市旅游品牌标志的设计中，其名称要简洁明晰，图案的结构、色彩要新颖醒目，以标志独特的造型和合理的色彩搭配，捕捉旅游者的视觉，吸引其注意力，增强品牌的感染力。

（2）营销原则

用品牌标志这种“视觉语言”为载体，表达和传递品牌内涵，告知旅游目的地核心旅游吸引物和独特的旅游体验，如希腊用的地中海蓝，蒙古国则是蒙古包等，这些标志都能够激发目标市场旅游者的旅游动机，促成其消费行为的完成。

（3）创意原则

美学家叶朗曾说过：“旅游，从本质上讲，就是一种审美活动，离开了审美，还谈什么旅游？旅游涉及审美的一切领域，又涉及审美的一切形态，旅游活动就是审美活动。”品牌标志本身就是一件艺术品，应具有创意性。在设计上要精心构思、别出心裁，凸显目的地旅游特色和个性体验，令旅游者过目不忘、赏心悦目，产生美的视觉享受。

（4）准确相符原则

品牌标志的寓意要正确，能够清晰完整地表达和传递品牌文化含义和理念，通过赋予标志以丰富而独特的寓意，让旅游者产生丰富的联想，增强品牌的吸引力。

（5）情感原则

品牌标志应能引发旅游者的心理共鸣，令其产生情感上的偏好，从而移情到品牌及产品，树立品牌的美誉度，维系旅游者与品牌之间的情感联系，巩固旅游者对品牌的忠诚度。

（四）案例分析：中国旅游标志——铜奔马

铜奔马1969年9月出土于甘肃武威雷台汉墓，1983年，国家旅游局把“铜奔马”确定为中国旅游图形标志并一直沿用至今。《全国导游基础知识》课本第25页对选择“铜奔马”作为中国旅游标志做出了以下解释。选择“铜奔马”作为中国旅游业的图形标志，其含义是：天马行空，逸兴腾飞，无所羁缚，象征前程似锦的中国旅游业；马是古今旅游的重要工具，奋进的象征，旅游者可在中国尽兴旅游；铜奔马象征着中国数千年光辉灿烂的文化历史，显示文明古国的伟大形象，吸引全世界的旅游者。从标志设计的原则来看，将“铜奔马”作为中国旅游标志，值得商榷。其理由如下：

（1）认同度低。身为国宝级的青铜艺术品，“铜奔马”的历史价值、艺术价值、科学价值不容置疑。但与其他珍贵文物一样，“铜奔马”同样遭遇“养在深闺人未识”的命运，国人对其了解不多。据《中国旅游报》与清华大学媒介调查实验室联合调查的结果显示，受访者中多数人对为何将“铜奔马”作为我国的旅游标识，表示不清楚。此外，尽管“铜奔马”也曾在其他十几个国家展出，受场地和展出时间的制约，观众数量有限，从而影响了其在国外的旅游者心目中的知晓度和认同度。

（2）个性化特征模糊。中国是世界文明古国，历史源远流长，中国人民创造了灿烂的文化，留下了无数的文化遗产，这些文化遗产都能够从某个方面表现中国的文化特征。作为旅游标志，应选用最具该地特征的文化或地域符号，最能够完整、准确地表达目的地旅游特色的图案、人物、景物等。如加拿大的枫叶、澳大利亚的袋鼠，都是通过该地特有的物种直观清晰地指向该国。“铜奔马”作为一件工艺品，代表了中国汉代高超的工艺水平，从某种程度上反映了中国的文化元素。但“铜奔马”不具有独特性，马这种动物，世界各地都有，以马为原型的工艺品也随处可见。因此，“铜奔马”是一件难得的工艺品，但其中国特色文化的符号特征不显著，人们，特别是国外旅游者很难将其与中国旅游联系起来。

（3）关联性弱。国家旅游局对将“铜奔马”作为中国的旅游标志，做出了三点解释。根据“三位一体”的“整体品牌”概念模型，我们知道，品牌的“解释”项包含经营者的自我“解释”或“表达”和公众的认知。经营者的“解释”和公众认知都是人的主观思维活动，两者可能一致或接近一致，但也有可能大相径庭。导致两种不同结果的关键在于，经营者所选用的“媒介”是否与其作出的“解释”或“表达”相符。用“铜奔马”寓意“前程似锦的中国旅游业”“中国数千年光辉灿烂的文化历史，显示文明古国的伟大形象，吸引全世界的旅游者”。看起来，似乎与旅游业相关联，但是，“铜奔马”作为旅游标志物，其对中国旅游的“解释”或“表达”是旅游主管部门自己的主观臆想。鉴于“铜奔马”在世人心目中的低知晓度，这种主观的臆想很难与旅游者的认知相一致。“马是古今旅游的重要工具，奋进的象征，旅游者可在中国尽兴旅游”，这一点，就更显得牵强。现代社会里，马早已被其他现代化的交通工具取而代之，只是在某些景点的某些项目中，还可以一见马的身影。从“正确相符”的设计原则看，“铜奔马”难以完整而清晰地表达和传递中国旅游的特色和理念。

（4）适应性差。旅游标志作为一种视觉语言，应能够根据旅游业的发展和竞争环境的变化，进行适当的调整，具有实用性。改革开放30多年来，中国的旅游业发展迅速，取得了令人瞩目的成就。同时，必须清醒地看到，目前中国还只是旅游大国，而远非旅游强国，中国的旅游业想要由大做强，任重道远。在培育完善国内市场的同时，要积极地拓展国际市场，通过多样的产品、优质的服务、强势的品牌等，树立中国大而强的国际旅游形象。“铜奔马”作为旅游标志，因其在国际市场旅游者心目中的低知晓度，在市场营销的运作上，无疑会大大增加传播成本，降低传播效率。同时，因其个性特征不明显，与旅游业关联性弱的两个因素的影响，国际市场的旅游者难以认知和认同“铜奔马”所想表达和传递出的关于中国旅游的理念和内涵。相比之下，将“长城”作为中国的旅游标志，则更显得科学、合理。理由如下：

①知晓度高。长城是我国古代劳动人民创造的伟大奇迹，是中国古代人民智慧的结晶，是中国悠久历史的见证。在中华人民共和国国歌、其他歌曲、影视作品、课本中，经常见到长城的身影。长城作为人类历史的奇迹，于 1987 年被列入《世界遗产名录》。美国前总统尼克松在参观了长城后说："只有一个伟大的民族，才能造得出这样一座伟大的长城。"可见长城在世人心目中具有极高的知晓度。

②个性特征明显。旅游标志的设计原则之一就是要简洁鲜明，能够彰显某地的个性特征。长城穿越崇山峻岭，蜿蜒数千公里，与中华民族图腾"龙"的形象非常吻合，千百年来，中国人民一直将长城视为中华民族的象征。在《中国旅游报》与清华大学媒介调查实验室关于"你认为哪个形象更适合作为中国旅游标识"的问卷调查中，长城的支持率最高，占全部调查人数的42%。长城不仅内涵丰富，而且外形清晰明朗，可视性强。可以说，长城作为中国旅游标志，指向性显著。

③关联性强。长城与旅游业的关联性紧密。作为世界文化遗产地，长城经过开发，目前已发展为成熟的旅游目的地，北京八达岭长城已成为游客到北京旅游的必选之地。同时，长城也是中国星级酒店标志牌的背景图案，为广大旅游者所熟悉，"不到长城非好汉"的口号也在旅游者中广为流传。所以，将长城作为中国的旅游标志，能够得到旅游者的认同。

④适应性好。随着旅游者审美心理和旅游市场竞争环境的变化，旅游业应适时对品牌进行调整。品牌名称作为品牌中最主要的要素不可轻易改变，此时，旅游品牌标志就充当了"微调器"的作用。通过品牌标志的适当变化，增强品牌的时代感和生命力。汉语是一种语言符号，不适宜作为标志，故宫是中国封建社会的象征，也不能用来代表 21 世纪的、正向"富强、民主、文明的社会主义国家"迈进的中国形象。长城在国内外旅游者心目中拥有极高的知名度，又与我国的旅游业关系紧密，在国内外旅游市场的营销传播中，就能大大降低传播成本，提高传播效率。长城不仅寓意我国旅游历史悠久，更象征着中国的旅游业正在实现"龙腾"，而且，后劲十足，长盛不衰。

旅游标志作为品牌的"视觉符号"，是旅游目的地整体形象的浓缩和凝炼，也是旅游目的地对外宣传和营销的主要手段，设计出能够代表国家、地区、城市形象的旅游标志，是旅游业发展到一定阶段的客观要求和必然趋势。旅游标志的受众是广大的旅游者，其设计不能靠几个专家"闭门造车"，主观臆想。而是既要突出目的地的个性特征，又要与时代和旅游业发展趋势同步，这样的旅游标志才具备生命力和号召力。

四、品牌口号

品牌口号是用于解释和传递品牌经营思想的形式，是品牌特色文化内涵的最直观的表达。品牌口号通常表现为一个短语或词组，其诉求点包括三个方面：①我是谁？②我能给你（消费者）什么？③我的主张是什么？李山（2006）认为，旅游口号是定位口号和营销口号的统称，分别表述旅游形象中的理念形象和营销形象；其中，定位口号传播旅游地品牌属性，营销口号传播的是旅游地品牌利益和价值。城市旅游品牌口号是表达城市旅游文化特色和经营思想的形式，解释并传达了城市旅游中独特旅游体验的价值承诺，包括定位口号和营销口号。

（一）品牌口号的作用

作为品牌内涵最直观的表达，城市旅游品牌口号能够发挥以下作用：

（1）向旅游者诠释品牌核心文化价值

品牌口号最主要的作用就是向旅游者诠释品牌的核心价值。借助品牌口号，将目的地独特旅游体验向旅游者表达和传递出来，便于旅游者认识和了解城市的核心旅游产品和旅游体验。如都江堰市的旅游品牌口号“拜水都江堰，问道青城山”；安庆市的“游安庆，唱黄梅——每天都是一出戏”；昆明的“天天是春天”等，都十分直观地向旅游者表达了该地独具特色的城市文化和旅游体验。

（2）增强品牌的记忆

品牌口号是目的地品牌定位思想的高度浓缩，直观地表达了目的地的旅游特色，对于目标市场的旅游者而言，具有较强的说服力和吸引力，从而增强了品牌在旅游者心目中的记忆深度。如“天天是春天”，不仅道出了昆明“春城”的地域特点，也让旅游者联想到温暖、鲜花、彩云等，强化了旅游者对昆明城市旅游品牌的记忆。

（3）统领品牌旗下的子品牌和产品

Clarke（2000）指出品牌有助于旅游企业各部门的精确分工。城市根据自身资源的禀赋情况，可以开发一系列产品品牌，衍生出针对不同目标市场的产品。品牌口号是对城市旅游品牌的诠释，发挥着方向标的作用，城市地域范围内的各种旅游产品和子品牌都要围绕着城市旅游品牌而进行。

（4）统一城市旅游从业人员和市民的思想

Clarke（2000）还指出，品牌为旅游企业提出了一个明确的目标，激励企业人员共同为之努力。城市旅游品牌口号反映了品牌所主张的文化价值和理念，不仅对目标市场的旅游者产生影响，对统一城市旅游业从业人员和广大市民的思想也发挥着重要的作用。如“上海，精彩每一天。”这一品牌口号，不仅向旅游者传递着上海作为东方大都市的繁华、时尚的活力与魅力，也提出了该城市旅游发展的理念，鼓舞和激励着全市旅游界业内人士和广大市民为之努力。

（二）品牌口号的设计原则

品牌口号是对目的地旅游品牌文化内涵的直观表达，是品牌文化价值的诠释和传递，成功的品牌口号，要遵循以下几个设计原则。

（1）独特性

品牌的首要任务在于将自己与竞争者的产品和服务区分开来，品牌口号需要体现目的地旅游资源中文化和旅游体验的差异性，凸显自身的特色。例如，天津的“敞开天津门，笑迎八方客”的品牌口号中，旅游者读不出该地的旅游特色，找不到自己的利益诉求与该地的有机联系。而作为品牌口号，“游承德，皇帝的选择”则要成功得多。承德避暑山庄是清代皇帝夏宫，为中国著名的古代帝王宫苑，是承德的核心旅游资源。“游承德，皇帝的选择”较好地表达了该地独特的旅游体验，突出了该地的城市文化特色，让目标市场的旅游者发现了自身需求与该目的地的内在联系，激发了其旅游动机的形成。

（2）价值性原则

品牌打动消费者的不仅是品牌的属性，更在于它提供的利益和该利益给消费者所带来的价值感，目的地旅游品牌的管理，要始终关注旅游者的需求和利益。品牌口号是品牌价值的直接载体，应当包含体现品牌中所蕴含的独特价值和旅游体验，进而激发旅游者的心理共鸣。品牌口号是目的地与旅游者之间沟通的桥梁，要准确而清晰地向旅游者表达和传递目的地特质可以向他们提供哪些方面的独特利益，激发其旅游动机。义乌是目前全球最大的小商品集散中心，被联合国、世界银行等国际权威机构确定为世界第一大小商品市场。同时，义乌又是中国义乌国际小商品博览会、中国国际森林商品博览会、中国国际旅游商品博览会等展会的主办地。“小商品的海洋，购物者的天堂”较好地表达了该市购物旅游的特色，向旅游者准确地传递了目的地旅游体验的独特性，从而对目标市场的旅游者具有吸引力。

（3）易记性原则

心理学的注意瓶颈理论认为，信息在被传送到觉察器之前首先要经过选择性过滤器的过滤，只有那些能够通过过滤器的刺激，才能被知晓；而字数的多少是影响刺激的重要因素之一。据心理学家调查，一个口号如果超过 12 个字，对读者的吸引力就降低 50%。品牌口号以短语或词组的形式表达，不仅要正确清晰，还要简短易记，讲究语言的表达效果，成为旅游者对于品牌记忆的有效线索。实践中，很多目的地的品牌口号面面俱到，结果显得冗长啰嗦，难以记忆。如“来江苏，访名城，游古镇，品吴韵，寻汉风”；“秀山丽水，浙江绿谷；六江之源，艺术之乡；浪漫之都，休闲胜地”；“雅丹、戈壁、绿洲、油田尽在克拉玛依”等。这些品牌口号，虽然表达了该地的旅游资源特色，但信息量过大，影响了旅游者对品牌的记忆。

（4）联想性原则

好的品牌口号要能够激发旅游者对品牌产生好奇，形成不断的联想，增强品牌在旅游者心目中的好感度和认同度。如“好客山东”一改往常人们利用当地旅游资源去概括本省旅游的常态思维，而是从特定的社会关系来构思。“好客”体现了山东人豪爽朴实的性格，也反映了孔子故乡的人们所特有的“有朋自远方来，不亦乐乎”的待客之道，彰显了山东悠久的历史文化。再如，“Your Singapore 我行由我新加坡”的品牌口号，代表了汇聚各种魅力景点、美食和文化的全新体验，着重强调以游客为中心的非凡个性之旅，彰显了新加坡旅游品牌对全球游客的吸引力。

（5）适宜性原则

品牌口号的适宜性包括三个方面。①品牌口号的设计要符合人们的审美情趣，获得旅游者的好感和认同。现实中，有的目的地一味地追求“眼球注意力”，品牌口号的设计“标新立异”，无所不用其极。如宜春的“一座叫春的城市”，该口号出炉后，曾受到众人的瞩目和热议。该品牌口号企图用暧昧的语言，吸引世人的眼球，以提高该市的知晓度，但知名度不等于认同度，更不是美誉度。旅游品牌口号是品牌核心文化价值和独特旅游体验的表达，暧昧的词语出现在此，显然是不合时宜的。②口号所表达的内容要与品牌相符合。在旅游品牌口号的设计中，不少地方出于对当地的热爱，往往不自觉地陷入“自恋”情结。品牌口号所表达的内容，常常与该地能够提供的产品和服务不符。如“不登五指山，不算到海南”；“肇庆山水美如画，堪称东方日内瓦”等。③适时进行调整。品牌口号要具有灵活性，顺应时代的发展和竞争环境的变化，这样才能够增强品牌的生命力和吸引力。如“5·12”大地震之后，四川的旅游口号由“雄奇秀幽看四川”变成“四川旅游依旧美丽”，向世人表达了灾后四川旅游业发展的信心和豪情，富有人情味和感染力。新加坡的旅游口号则由“非常新加坡”改变为“Your Singapore 我行由我新加坡”，彰显了该地强调以游客为中心的个性化体验的品牌内涵。

名称、标志和口号是城市旅游品牌的主要构成部分，此外，城市旅游品牌还可以根据需要，为品牌设计适当的品牌角色和品牌音乐，在此就不作展开论述了。

第四章　城市旅游品牌的传播

城市旅游品牌设计完成之后，接下来的工作便是对其进行传播，运用现代媒介，通过各种方式和渠道，将城市旅游品牌文化符号中所包含的价值主张和独特旅游体验传递给旅游者。在目标市场旅游者认知和了解的基础上，使其产生一致的价值认同，从而激发旅游者的旅游动机。城市旅游的竞争既是实力的竞争，又是品牌的竞争。随着新型旅游目的地的大量涌现，越来越多的城市把城市旅游品牌作为城市对外宣传的重要组成部分。

第一节　传　播

一、传播的概念和过程

传播是一种古老的行为，以当代人们对于传播的解释来看，传播活动一直伴随人类成长的过程。用最简单的表述，传播就是把一个信息从信息源传递给受者的过程。作为学术概念，“传播”一词具有多重含义。美国社会学家库利（Charles Horton Cooley）最早将传播这个概念用于人际关系，指出，所谓传播就是人际关系借以成立的基础，又是其得以发展的机理。它是精神现象转化为符号，并在一定的距离空间得以搬运，经过一定的时间得以保存的手段。这个定义从几个方面对传播进行了界定：它是人际关系成立的基础；它是以符号为作用媒介进行的；它包括“表现”和“传达”两种意义，在传达过程中又具有保存或记录的作用。

二、传播的构成要素

美国政治学家拉斯韦尔（1948）在《社会传播的结构与功能》中对社会传播的过程、结构及其功能做了一个较为全面的论述。文章一开始，拉斯韦尔就明确提出了传播过程的五个基本构成要素，即：“谁（who）？说什么 （say what）？对谁说 （to whom）？通过什么渠道 （in which channel）？取得什么效果 （with what effect）？”这就是著名的“五W”模式或被称作“拉斯韦尔模式”。后来，英国传播学家 D. 麦奎尔等将这个模式做了图示，如图 4-1 所示。

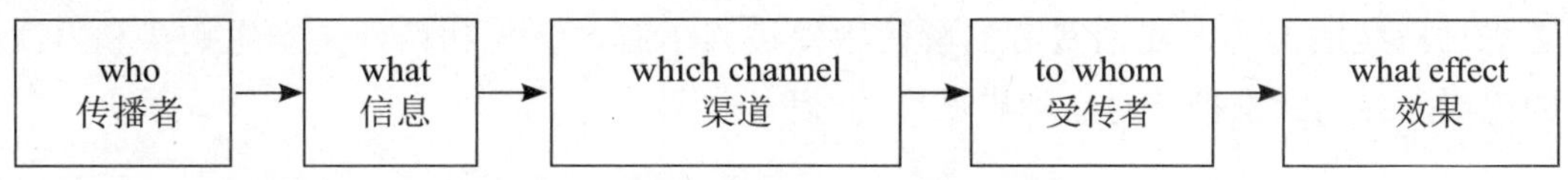

图 4-1　拉斯韦尔传播模式

资料来源：黄庆．品牌传播的媒介和渠道研究 [D]．南宁：广西大学，2007: 24.

“拉斯韦尔模式”阐述了传播学研究的基本范畴，指出了传播不可缺少的五个方面。

三、符号与传播

正如卡西尔所言，人类是符号的动物，人类精神文化的所有形式都是符号活动的产物。人类通过其独有的符号化能力，通过符号活动创造出使自身与其他动物区别开来的文化实体，人类的一切思想和经验都是符号活动。符号因其所具备的指代、传达、思考、交流和认知等功能，成为人类进行信息传播的介质，即人类只有通过各种符号才能相互沟通信息。传播可以理解为信息传递中符号与意义之间的二度翻译过程——把信息符号化以及对符号化了的信息进行解读，即编码（encoding）和译码（decoding）的过程，如图 4-2 所示。

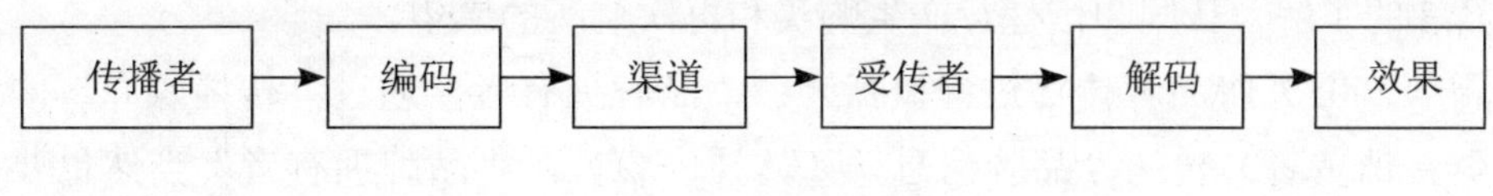

图 4-2　符号与传播

第二节 品牌传播

陈先红（2002）认为品牌传播，就是指品牌所有者找到自己满足消费者的优势价值所在，用恰当的方式持续地与消费者交流，促进消费者的了解、认可和信任，产生再次购买的愿望，并不断维护对该品牌的好感的过程。本书作者认为，品牌传播是品牌主将自身品牌文化符号中能够满足消费者利益诉求的价值信息进行编码，用适当的方式与消费者进行持续的沟通，在消费者的解码中促进其了解、认可和信任，产生购买和再次购买的愿望，并不断维护其对品牌忠诚度的过程。

一、品牌传播的构成要素和过程

从上述品牌传播的定义中可以看出，品牌传播所涉及的要素包括：①品牌传播的发送者，即品牌主，可以是企业、组织或个人。②品牌信息，即品牌形象或个性特征，这是品牌传播的核心内容。通过传播媒介，品牌主将自己独特的品牌信息与消费者进行沟通交流和分享，借助品牌信息的交换、扩散，建立消费者与品牌之间的认同与被认同、消费与被消费的关系，并维系消费者对品牌的忠诚度。③传播对象，即品牌信息的接受者。品牌传播对象包括目标市场消费者和品牌的关注者。品牌传播的目的，不仅针对目标市场的消费者，而且要借助消费者的体验和口碑，影响品牌的关注者，扩大品牌的影响力和提高市场占有率。④传播媒介，即品牌传播的渠道。这是品牌信息与消费者之间沟通和交流的桥梁，品牌主通过传播渠道与信息接受者连接起来，实现品牌的传播。⑤品牌传播的效果，即品牌主有关品牌的预期与消费者之间的反应认同性。传播效果的好坏受信息受众、传播渠道的选择和传播时机的影响。品牌的传播过程，就是品牌主将自己品牌所包含的价值和消费主张的信息，通过传播渠道传递给目标市场的消费者，以促进消费者对品牌的了解、认同和信任，产生购买和再次购买的愿望。

王雷（2005）将品牌传播过程概括为：“品牌拥有者”通过“传播媒介”向其“目标受众”（消费者）传递“品牌信息”（传播内容），“品牌拥有者”当然也要关心品牌信息传播出去后预期的目的是否达到（传播效果）。即：①谁——品牌拥有者（传播主体）；②说什么——品牌信息（传播内容）；③通过什么渠道——人际传播、大众传播、广告等（传播媒介或传播方式）；④对谁说——受众或消费者（传播对象）；⑤产生什么效果——是否实现预期目标（传播效果）。这一过程可用图 4-3 来表示。

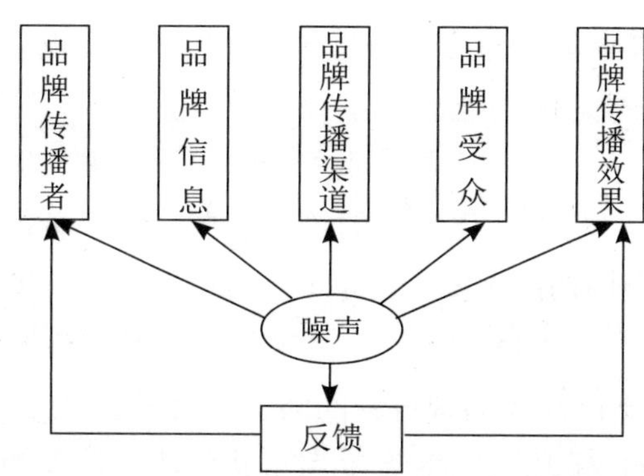

图 4-3　品牌传播过程模型

资料来源：王雷．品牌传播学 [M]．石家庄：河北人民出版社，2005: 32.

二、文化符号与品牌传播

品牌是用于指称特定产品或服务的具有一定内在含义的文化符号，因此，可以认为品牌的传播就是品牌文化符号的传播。这里的符号不仅指用来表示品牌的名称、标识、图案、色彩、口号等显性的表征，还包括符号的意义，即品牌的价值主张、企业经营理念和企业文化等隐性的内涵。品牌传播过程中无处不留下文化符号的印记，包国宪（2009）从符号学的视角，对品牌传播目标、原则、任务进行了阐述。

（一）品牌传播的目标——体现品牌文化符号价值

鲍德里亚在其《消费社会》一书中一开始就指出：“今天，在我们的周围，存在着一种由不断增长的物、服务和物质财富所构成的惊人的消费和丰盛现象。它构成了人类自然环境中的一种根本变化。恰当地说，富裕的人们不再像过去那样受到人的包围，而是受到物（objects）的包围。”因为“物”是以符号的形式出现的，所以消费社会里，人其实是被符号包围着。正如鲍德里亚所言，这些“惊人的消费和丰盛现象”在很大程度上是一场符号制作和交流的社会运动。“物”在根本上已是一种“人间”的东西，一种标志人间等级和社会权利的文化符号及其体系。商品除了价值和使用价值之外，拥有了符号价值。在消费社会里，符号成为生产者和消费者共同关注的焦点。一方面，生产者在商品生产和营销中以符号象征意义去吸引消费者，营造出各种让消费者置身于“神话”般的商品符号的幻境之中；另一方面，消费的逻辑被符号所操纵，消费者通过对符号的占有，去实现其身份的识别。

（二）品牌传播的原则——彰显品牌文化符号个性

在消费社会里，消费者购买商品的主要目的不是为了真正的使用，而是一种符号性的凸状炫示，通过对某一商品品牌的凸状符号意义的占有，加入到一个处于较高社会地位的团体之中。符号的价值不仅来源于符号的意义，也来自符号的差异，人们通过这种差异来理解符号的意义。索绪尔认为符号的差异比符号的意义更为重要，指出："确切地说，不存在什么符号，只有符号之间的差异罢了……唯有凭借符号之间的差异，才可能将功能或价值赋予符号。" 在充斥着符号的消费社会里，消费其实是一个差异性符码之间的交流体系，通过消费，人们获得某种特定的符号认同。在今天的消费过程中，没有人处于纯粹和孤立的商品购买和使用关系，消费即是地位和身份的有序编码，这种编码同时就是社会阶层的区分（张一兵，2008）。因此，品牌的符号设计要体现产品的独特文化价值，让消费者通过对该品牌旗下产品及品牌符号的消费，获得心理的满足。品牌符号的差异，即品牌个性更能够吸引目标市场的消费者，满足其自我表达和消费认同的需要。消费者通过对产品的消费和品牌符号意义的拥有，实现自己在社会阶层中的定位。

（三）品牌传播的任务——创建和推广品牌文化符号

品牌传播包含两个重要的环节：品牌主的"编码"——为自己的产品创建品牌符号；消费者的"解码"——对该品牌符号的认知、了解和反应。在这一"编码"和"解码"的过程中，互动双方基于共通的意义空间，通过象征符进行交流和意义的互换。"被交流或交换的意义，对传播者而言是他为发出的符号赋予的含义和对符号可能引起的反应的预想（意图）；对受传者而言是他传来的符号的理解、解释和反应。因此，传播过程中的意义，在本质上只有通过交换才能成立，才能产生社会互动效应。"

品牌在设计时，要把握目标消费者的消费理念和价值取向，使品牌符号不仅能够体现产品的物质价值，还要体现品牌符号的精神价值，让消费者在消费产品的同时，获得独特的符号价值，满足其心理上的需求。传播是一个信息互动的过程，品牌传播要通过适当的方式和媒介，连续不断地传递品牌的文化符号信息，扩大双方的共通的意义空间，缩小双方对品牌文化符号意义的解释偏差，使品牌文化符号得到受众识别和认同。

第三节　城市旅游品牌传播概述

一、概念和构成要素

在总结和借鉴前人研究成果的基础上，本书作者认为，城市旅游品牌的传播就是城市旅游管理者和经营者在完成城市旅游品牌的设计之后，将自己品牌文化符号中所包含的文化特质和独特旅游体验承诺，用恰当的方式持续地与旅游者交流，促进旅游者对该旅游品牌的了解、认可和信任，产生以该目的地为消费对象的购买和再次购买的愿望，并通过对各种传播手段进行信息控制和利用，不断维护旅游者对该品牌的好感的过程。

城市旅游品牌传播的构成要素包括：信息发送者（城市旅游管理者、经营者）、信息（城市旅游品牌的文化内涵和独特旅游体验）、渠道（传播媒介）、接受者（目标市场旅游者、潜在旅游者）等。城市旅游品牌传播的过程就是城市旅游管理者和经营者将本地旅游品牌的文化内涵和独特旅游体验，用符号编码形成信息，通过传播媒介，将这些信息传递给旅游者的过程，如图 4-4 所示。

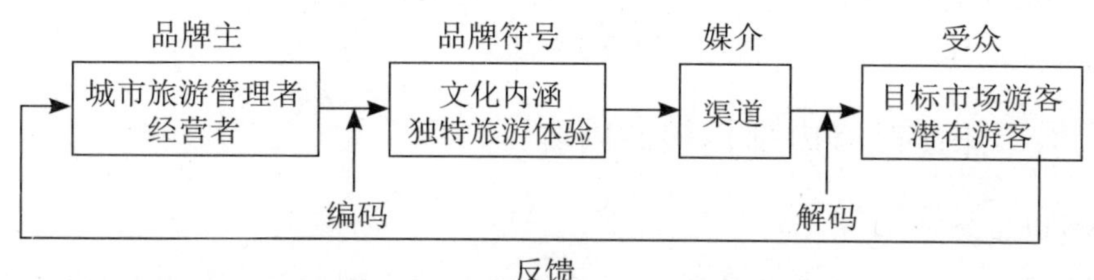

图 4-4　城市旅游品牌传播模型

二、传播内容和空间维度

Clarke（2000）指出旅游品牌的作用主要表现为：①旅游是一种与活动密切相关的体验，品牌有助于减低旅游者的搜寻成本；②品牌化可以减少无形性的影响；③品牌化可以通过各种渠道和时间，维护一致性；④减少旅游者与假日计划有关的风险因素；⑤有助于旅游企业各部门的精确分工；⑥为企业提出一个明确的目标，激励员工为之努力。其中，后两点指的是品牌在企业内部的作用。因此，整体品牌传播在内容和传播空间维度上应该包括品牌内部传播（企业内部员工、合作者）和外部传播（目标市场旅游者、潜在的旅游者）。本书研究的重点是城市旅游品牌的外部传播，即向目标市场的旅游者传递有关城市旅游品牌的价值主张和独特旅游体验，将自身的旅游产品和服务与竞争者区别开来，以吸引旅游者前来消费，并通过现实旅游者的口碑影响潜在的旅游者，提高品牌在市场上的占有率。在无特别交代的情况下，本书的传播内容指的是城市旅游品牌的外部传播。

（一）城市旅游品牌内部传播与外部传播的差异

尽管都是品牌传播，但内部传播与外部传播还是存在着差异，主要表现为：

（1）传播对象

城市旅游品牌外部传播针对的是目标市场的旅游者和潜在的旅游者，而内部传播针对的是城市空间范围内的旅游管理者和经营者，旅游业是关联性很强的产业，其内部传播的对象也广泛，包括与食、住、行、游、购、娱有关的部门、行业以及市民。

（2）传播目的

外部传播的目的是向旅游者和潜在的旅游者了解城市旅游品牌所包含的价值主张和独特的旅游体验，通过信息的不断交流，让旅游者认同并接受，激发其旅游动机。内部传播的目的则是让城市旅游管理者和经营者理解品牌的文化内涵和经营理念，鼓舞激励旅游业的从业人员、合作伙伴、市民为实现共同的目标而努力。

（3）传播内容

外部传播的目的是让旅游者了解认同并接受城市旅游品牌的独特卖点，而内部传播则不仅要旅游从业人员、合作伙伴、市民知晓该地旅游产品和品牌的独特之处，更要让他们了解品牌的文化、内涵、个性和城市精神与特质，通过从业人员的优质服务、市民良好的精神面貌，体现和展示城市旅游品牌内涵。

（二）城市旅游品牌内部传播的内容

（1）品牌理念

思想决定行为。首先要将城市旅游品牌的理念灌输到旅游经营者和广大市民的思想里，只有树立品牌的理念，旅游从业人员才会接纳品牌知识并在为旅游者服务的过程中体现品牌的理念，让旅游者体会品牌独特的价值和体验；市民才会用自己的言行去树立和维护城市旅游品牌的形象，维护和提高城市旅游品牌在旅游者心目中的美誉度，并通过旅游者的口头传播，吸引更多的旅游者前来消费，实现品牌效应向经济效益和社会效益的转变。

（2）品牌知识

旅游从业人员是城市旅游品牌实际运作中的实践者，必须了解和熟悉本市旅游品牌各方面的相关知识，掌握品牌管理学的基础知识，熟悉本市旅游品牌有别于其他城市旅游品牌的知识，从而在品牌实践过程中得心应手，全面准确地向旅游者表达和解释本市旅游品牌的内涵，并以自己优质的服务，让旅游者感受到该地城市旅游品牌所作出的独特旅游体验的价值承诺。

（3）品牌技能

旅游业是体验性的产业，具有无形性和异地消费的特征。城市旅游品牌的理念和知识通过从业人员的服务得以体现，服务质量的优劣取决于服务技能的高低。因此，城市旅游品牌的管理者应该对旅游从业人员进行品牌导向的技能培训，将城市旅游品牌融入到操作技能当中去，以优质的服务让旅游者切身体会到该地旅游品牌所倡导的理念，获得与该地独特相关的旅游体验。

（三）城市旅游品牌内部传播的途径

谢付亮等(2007)以企业为对象介绍了品牌内部传播的途径，主要有：①企业内部媒体。包括企业内刊、内部网、宣传栏、办公用品等。②企业固定场所。包括企业厂房、楼梯、电梯、办公楼走廊、食堂、洗手间、门卫室、会议室、接待室、办公室等。③企业内部活动。包括公司周年庆典、元旦迎新晚会、中秋聚会、公司运动会、新员工入职仪式、培训、公司营销年会、公司年终总结大会、部门例会等。④企业员工层面。包括企业员工的着装打扮、言谈举止等。城市旅游品牌的传播对象还包括广大市民，城市旅游品牌管理者要通过各种媒介对市民进行品牌传播，如地方电视台、报纸、杂志、标语、公交汽车、火车站台、机场候机厅、社区讲座等，将本地旅游品牌的相关信息和知识传递给市民，赢得市民的了解、认同、支持和参与，为城市旅游品牌的构建奠定坚实的群众基础。本书研究的重点在于城市旅游品牌的市场营销，故研究内容侧重于城市旅游品牌的外部传播。

第四节　文化符号与城市旅游品牌传播

品牌是用于指称特定产品或服务的具有一定内涵的文化符号。品牌传播是品牌主将自身品牌文化符号中能够满足消费者利益诉求的价值信息进行编码，用适当的方式与消费者进行持续的沟通，在消费者的解码中促进其了解、认可和信任，产生购买和再次购买的愿望，并不断维护其对品牌忠诚度的过程。城市旅游品牌是品牌的一种，也遵循品牌传播的一般规律。品牌传播过程中，信息传播者的“编码”和消费者的“解码”都以符号为载体，符号在其中扮演着极其重要的角色。孙湘明等（2009）认为从视觉传达符号学的角度来说，城市品牌的传播以视觉符号形式实现，城市品牌的符号特性，决定了其具有认知与传播的符号功能。本书借助其分析方法，以符号学为切入点，从语义、语构和语用三个层面对城市旅游品牌的传播进行剖析。

一、城市旅游品牌的文化符号特征

城市旅游品牌就是城市旅游管理者用于指称该地特定旅游产品或服务的具有一定内涵的文化符号，凝聚和体现着城市的旅游功能、理念、价值取向以及由此所产生的旅游市场的辐射力和吸引力。城市旅游品牌的传播通过符号载体与旅游者进行信息沟通和交流，并通过市场的反馈进行调整的互动过程。城市旅游品牌的符号化，使之成为在视觉上易于感知和识别的具有某种特殊文化含义的形象化视觉符号。城市旅游品牌以城市特色文化和独特旅游体验为内核，用品牌名称、标识、口号等象征性的视觉语言和特定的视觉形态，将城市旅游的相关信息传递给旅游者，旅游者通过城市旅游品牌的视觉形象符号对城市作为旅游目的地进行识别。城市旅游品牌以符号的形式进行城市旅游特色文化和独特旅游体验的传播并与旅游者进行沟通，促进城市旅游品牌的传播和构建。

二、城市旅游品牌的文化符号功能

从符号学角度看，每一座城市都是一个发达的符号系统，它具有认知和传播两大功能（孙湘明，2009）。认知是一种符号行为，也是符号最基本的功能，城市旅游品牌的认知功能通过视觉符号来实现。城市旅游品牌以象征性的视觉语言和特定的视觉形态来传播城市的整体旅游形象，旅游者则通过对视觉符号的认知来获取有关城市旅游的信息和独特的旅游体验。

传播是社会信息的传递或社会信息系统的运行，城市旅游管理者和经营者的编码与旅游者的解码实现了城市旅游相关信息的传播与交流，城市旅游品牌的传播过程就是从旅游管理者和经营者表达到旅游者理解的过程，即城市旅游品牌信息的编码到解码的过程。城市旅游品牌是由视觉符号综合城市旅游资源特色生成的一种特定的符号语言，城市旅游品牌的传播可以理解为：城市旅游信息经过合理的符号编码，以适当的传播媒介形式传达给旅游者，再由城市旅游认知主体（旅游者）在其自身的文化背景和旅游体验的基础上进行相应的解码，获得信息并作出反应。这一过程将城市旅游品牌所包含的信息理性而有序地传达出来，实现城市旅游品牌与旅游者之间的沟通与互动，从而实现城市旅游品牌的传播功能。

三、城市旅游品牌传播的语义学解读

语义学是指符号系统中能指与所指的关系。城市旅游品牌的语义学则是指城市旅游品牌的符号形式与符号意义之间的关系，作为符号的构成要素，两者是相互依存、辩证统一的。城市旅游品牌的视觉符号承载着符号形式的明示义和符号形式的暗示义，是城市旅游资源物质要素和非物质要素所构成的城市旅游整体形象的感知。

（一）城市旅游品牌符号形式的明示义——符形

符号的意义是无形的，看不见、摸不着，必须借助符形向受众传达符号意义，受众也只能通过感观系统与符形接触才能进行思考、理解和记忆。因此，符形作为意义的载体，它的存在就是为了表达意义，传达信息。人类为了思想交流、意义共享和信息传播创造了符号的形体，城市旅游品牌视觉符号的明示义是指在能指层面上的符号形式所直接表述的语义，以特定的指代城市旅游价值主张和独特旅游体验的符号，通过意义和价值的赋予，形成城市旅游特定的视觉符号。城市旅游品牌形象化的视觉符号由图案、文字、色彩等要素构成，经过有机组合形成具有完整语法结构关系的视觉符号语言。旅游者对城市旅游品牌的解读首先取决于视觉感知，即从城市旅游品牌的视觉符号形式本身获得语义，城市旅游品牌的符号组合是城市旅游信息传达的载体，符号所包含的有关城市旅游信息的语义借助这些符号的形式得以表达和显现。

（二）城市旅游品牌符号形式的暗示义——符义

城市旅游品牌符号的符义指出了符号形式的表层语义外所隐含的深层次的语义。城市旅游品牌视觉符号的暗示义借助符号形式给旅游者以心理暗示和联想得以传达。城市旅游品牌承载了城市旅游的文化特色和独特体验的价值承诺，与构成城市旅游品牌符号的要素组合成意义完整、结构严谨并具有情感和信息载体作用的城市旅游视觉符号，符形与符义一起将城市旅游信息中物质要素和非物质要素转化为情感符号，通过旅游者的心理反应传达城市旅游品牌的语义。

四、城市旅游品牌传播的语构学解读

语构学主要研究符号形体、构造及组合的构成关系，符号的语构学研究的是符号与符号的组合及排列关系的构成。城市旅游品牌语构学所要解决的是如何将有关城市旅游品牌的孤立的符号单位通过一定的排列组合形式，从形式结构与语义结构上形成具有复合型语义的视觉符号形式，这种符号形式既要能表现符号形式结构的组合，也要体现符号语义结构的组合以及各符号要素之间的组合和相互作用，从而使城市旅游品牌具有传播力。

（一）形式结构

形式是事物的形状与结构。城市旅游品牌的形式指的是城市旅游品牌视觉符号元素之间的排列关系。城市旅游品牌的形式结构由文字、图案、色彩、角色等可感知的视觉要素组成，通过对这些构成要素的设计，使其组合成为简洁鲜明、富有内涵的城市旅游品牌的视觉符号。城市旅游品牌视觉符号的形式结构要体现形式美的审美法则，在设计中要遵循一定的视觉语法法则，满足旅游者的审美需求。

（二）语义结构

城市旅游品牌的语义结构指的是城市旅游品牌视觉符号元素间的组织关系。城市旅游品牌视觉符号的符号形式结构诸元素之间的组织关系，构成了符号的整体性和掌握调节性。城市旅游品牌的视觉符号形式的视觉元素不仅具有其形式结构，也具有一定的语义结构。复杂的城市旅游品牌信息通过符号的语义结构集合成为具有象征意义的视觉符号，以传达城市旅游的文化特色和独特旅游体验的承诺。

五、城市旅游品牌传播的语用学解读

语用学是研究符号使用的现象及其规律。城市旅游品牌的语用学主要是研究城市旅游品牌可视化和可意化的设定规律，探索城市旅游品牌塑造与传播的相互关系。

（一）城市旅游品牌的可视化

城市旅游品牌的视觉形象是一种明晰的、易于识别的符号系统，它构成了具有独特性、差异性的城市旅游品牌特定的视觉语言，可保证城市旅游产品或服务信息的整体规划和传播，达到城市旅游形象识别并在旅游者心目中产生深刻记忆的目的。城市旅游品牌的可视化就是在充分发掘本地特色旅游资源的基础上，结合城市文化和精神内涵，综合提炼所形成的符号语言形式，这些符号语言构成了城市旅游品牌的符号体系。城市旅游品牌的可视化是旅游者感知和认同城市旅游的基础，旅游者通过视觉感知到心理联想、再到心理认同，激发其旅游的欲望。

（二）城市旅游品牌的可意化

城市旅游品牌的可意化是指城市空间范围内所禀赋的旅游资源和积淀的特色文化通过品牌符号形式和符号意义得以体现。城市旅游品牌成为向旅游者表达和传递城市旅游形象、理念和独特旅游体验的符号。城市旅游资源和特色文化基因是城市旅游业永续发展的基础和动力，旅游体验的独特性是区分城市与城市之间旅游产品或服务的重要因素，也是旅游者对城市旅游形象感知和认同的根本所在。因此，在城市旅游品牌的设计中，要发现和挖掘本地文脉和地脉，提炼具有个性和鲜明特征的地域文化符号要素，通过合理的方式将这些符号要素有机地组合起来，并运用恰当的符号形式，把城市旅游品牌的功能性与艺术性综合地呈现出来，同时彰显城市旅游品牌独特的个性。

第五章　城市旅游品牌的传播渠道

城市旅游品牌传播的渠道就是指用于传播城市旅游品牌信息的手段和路径，主要包括广告传播、销售传播、公共关系传播、人际传播等。

第一节　广告传播

广告，顾名思义就是“广而告之”。作为促销手段的广告，是指有明确的广告主以付费的形式，通过媒体作公开宣传，达到影响消费者行为，促进销售相关产品的非人员促销方式。余明阳（2005）认为广告作为一种主要的品牌传播手段，是指品牌所有者以付费的方式，委托广告经营部门通过传播媒介，以策划为主体，创意为中心，对目标受众所进行的以品牌名称、品牌标志、品牌定位、品牌个性等为主要内容的宣传活动。广告是一种文化传播的载体，广告文化不仅蕴含着丰富的文化价值内容，而且具有很强的传播力。尤其在广告浩繁的现代社会文化语境中，它们以强大的传播力而成为一种强势媒体。由于广告的传播力和影响力，广告已成为品牌主进行品牌传播和推广的有力武器，广告无时不在，无处不有。美国广告专家特威切尔（2006）曾指出，从某种意义上说，我们身处一个“广告的时代”，这不仅是一个充斥着广告的时代，甚至可以算是一个崇拜广告的时代。

经济发展和品牌竞争日益剧烈的双重作用下，广告业的地位和作用日渐凸显，品牌主在广告宣传上的投入也迅速增加。资料显示，在美国排名前20位的品牌，每个品牌平均每年广告投入费用是3亿美元；品牌前50位的品牌，平均每年花在广告上面的费用达1.58亿美元；而一些顶级品牌，如AT&T，每年的广告费用达4亿美元（余明阳，2005）。

1979年以来，随着经济的迅速发展，中国的广告业获得了长足进展，取得了惊人的业绩。近几年来，中国广告行业市场规模呈逐年增长趋势，且2010年以来其增长率明显提高。2010年，中国广告行业实现营业收入为2 340.50亿元，同比增长14.67%；2011年实现营业收入为3 125.55亿元，同比增长33.54%；2012年实现营业收入为4 673.90亿元，同比增长49.54%；2013年中国广告业总额突破5 000亿元。30多年来，中国广告经营额年均递增30%左右，是中国增长最快的行业之一，已成为全球第二大广告市场。

以上数据表明，广告称得上是品牌传播手段的重心所在。

一、符号与广告

符号与广告的联系最早见于国外学者运用符号学的理论对日益泛滥的广告的批判中。鲍德里亚在《消费社会》一书中指出，正是今天无所不在的广告伪造了一种“消费总体性”。他说：“通过一种同谋关系、一种与信息但更主要是与媒体自身及其编码规则相适应的内在、即时的勾结关系，透过每一个消费者而瞄准了所有其他消费者，又透过所有消费者瞄准了每一个消费者。每一幅画面、每一则广告都强加给人一种一致性，即所有个体都有可能被要求对它进行解码，也就是说，通过对信息的解码而自动依附于某种它在其中被编码的编码规则。”广告“让一个符号参照另一个符号、一件物品参照另一件物品、一个消费者参照另一个消费者”（刘成富译，2000）。1978年，朱迪斯·威廉姆斯在其出版的《解码广告：意识形态与广告中的意义》一书中，运用符号学的方法，对广告文化进行了批判，揭示了在商品经济结构中，产品本身已不再是一个单纯的产品，而是符号化的产品。产品本身成了符号，它可以是一种“所指”，同时也可以是“能指”。因此，在广告主用广告的形式向我们推销产品的时候，也就是在向我们推销某种意义结构，推销某种意识形态。正如李思屈（2002）所言，即使人们完全接受他们精锐的批判观点，也不会因此得出广告应该取消的结论。就是他们自己，也大多不会由广告的“批评者”立场走到广告“取消者”的立场上去。相反，他们运用符号学作为批判广告的工具，恰恰说明了符号与广告之间一种天然的、密不可分的关系。作为信息的载体，符号在传播过程的编码和解码中扮演着重要的角色。

（一）广告传播——一种符号的操作

不同于一般意义的营销，广告是通过符号的操作来创造品牌信息和传播品牌信息的，广告是品牌营销中的一种符号操作。“在消费社会里，消费者对商品的关注，已经从“物”转移到“意义”，即商品的符号价值。那么广告就不仅在“传达信息”这个意义上是一种符号操作，而且在“创造意义”这个意义上成为了一种更典型的符号操作了”（李思屈，2002）。

首先，广告是产品增加文化附加值的一种符号。如今，人们被日益丰富的“物”所包围，消费中的商品“意义”越来越受到关注。即使是在物质功能上功能相同的商品，也会因为其所具有的“意义”差异而在价格高低和销售难易上有很大的不同。商品的“意义”含量不能在传统的生产和销售中产生，它只能在广告中产生。广告策划与传播实施过程，实际上也是商品的另一种生产过程。这一过程不是物质生产，而是“符号操作”，将厂家生产的产品合成、转化为具有市场价值的商品。

其次，广告是消除产品“同质化”，标志产品个性的符号。品牌符号的首要任务就是使自身的产品或服务与其他竞争者的产品或服务相区别，而具有显著个性特征的商品易于引起消费者的注意和兴趣，激发消费者的购买欲望。“同质化”现象成了商品销售的严重障碍，而广告中的符号化操作就成了消除这一障碍的重要手段。通过广告的定位和创意，彰显产品的个性特征。广告定位和创意不是在物质层面上改变商品的特性，而是通过商品品牌的符号化操作，运用适当的品牌名称、标志、口号、品牌角色或品牌音乐等手段，表达和传递商品的个性特征，形成独树一帜的品牌形象，实现商品的“异化”。

最后，广告对商品信息的传播进行信息编码，使传播内容的信息符号化，借助适当的媒介实现信息的传播。广告信息编码用于大众传媒的大众传播，广告的编码过程也就成为与特定的传播媒介特征相适应的、符合媒介语法的符号化过程。

（二）广告符号与广告效果

传播效益又称传播收益率，是指传播成本与传播收益之间的比例。如果以 C 表示传播成本，以 I 表示传播收益，以 B 表示传播效应，那么：B=I/C。从全球范围来看，广告效果评价工作真正受到重视并得到广泛采用是从 20 世纪 50 年代才开始的。目前广告界对广告传播效果的评估，一般从传播效果的角度进行研究，基本上有两种思路：一是通过事后的调查为手段的“试错研究”思路；另一种是以“达到率”为基础指标的媒体研究思路。所谓“试错研究”思路，是指在广告发布后的某些特定时间点上对广告效果进行测试，以考察特定的目标受众是否记得某条广告，如果记得，有怎样的印象等，从而获得一定记忆率、好感度等数据。“试错研究”思路往往造成巨大的试错成本。所谓“媒体研究”思路，是通过“达到率”“暴露频次”等媒体的量化指标，来测定一定的广告信息到达目标受众的情况，从而获得对该广告效果的评估。媒体研究的思路虽然客观、方便，但只能用于对既成广告的媒体计划，而不能对广告的内容，即策划和创意提供参考性意见（李思屈，2002）。

根据传统的 AIDAS 理论，广告效果的实现，是通过 A-I-D-A 四个主要阶段达成的，即：A：attention，使之注目；I：interest，使之发生兴趣；D：desire，使之产生欲望；A：action，使之采取行动（包括问询、索取资料等）。再加上一个 S，即 satisfaction，使之满足。

美国南卡罗来纳大学营销学教授特伦斯 · A. 辛普（Terence A.Shrimp）在其著作中，通过考察消费者对广告反应的四种类型，对广告信息传播的有效性进行评估，归纳和总结了四种测量方法：①认知和重忆；②心理刺激；③说服影响；④销售反应。通过认知和重忆的测量对广告是否成功影响了品牌认知度进行评估。对心理刺激的测量谨慎地指出广告是否有能力激发消费者并提高他们对广告内容的接纳能力。对说服影响的测量指明一则广告是否可能影响到购买意图和行为。最后，销售反应的测量具体确定一则广告是否对品牌的消费活动带来影响。

广告效果取决于受众对广告作品的理解和接受，符号是广告作品构成的基本单位，是受众理解和接受广告信息的基本层面，符号直接影响广告的传播效果。好的广告要恰当运用和发挥符号载体的作用，把“物”的文化意义表达和传递给受众，引发受众的心理共鸣，激发其消费欲望。

（三）广告符号的构成

李思屈（2002）指出广告符号是由能指、所指和意义构成的三维系统。符号包括“能指”和“所指”两个关联的部分组成，如同索绪尔所言：“语言符号连接的不是事物和名称，而是概念和音响形象。后者不是物质的声音，纯粹物理的东西，而是这种东西的心理印迹，我们的感觉给我们证明的声音表象。”“因此语言符号是一种两面的心理实体”（特伦斯·霍克斯，翟铁鹏译，1987）。能指和所指之间的对应是在长期的社会文化中约定俗成的，一旦形成就成为人们共同遵守的严密规范。

能指对应的不是实物，而仅仅是人脑中的观念而已。符号能指对应的不但不是实物，而且连它与观念之间的关系也是任意的。虽然符号具有任意性，但是一旦确定下来之后，就不可随便更改，符号系统就成为全社会共同遵守的一套游戏规则，具有相对稳定性。相对固定的社会约定俗成保证了能指和所指之间关系的确定性，从而保障了信息传递的有效性。按照皮尔斯的观点，符号以对象关联物为主体分为类象符号、标志符号和象征符号三类。这三类符号在广告中都得以大量使用。广告产品是符号系统的指示物，而广告符号的意义则是对产品进行“换挡加速”，引导受众从符号的符形向符义转变，揭示隐藏在产品“物”背后的“质”的意义。

（四）品牌符号意义与广告

鲍德里亚在《消费社会》一书中曾对广告进行过批判性的思考，指出“广告的窍门和战略性价值就在于此：通过他者激起每个人对物化社会的神话产生欲望。它从不与单个人说话，而是在区分性的关系中瞄准他，好似要捕获其‘深层的’动机。它的行为方式总是富有戏剧性的，也就是说，它总是在阅读和解释的过程，在创建过程中，把亲近的人、团体及整个等级社会召唤到一起”（鲍德里亚，刘成富译，2000）。在此，鲍德里亚所言的“神话”就是品牌符号的意义。罗兰·巴特在《今日神话》一文中勾画了他研究流行文化的理论设想。巴特的方法采用了公式“能指 / 所指 = 符号”，并补充了词义的第二层次词义。词的第一层次他称之为“初级词义”，第二层次则被他称为“第二级词义”或“隐含之义”。然后，他指出，真是在词义的第二层次，他称为“神话”的东西被生产和消费。巴特认为：“就神话来说，我们又一次发现上述那种鼎立的指示活动：能指、所指，以及它们的产物：符号。然而，神话非同一般，因为它必定作为第二级的符号系统发生作用。它建立在它之前就存在的符号链上。在第一系统中具有符号（即能指和所指的'联想式的整体'）地位的东西在第二系统中变成了纯粹的能指。"品牌之所以能够对消费者具有吸引力，就是在于品牌文化符号通过广告的"换挡提速"，使品牌文化意义固化为符号特有的能指，让品牌披上神秘的外衣，令消费者在消费产品的同时，也能感受到品牌符号所带来的意义。

二、旅游广告

（一）旅游广告的概念

旅游广告是指由旅游企业出资，通过各种媒介进行有关旅游产品、旅游服务和旅游信息的有偿的、有组织的、综合的、劝服性的、非人员的信息传播活动。旅游广告以旅游产品的信息为主要内容，通过各种媒介和方式推广和宣传旅游产品，推动旅游产品的销售，实现旅游企业的经济效益。

（二）旅游广告的特点

作为一种分类广告，旅游广告具有一般商业广告的特点，如有偿性、时效性、目的性、指向性、内容广泛性以及形式多样性等。同时，旅游业自身的行业特点，决定了旅游广告又具有不同于一般商业广告的其他特点。杨晓佳（2005）总结了旅游广告的特点，指出旅游广告的特点主要表现在：

（1）广告传播的高互动性

传播学上的"互动性"是指发生在双方或者多方之间的智能的、复杂的、多向的、动态的特性。产品购买的卷入程度越高，消费者与广告主进行信息交流的要求就越高，沟通也就越通畅，广告的互动性越强。旅游是一种异地性、跨文化性的体验活动，旅游广告要针对旅游者的心理，尽可能为旅游者提供旅游目的地和旅游产品的相关信息，减少旅游者的搜寻成本。旅游广告要为目的地与旅游者搭建沟通与交流的平台，帮助旅游者认知、了解和记忆旅游产品，为其旅游决策提供参考，并通过有效的劝服方式，促成其旅游行为的实现。

（2）广告信息的高度立体化

旅游产品既包括目的地有形的景观和接待设施，更主要的是以接待设施为载体的无形的服务。旅游业涉及食、住、行、游、购、娱等各方面的行业，其综合性使得旅游广告中信息量的含量极高，要求广告可以为旅游者提供立体化的信息资源。

（3）广告表现形式的多元性

与其他产品不同，旅游产品的本质特征是其生产和消费的时空统一性，不存在中间的流通环节。旅游产品的生产过程就是旅游者对产品进行消费的过程，旅游者实际上参与了旅游产品的生产过程。旅游广告必须考虑如何通过提供立体化的旅游信息，多元化的媒介形式对旅游者的旅游活动和过程进行全程引导和控制。

（4）广告信息鲜明的个性化

旅游消费是一种体验型的消费活动，旅游者体验质量的高低受到旅游者、旅游服务人员以及目的地居民之间互动关系的影响，情感因素对旅游体验质影响较大。旅游大众化消费时代已经过去，旅游者的消费行为和旅游体验更加突出个性化。这就要求旅游广告所含信息要有针对性，即针对不同的目标市场、不同的目标受众，采取相应的广告策略和形式，充分体现目的地旅游产品和体验的独特性，满足旅游者个性化的心理诉求。随着现代传媒技术的发展，旅游广告信息的碎片化、个性化和针对性将进一步凸显。

（5）广告诉求丰富的多面性

旅游产品的不可移动性，决定了旅游者必须离开其惯常的环境去旅游目的地进行体验。“旅游活动的异地性会影响旅游者的旅游感知，异地文化、民俗民风、生活习俗、生疏环境等都会给旅游者带来一定的陌生感、不安全感和奇异感”（杨晓佳，2005）。因此，旅游广告要通过信息的传播，运用适当的符号象征，一方面消除旅游者对目的地的陌生感和不安全感，另一方面要激发其旅游欲望。旅游者体验的异地性和心理诉求的多样性决定了旅游广告信息的多面性。

城市旅游品牌是对该地特色文化、旅游资源和产品特质的高度凝练，表达的是城市旅游文化理念和独特的旅游体验。因此，城市旅游品牌的广告宣传，要以品牌的鲜明文化个性特征为主要内容，以适当的方式和媒介，将旅游品牌文化符号中所蕴含的符合目标受众的文化理念和独特体验，表达和传递给目标市场的旅游者，便于旅游者在了解和认同旅游品牌的基础上，接受并实施旅游计划。

（三）旅游广告的种类

崔凤军（2005）在《城市旅游的发展与实践》一书中，对旅游广告的种类进行了分析，从三个方面对旅游广告作了分类：

（1）从旅游广告目标角度划分

告知型：提高旅游地或产品的知名度、理解度，通过广告的宣传介绍，使旅游者产生初步的认知和需求。适用于新开发的旅游资源和旅游者不太熟悉的旅游地。

劝导型：通过广告传播增加旅游者对已有旅游产品的偏好，突出旅游地的地域差异和优势特征，激发旅游者的选择性需求。这类广告适用于市场成长期的旅游产品，有利于建立竞争优势。

提醒型：目的在于提醒、强化旅游者对目的地已有旅游形象的记忆，唤起旅游者对该地旅游品牌的再度关注和情感联系，适用于市场成熟期的老牌旅游产品，尤其是在旅游淡季。

（2）从广告形式上划分

硬广告：通过大众媒体以直接付费的方式做广告。

软广告：通过赞助公益事业或举办某项活动等形式以间接资金投入的方式做广告。

（3）从播发时间上划分

长年定点广告：在相对较长的一段时间内形成稳定规律播发的广告，时间至少为一年。

临时定点广告：只在较短的一段时间内播发的广告。

（四）旅游广告的策略

程艳（2004）以“受众—广告信息”相互作用环的传播模型为分析工具，提出了现代旅游广告的五大传播策略。本书在此基础上，借用其分析方法，阐述城市旅游品牌的广告传播策略。

与普通消费品相比，旅游产品具有异地性、不可移动性，这使得其销售要高度依赖信息的传播，城市旅游消费者的购买动机和购买行为与城市旅游品牌信息更是密切相关。“现代旅游广告的传播流程是一种回路形传播路径，受众的反应可以通过反馈返回到信息源，从而影响下一轮的传播流程。在买方市场下，顾客不再被动地接受信息，而是主动地区寻找、选择信息，受众实际上成为传播流程的主导”（程艳，2004）。在受众的注意力成为稀缺资源，广告信息间的竞争日益激烈的情形下，要使广告的信息具有吸引力，广告的传播者就必须在广告的传播中，用顾客（需求）本位的市场营销观念取代传统的产品推销观念，为消费者提供“最相关”“最能满足受众需求”“形式上最易被受众接受”的信息。因此，城市旅游品牌的广告传播，要始终以旅游者最关注的与该地独特旅游体验密切相关的信息作为其广告传播的中心内容，运用品牌文化符号的符形和符义，将城市旅游品牌的文化理念和独特主张传递给旅游者。

现代旅游广告的传播效果是品牌主和广告商都十分关注的问题，旅游广告效果的好坏与旅游广告的策略直接相关。为了提高城市旅游品牌的广告传播效果，必须注重广告的传播策略，从受众策略、诉求策略、目标策略、媒体策略和形式策略五个方面确定品牌传播的实施。具体包括：

（1）受众策略

城市旅游品牌的广告受众就是广告宣传的独特旅游体验的目标消费者，明确的受众是品牌广告传播的出发点，直接影响到广告传播的效果。随着社会、经济的发展，旅游者的需求、态度、价值观和生活方式也日趋差异化、多元化、个性化和复杂化，城市旅游品牌所宣传的城市文化特色和独特体验必须与目标市场旅游者的心理需求相一致。从营销学的角度，依据人口统计变量、社会经济变量、心理变量、地理变量和行为变量等，对旅游者市场进行细分。

（2）诉求策略

诉求，又称主题、创意、独特销售主张。城市旅游品牌包含的独特价值主张和旅游体验是品牌的诉求点和核心，也是品牌广告传播的主要内容。诉求性作为现代旅游品牌广告的灵魂，是品牌拥有者借以期望旅游者对品牌的理念和思想做出有力回应的重要手段。信息诉求分为理性诉求和情感诉求两种。

所谓理性诉求，就是“从消费者的立场出发，强调产品或服务的特性，拥有或使用该产品所能带给消费者的益处。”旅游是一种高卷入性的活动，旅游广告的理性诉求要立足于旅游者的切身利益，最大限度地提供旅游者所关心的有关目的地旅游的相关信息，尽可能地弱化和消除因旅游活动的异地性和跨文化性给旅游者带来的陌生感和不安全感。

情感诉求是相对于理性诉求而言的，它试图通过直接作用于目标受众的情绪、情感，如喜悦、恐惧、爱、悲哀等，形成或改变旅游者的品牌态度（王新玲，1996）。城市旅游品牌的传播要善于捕捉旅游者的心理诉求，利用移情、娱乐的手段有效吸引旅游者的注意力。如丹麦旅游局于 1953 年所做的《哥本哈根真奇妙》的旅游招贴广告，很好地传达了丹麦人幽默、风趣和乐观的人文精神。在招贴画的正中间是一位鸭妈妈带领 7 只小鸭排成一队整齐地过马路，而交警、有轨电车和成群的路人都乐呵呵地统统退在一边为鸭子们让路。这幅招贴画频频召唤着想看一看童话般的哥本哈根的游客，其魅力历经 40 年而不衰。

在消费社会时代，旅游者的行为更加个性化，更为注重旅游品牌的符号价值。城市旅游品牌的传播还要满足现代旅游者彰显身份和消费认同的情感诉求，通过对旅游品牌旗下旅游产品的消费，拥有品牌的符号价值，实现其“与众不同”的情感诉求，建立和维护旅游者对旅游品牌的忠诚度。

（3）目标策略

城市旅游品牌广告的目标是向目标市场的旅游者有效地传递旅游品牌的信息，实现旅游品牌与旅游者之间的沟通和交流，引起旅游者对品牌及其产品产生积极的反应，影响旅游者的消费行为。根据受众对广告心理反应的不同阶段，城市旅游品牌广告的目标也是不同的。认知阶段的目标是引起旅游者对品牌的注意，利用品牌符号外显的特征，将品牌与竞争者的品牌相区别开来。情感阶段的目标是将品牌的文化个性和独特旅游体验的价值承诺与旅游者的心理诉求恰当地匹配起来，建立旅游者与品牌之间的情感联系。行为阶段的目标则是在旅游者对品牌产生一定情感的基础上，利用适当的方式给对方强有力的刺激，促成旅游者的购买。

（4）媒体策略

随着现代科技的发展，广告媒体的形式日益多样化，不同媒体的传播方式和传播特点各不相同，选择合适的媒体对于充分表达品牌信息诉求、有效传递品牌信息至关重要。因此，要充分考虑受众的解码过程，将媒体特点与诉求特征相结合。城市旅游品牌广告的传播实际上就是品牌主和广告商将有关城市旅游品牌信息“编码”，借助媒介把信息编码传递给旅游者，旅游者再对编码进行“解码”的过程。因此，要提高广告传播的效果，必须考虑不同媒体受众的解码特点，有针对性地进行信息点表现形式的设计。同时，品牌主和广告商还要考虑媒体竞争环境，分析竞争者所使用的媒体工具，知己知彼，扬长避短，采用合理的战术，使自己的品牌信息在信息泛滥的大潮中脱颖而出。

（5）形式策略

信息的表现形式又称信息结构、信息格式等。城市旅游品牌是城市文化特色和独特旅游体验的象征性符号，其信息传播效果除了与品牌自身的设计相关之外，信息传播的形式策略至关重要。就旅游广告而言，Urbain（1983）指出，口号—图案—正文是最为典型的表现形式。城市旅游品牌是指在该城市空间范围内特定旅游产品或服务的，具有一定内在含义的文化符号。无论选择何种媒介，都要在品牌信息传播形式的设计和编排上，力求符合现代旅游者的心理诉求和审美情趣，注重品牌信息传播的视觉性和文化性，从视觉和情感两个方面触动旅游者的心灵，引发其心理共鸣。

实践证明，广告效果源自信息说服力和执行效果的交叉组合，广告信息可以被看做是提供给受众的一个价值主张，该主张是整个广告信息的精髓，是受众对信息予以关注而得到的回馈，这种回馈又来源于对一个品牌相关信息的需求。成功的广告就是以一种有效的方式传达一种有意义的价值主张。城市旅游品牌的广告是为特定市场的旅游者创作的，是对旅游者心理需求的理解和把握。它向旅游者传达的是某个特定旅游产品的利益，是针对旅游者行为而设计的。好的广告懂得人们购买的不是产品本身，而是产品带来的利益。城市旅游品牌的广告，不仅仅表达和传递有关旅游产品的信息，更重要的是向旅游者告白品牌的文化理念、价值主张、独特旅游体验以及品牌文化符号所能赋予旅游者身份识别的价值等。只有将城市旅游品牌的信息诉求与旅游者的心理诉求有机地结合起来，才能使旅游品牌在传播的过程中，在“媒体过剩”“信息爆炸”的时代背景下脱颖而出，给旅游者留下深刻的印象，从而影响旅游者的消费行为。

（五）旅游广告的媒介

旅游广告媒介是指传递旅游广告信息的通用传播方式。Terence A.Shrimp（2005）在其《整合营销传播　广告、促销与拓展》一书中对广告媒介做了较为详细的论述，本书在其研究成果的基础上，结合旅游业自身的行业特点，对城市旅游品牌的广告媒介的特点、优势与劣势等进行阐述。旅游广告的媒介主要有以下几种：

1. 报纸

报纸是以刊载新闻和时事评论为主的定期向公众发行的印刷出版物，是大众传播的重要载体，具有反映和引导社会舆论的功能。

20 世纪以后，随着资本主义经济的进一步发展以及生产，资本集中过程的加剧，报纸上的广告越来越多，广告收入在报社总收入中所占的比重也越来越大。以美国著名的报纸《纽约时报》为例，报纸大量刊登广告，大小广告共占报纸总篇幅的 2/3；在其总收入中，30% 来自报纸的发行，70% 来自广告。

表 5-1 报纸的优势与劣势

优 势	劣 势
受众覆盖面广 信息量大 灵活性强，可随时阅读，不受时间限制 能够使用详细的文字说明 受众正好处于处理信息的精神框架中 费用较低	杂乱 不具备高选择性 复制质量低 受截稿及出版因素影响，不能提供最新资讯以及即时更正信息 纸张过多带来携带及传阅的不便 与电视和电台相比，图片和文字的震撼力和感染力较低

资料来源：[美]特伦斯·A. 辛普. 整合营销传播 广告、促销与拓展 [M]. 廉晓红，译. 北京：北京大学出版社，2005.

灵活性是报纸最大的优势，城市旅游品牌的广告可以通过对文字说明加以调整，以配合旅游者的特殊购买偏好和地方市场的独特性。利用详细的文字说明，对品牌旗下的旅游产品进行表达和评述，最大限度地满足旅游者对城市旅游相关信息的需求，消除其陌生感和不安全感。

目前，《中国旅游报》是国内刊登旅游信息广告最多的专业性报纸。陈雪琼（2009）对大连市在《中国旅游报》上投放广告的情况进行了梳理，指出在 1997—2007 年，大连市旅游企业包括该市旅游局总共投放广告 559 则，并且数量增长较快。在大连"浪漫之都"城市旅游品牌成功注册之后，品牌化特征也显现出来。从 2002 年开始，大连市旅游局发布的 1/2 幅或者全幅广告都采用彩色版，给受众以强烈的视觉冲击。大连市城市旅游品牌的广告，有效地传播了该市城市旅游品牌的特色文化，扩大了城市旅游品牌的知晓度，提升了大连城市旅游品牌的竞争力。该市"浪漫之都"旅游品牌已经深入人心，吸引了大量旅游者的目光。海外游客量从 1997 年的 20.5 万人次上升到 2009 年的 105 万人次，实现了大连城市旅游品牌效益向经济效益和社会效益的转变。

2. 杂志

杂志，有固定刊名，以期、卷、号或年、月为序，定期或不定期地连续出版的印刷读物。杂志广告与报纸广告一样是平面广告，但在设计、制作、印刷、发布上比报纸更讲究艺术性和专业性。

表 5-2 杂志的优势与劣势

优 势	劣 势
受众明确，有较强的专业性和指向性 一些杂志可达到大量受众 具有可选择性 寿命长具有保持价值 复制质量高 能够提供详细信息 信息传达具有权威性 相关性潜力大	传播范围有限 成本高 时效性不强 不具强制性 前导期长 杂乱 地域选择上受限 不同市场间的发行方式不同

资料来源：[美]特伦斯·A. 辛普. 整合营销传播 广告、促销与拓展 [M]. 廉晓红，译. 北京：北京大学出版社，2005.

杂志广告的受众一般具有较高的成熟度，追求的是个性化的旅游体验。杂志广告可以借助其创造力和感染力，将旅游者带入广告之中，抓住旅游者的兴趣和心理需求，鼓励旅游者考虑广告中所宣传的品牌。国外知名的旅游杂志主要有：*Lonely Planet*，*Green Guide*，*Tough Guide*，*Time Out*，美国国家地理（NG）等。国内的主要有：《中国国家地理（CNG）》《时尚旅游》《旅游》《旅行》《中国旅游》《CITY 旅游》《新旅行》《旅游休闲》《旅行家》等。

3. 电台

电台，是采编，制作并利用无线电波向一定区域的受众传送声音节目的大众传播机构，通过无线电波或导线传送声音、图像的新闻传播工具。通过无线电波传送节目的称无线广播，通过导线传送节目的称有线广播。

表 5-3 电台的优势与劣势

优 势	劣 势
到达细分受众的能力强 亲密 经济 前导期短 传播迅速 感染力强 电视广告形象的转化	转瞬即逝 按顺序收听，不能自由选择 杂乱 缺乏视觉效果 受众的高度零散性 语言障碍

资料来源：［美］特伦斯 · A. 辛普．整合营销传播 广告、促销与拓展 [M]．廉晓红，译．北京：北京大学出版社，2005.

广播的一个优势是受众广泛，2005 年我国广播人口综合覆盖率为 94.05%，收音机拥有量 5 亿台，这使得广播信息可以有效地传达到消费者。广播的另一个重要优势在于可以利用电视广告中的形象。一个印象深刻的电视广告经常用在广播中，消费者就在头脑中将广告中的图面和声音关联起来。当采用或部分采用电视广告的声音时，头脑中的形象就转移到电台广告之中（特伦斯 • A. 辛普，2005）。因此，城市旅游品牌的传播可以利用电台与电视之间的互补性，发挥其各自的优势，更好地传递旅游品牌的信息。

4. 电视

电视用电的方法即时传送活动的视觉图像。作为一种重要的广告渠道，电视的优劣如表 5-4 所示。

表 5-4 电视的优势与劣势

优 势	劣 势
覆盖范围广泛 具有强制的特征 创造激情的能力 一对一面对消费者的能力 施加影响的能力	快速增加成本 电视观众的流失 观众的零散化 跳台 杂乱

资料来源：［美］特伦斯 · A. 辛普．整合营销传播 广告、促销与拓展 [M]．廉晓红，译．北京：北京大学出版社，2005.

电视与其他媒介相比，最大的优势在于其所具备的产品使用演示功能。电视广告色彩绚丽，能声情并茂、形象生动地表现产品，从视觉和听觉上将产品信息同时传递给消费者。2005 年，我国电视人口综合覆盖率为 95.29%，电视家庭用户 3.4 亿。随着生活水平的提高，我国城市电视普及率已近 100%，农村的电视普及率也大幅提高，这也注定了电视媒体成为目前广告媒体当中最重要的一种类型。

1996 年在中国电视荧屏上悄然出现了泰国、瑞士等国旅游机构、美国西北航空公司等旅游企业的形象广告。1999 年威海市在全国第一个由政府出资在中央电视台为自己的旅游形象做宣传。在短短 30 秒的时间里，把威海的历史、名胜、现状、骄人之处，画龙点睛地呈现给观众，同时，以现代都市的画面，从听觉上和视觉上给观众以强烈的刺激，在受众的脑海里留下深刻的印象。威海形象广告的播出给威海带来了巨大的经济效益和社会效益，受益最大、最直接的是威海旅游业。据统计，1999 年，到威海旅游的人数达到 539 万人次，比上年同期增长 13%，其中很大一部分人反映是看了威海形象广告后决定到威海来旅游的。1999 年，威海市旅游总收入达到 31.3 亿元，比上年同期增长 12%，旅游创汇达到 2 400 万美元，同比增长 10%。威海电视形象广告播出仅仅半年，其影响和意义已经超出了广告本身（崔凤军，2005）。

电视作为一种强势媒体，虽然广告价格昂贵，但作为旅游者认知城市旅游品牌的捷径和提升城市旅游品牌形象的重要平台，城市旅游品牌的广告依然不断地出现在电视荧屏上。中央电视台因其覆盖率广、可信度高、关注度强等优势，成为品牌主竞相争夺的阵地。2011 年央视广告招标总额达 126 多亿元，创 17 年来新高，就足以说明这一点。

与其他媒介相比，电视的传播效果最为显著，电视广告是当前提高旅游目的地知名度的最有效的手段之一。鉴于此，一些经济实力强的城市开始逐步在中央电视台投放硬广告，并呈逐年上升的趋势。

杭州作为中国最佳旅游城市之一，央视对其城市旅游品牌的传播和推广无疑起了重要的作用。自 2002 年起，杭州市开始在央视投放较大幅度的城市形象广告，通过最优化的媒介组合把杭州旅游最具特色的卖点和定位展示给最具价值的受众，特别是促进商务旅游和家庭旅游的增长。2002 年主要投放在 CCTV-4，目的是开拓国际市场。2003 年则是根据“非典”带来的旅游市场环境变化，广告投放实施 CCTV-4、CCTV-2、CCTV-1 的组合战略，取得了良好的传播效果。

根据央视 - 索福特提供的数据，2003 年 1—10 月杭州市形象广告的基本数据是：总投放量 9 453 899 元，总收视点 1 240.1%，总暴露频次 1 564 次，千人成本 0.693 元，到达率 55.8%，净到达人数 6.138 亿人，到达人次 136.4 亿人，平均暴露频次 22 次 / 人（崔凤军，2005）。目前，杭州仍然坚持在强势媒体央视投放城市旅游品牌宣传的广告，巩固和强化该市的旅游品牌形象。可以说，电视广告对于杭州城市旅游形象的塑造和品牌的提升功莫大焉。尽管电视媒介是城市旅游品牌传播的一条有效途径，要想取得良好的传播效果，还必须考虑电视广告的投放策略。

（1）针对性

旅游品牌电视传播的针对性包括两个方面：一是信息传播效果与受众的收视习惯密切相关。因此，要把握观众的收视习惯，准确投放旅游品牌播出的频道。二是要根据目的地品牌的生命周期确定广告投放策略。发展初期集中传播，重在提高知名度，以较高频次集中投放，短期内迅速拉升知名度，达到引爆式的广告效果。成长期脉动传播，重在提高美誉度。成长期旅游品牌经过了长年的形象塑造与人文传播等品牌积累，已具备一定的知名度，亟待得到受众的认可与信任，此时期适合应用脉动型广告投放策略。如在旅游旺季前加大投放力度，凸显实力，抵制同类旅游宣传竞争；在非旺季时期减弱投放，维持广告暴露。最终达到旅游信息长年均可触达受众、深入受众、影响受众的目的。成熟期持续传播，重在提高忠诚度。成熟期的旅游品牌均已得到受众的认可，品牌发展与运营平稳，此时期适合应用持续型广告投放策略。广告投放量可视竞争对手的强弱安排增减。每年制定系统的宣传计划，全面巩固与强化自身的品牌地位，并可适时拓展子品牌、副品牌，支撑主品牌的权威度。

（2）关注媒体的人气指数

受众的关注度是影响广告传播效果最重要的因素，城市旅游品牌电视传播要依据人口统计变量、社会经济变量、心理变量、地理变量和行为变量等分析不同频道受众的旅游偏好，选择对自身旅游品牌核心价值最为关注的频道进行投放。

（3）政府主导，量力而行

目前，我国旅游企业“散、小、弱、差”的局面尚未得到根本性的改变，面对日益高涨的广告价格，多数旅游企业是望“价”兴叹。城市旅游品牌是一个城市整体旅游形象的象征，仅靠一两家旅游企业进行旅游品牌的广告传播，是不现实的。因此，政府要发挥主导作用，举全市之力，多方筹措资金，做好城市旅游品牌的广告传播。同时，要根据本市的经济实力，量力而行，争取以较低的投入获得较大的回报。

“哈尔滨国际冰雪节”便是低预算宣传的成功实例。“哈尔滨国际冰雪节”2001—2006 年，每年投放均保持在 100 万元以下。其策略是选中央视国际宣传权威的国际频道为主攻平台，配合央视综合频道及经济生活频道，冰雪节前集中短期投放。6 年如此，广告效果有目共睹。通过多年的国际化传播，哈尔滨的冰雪节活动已经真正走向国际，目前已与日本札幌冰雪节、加拿大魁北克冬令节、挪威奥斯陆滑雪节并称世界四大冰雪节。山东聊城则实施“中档广告预算”策略，自 2002 年起连续 5 年每年投量达 200 万元左右，坚持在央视国际频道覆盖全年投放，针对国际中、高层旅游受众深度影响，增加品牌积累，如今聊城的旅游收入已成为城市最大的经济增长点，“江北水城”旅游品牌已收到实效。

（4）注重城市特色和文化元素

美国经济学家 J. Dusenbery 说过：“打动受众必须借助于蕴藏在他们内心深处的文化因子，发掘出能够引起受众情感共鸣的文化资源。”城市旅游品牌要将从城市特色文化和旅游资源中凝练出来的品牌价值作为信息传播的诉求点，注重旅游品牌的文化内涵，彰显品牌的文化品位。特色是旅游之魂，文化是特色之基。在国外市场的品牌传播中，要加大境外旅游广告的人文投入，体现城市品牌符号中中国元素在海外旅游市场中的生命力和文化意义。

5. 户外广告

户外广告是广告最古老的形式，毫不夸张地说，最早可追溯到几千年前（特伦斯•A. 辛普，2005）。这些广告的共同点是消费者在户外看到这些广告，而不是在家里通过电视、杂志、报纸、电台看到。

户外广告的优势与劣势如表 5-5 所示。

表 5-5　户外广告的优势与劣势

优　势	劣　势
范围广、高频率 地理灵活性 每千人成本低 品牌识别作用显著 及时的购买提醒	不具选择性 曝光时间短 受众测量困难环境问题

资料来源：［美］特伦斯 · A. 辛普 . 整合营销传播 广告、促销与拓展 [M]. 廉晓红，译 . 北京：北京大学出版社，2005.

户外广告的形式

①户外媒体

目前常见的户外媒体有路牌广告、招贴广告、霓虹灯广告、电话亭广告、气球气模广告、飞艇广告、车站招贴画等，最新的户外媒体广告有户外 LED 彩屏媒体（周志民，2008）。此外，作为城市门户的机场、汽车站、火车站等地，也是户外广告的有效投放地。这些广告的优点是可精心选址、重复出现、成本低廉。

②交通媒体

交通媒体包括车内（如小贴士）和车身广告。城市地域内数量众多的公交车和出租车可以发挥巨大的作用。交通媒体的优点在于曝光率高、具有线路的可选择性、成本低，缺点是覆盖面不够、针对性弱、不易引起目标受众的注意。

③显示屏媒体

显示屏媒体自 2003 年以来发展迅猛，几乎所有的写字楼、住宅小区的电梯间外都引进了显示屏媒体，一些还进入了超市、药店、的士、公交车、候车室、候机厅、航班等区域。显示屏媒体的优点是受众指向性强、成本低、信息全面、试听结合，缺点是影响面窄、可信度较低（周志民，2008）。

城市作为区域政治、经济、文化中心，接收和传播的信息量巨大。应利用各种现代的广告传播渠道，对城市旅游品牌进行多方位、立体式的传播，提高旅游者对城市旅游品牌的关注，诱发其旅游动机。

6. 网络广告

（1）网络的兴起

20世纪中叶以来，全世界兴起了以计算机为标志的信息技术革命，人类社会迈入信息时代，互联网随之诞生。20世纪90年代中期开始，网络的规模迅速扩展。统计数字的不断变化表明互联网几乎已经连通了世界上所有的国家，打破了世界各地的地理界线和时空界线；打破了传统的地缘政治、经济、文化的概念；形成了虚拟的、以信息处理为主的、跨国界、跨语言、跨文化的全新的网络系统。

互联网自诞生之后，在世界各国迅速发展。就普及的时间而言，广播、电视分别用了38年和13年，而互联网在世界范围内的普及只用了5年，互联网已经成为世界各地地地道道的大众传播媒介。作为发展中国家，我国互联网发展速度令人瞩目。根据中国互联网络信息中心（CNNIC）发布《第35次中国互联网络发展状况统计报告》，截至2014年12月，中国网民规模达6.49亿，互联网普及率为47.9%。

网络空间中的符号特征

在索绪尔和皮尔斯有关符号学理论的基础上，后来的学者从不同的角度强调了必须从某种形式的“三元关系”中认识符号（信息）现象和符号（信息）过程。这里所说的三元关系是主体—符号—客体三者之间的关系，它与主体—客体二元感知关系有着本质的区别。“对于二元的感知关系来说，主体只能是一个个体，并且其感知的对象只能是极其有限的时空范围里的一些客观现象；而对于三元的符号关系来说，其主体不再是一个个体而是一个承认共同约定且有特定承诺的类主体（即特定人群），其所用符号的指代和‘映射’范围也大大扩大了，不但可用于指代不在个体感知范围内的客观现象，而且可用于指代可能对象及其他‘模态对象’，甚至还可用来指代纯粹想象而事实上并不存在的‘对象’，即虚构对象。”在这种三元关系的基础上，符号展示了两种基本的功能，即认知功能和交际功能。一方面，符号可以使我们超越感官的限制，表征抽象的事物，进行理性的思考，把握事物的本质特征。另一方面，在共同约定的基础上，符号又可以作为信息的载体，实现人与人之间的思想沟通和情感交流。正因为如此，卡西尔认为：“对于理解人类文化生活形式的丰富性和多样性来说，理性是很不充分的名称。但是，所有这些文化的形式都是符号形式。因此，我们应当把人定义为符号的动物来取代把人定义为理性的动物。”

人是符号的动物，人用符号进行思考、交流和创造，这意味着我们可以建立并生活在一个不同于物理世界的纯粹的“符号世界”。现代计算机和网络技术的发展为我们编织了这个梦想，并且日渐变为现实。网络空间是一个符号的世界，信息以比特的方式存在，简单的符号——“0”或“1”完成了所有的编码，现实世界、可能世界和幻想世界在这里都得到了表征（黄新华，2003）。可以说，网络具有鲜明的符号化特征，在网络世界里，信息的传播和互动式交流都是符号的编码和解码的过程。

（2）网络广告的发展

1994 年美国 AT&T 公司在 Hotwired 上发布了世界上第一个互联网广告，揭开了广告新媒介的篇章。此后，网络广告作为一种广告形式迅速发展，遍及世界各地。网络广告成为旅游品牌信息传播的主要阵地。据《木星通讯》年度报告的数据显示，网络广告每年以 400% 的速度增长，而电视广告则是 13% 的年增长率。以美国为例，2004 年美国网上旅游服务市场就已达到 520 亿美元，占整个美国旅游市场份额的 23%。1997 年中国旅游资讯网和华夏网成立，标志着我国真正出现了互联网的旅游网站。伴随着互联网的普及和网络用户数量的剧增，旅游网站逐渐成为旅游信息查询的主要渠道。随着国民收入的总体提高，休闲散客越来越成为在线旅游市场的主要收入来源。据水清木华研究中心分析，在整个在线旅游市场中，旅游休闲类网站的收入 2005 年达到了 12.5 亿元。以携程网为例，2005 年第三季度净营业收入为 1.405 亿元，净利润为 6 550 万元，同比增长 71%。其季度净营业收入增长速度保持在 9% 以上。2009 年上半年，我国旅游行业站点的建设速度并没有随着全球经济危机的冲击而呈现减退迹象。根据国内知名独立第三方数据统计分析服务提供商 CNZZ 的最新统计表明，旅游行业的网站数目从 2009 年 1 月的 37 395 个增加到 6 月的 49 264 个，增长了 31.74%，这一速度并不弱于其他热门行业的网站成长速度。与其他行业一样，越来越多的旅游行业网站被建立起来，人们也越来越多地通过网络来了解旅游相关资讯并在线购买旅游产品。旅游广告在线投放量保持高位运行，如图 5-1 所示。

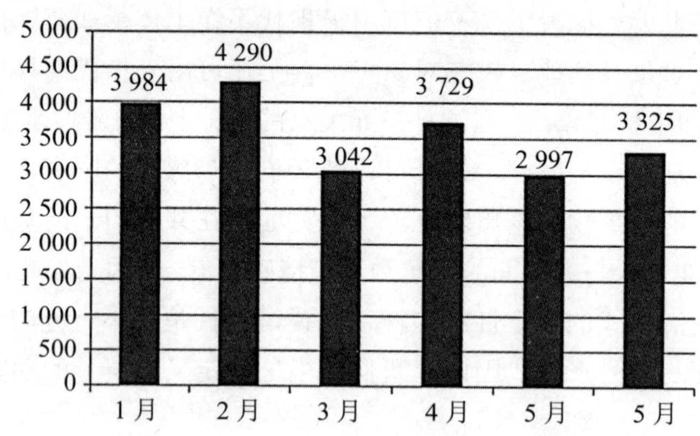

图 5-1　2009 年 1～6 月我国每月投放广告数量

资料来源：计世网，http://finance.ifeng.com/news/industry/hy/20090730/1015771.shtml。

（3）网络广告的特点

作为一种新媒介，互联网在传播方式、传播形态、传播渠道上与传统媒体互相交融，继承、综合并发展了传统媒介的许多优势和特点（王雪，2005）。与此同时，网络广告又具有自己显著的个性和特点。

①广泛性

随着互联网的普及，网络日益成为人们学习、工作、娱乐不可或缺的工具。据欧洲互动广告协会（EIAA，2008）调查的数据显示，欧洲互联网用户每周上网时间平均超过10小时，比2007年上升17%。其中，近1/4（24%）的用户属超级用户，平均每周上网时间超过16小时，超过1/10的用户（11%）每周上网的时间逾26小时。可见网络信息传播的受众群十分庞大，这为网络广告的传播奠定了坚实的受众基础。

②无限性和全球性

网络广告不受时空、版面、语言、文化等因素的限制，能够向受众提供巨大的，甚至可以说是无限的信息资源。通过超级链接与其他网站建立即时的链接，进一步扩大了信息容量。网络广告的传播具有全球性，可以跨越国界，实现网络信息的全球共享。

③立体性

网络广告改变了传统媒介的传播方式，集文字、声音、图像于一体，利用灵活多样的表现方式，将信息传递给受众，给受众以视觉和听觉的刺激和感受，使传播信息更加形象化、直观化和立体化，有效地提高了信息传播的效果。

④及时性

网络广告信息的发布不受时间、地域、场所的限制，可随时发布和更新，受众可以随时了解所关心的产品信息。

⑤便捷性

借助现代信息技术，互联网用户可以随时随地上网了解和追踪相关产品的信息。此外，网络的搜索引擎为广大网民提供了方便快捷的查找信息的途径。田欣（2009）总结了历年搜索引擎广告占中国整体网络广告的比重变化情况，将搜索引擎市场规模和品牌广告规模（包括综合门户、行业垂直网站、视频网站和社区网站等非引擎媒体）之和定义为网络广告市场规模，发现搜索引擎占总体市场的比重在2008年为29.6%，较2001年的不足10%有了大幅增长。因此，从品牌认知的角度来看，搜索引擎无愧于“品牌认知第一入口”的称号，品牌认知已经进入了“搜时代”。本书作者以“城市名称＋旅游”为关键词，在百度上对2014年1～10月主要旅游城市进行搜索，得到其相关网页数量，如表5-6所示。

表5-6　2014年1～10月主要旅游城市旅游接待人次与百度引擎搜索量

城市	旅游接待量 / 亿人次	引擎搜索量 /10^6
上海	2.68	25.8
北京	2.61	39.4
深圳	1.06	88.1
杭州	1.09	18
天津	1.56	11.7
苏州	1.00	9.99
南京	0.94	18.8

城市	旅游接待量 / 亿人次	引擎搜索量 /10^6
厦门	0.53	17.7
重庆	3.49	71.9
青岛	0.66	51.7

以上数据显示，引擎搜索对于城市旅游品牌信息的传播发挥着重要的作用。

⑥个性化

个性化是指网络用户可以对信息交流进行控制，广大受众能够同时在网络里搜寻和阅读各自感兴趣和关注的品牌信息，在这一信息的交流中，受众不是被动地接受信息，而是发挥自己的个性，对信息的了解具有针对性和主动性。

⑦交互性

传统媒介的信息传播是单向性的，消费者听到或看到广告中的品牌信息，但他们无法控制所接受的信息量或信息率，即消费者看到、听到就是其所得到的。网络广告的交互性是指用户不再是传统媒介传播语境中被动的“接受者”，而是主动地按自己的意愿从广告中获取信息量或信息率。在网络信息交互传播的过程中，消费者能够具有目的性、针对性地去主动获取相关信息。同时，还可以控制对目标信息点的注意时间，在各种目的下同广告信息进行无声的交流。

网络广告的上述特点使得其日益受到品牌主、广告商和消费者的关注和青睐，在众多广告媒介中脱颖而出，网络广告市场的规模也在不断攀升。

旅游网站的符号系统

旅游者的旅游体验过程实际上就是对符号的解码过程，旅游者对旅游信息的认知也是对以符号载体表现出来的信息的解码，因此旅游网站上传播的信息基本上都是以符号形式存在的。谢彦君（2007）按照罗兰·巴特在《符号学原理》中对符号的界定，对旅游网站中存在的符号进行了分析，指出旅游网站存在着海量的具有巴特所规定的 3 种基本性质的符号：物理形式（声音的 / 视像的）构成其物质的能指；能指涉自身之外的某物质构成思维中的所指；被人们作为符号使用和识别后构成一种交流过程。从各种旅游网站所积累的信息来看，由于这些信息的基本凭借是语言，因此几乎具备巴特所界定的符号品质，有些则更上升为具有复杂的文化象征意义的符号。按照符号的来源、用途和表现形式，构建出了旅游网站的符号系统，如图 5-2 所示。

信息传播的符号化（制码和解码）的特性，使得旅游网站成为一个旅游者、旅游企业、旅游信息广告商之间的符号交流平台。现代网络信息传播的双向交互性改变了旅游者以往单纯的信息接受者的地位，而成为信息接受者和信息生成扩散者的双重身份。

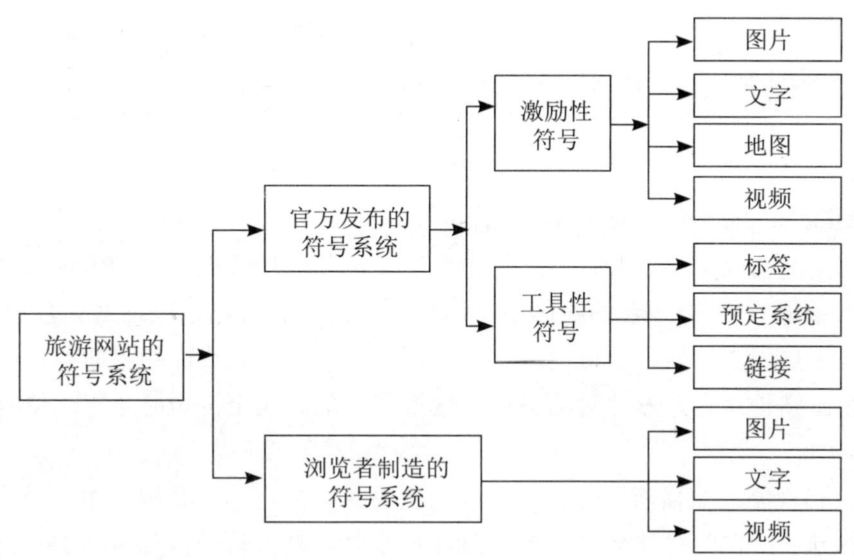

图 5-2　旅游网站的符号系统

资料来源：谢彦君．旅游网站的符号及其功能分析 [J]．旅游科学，2007(5):20-25.

旅游信息传播的符号性和互动性要求在城市旅游品牌的网络广告传播过程中，不仅要精心设计旅游品牌的文化符号，将旅游品牌的特色文化内核鲜明地表现出来；同时还要注重旅游者的作用，关注旅游者对品牌信息的反馈，及时做出修正，提高城市旅游品牌网络传播的效果，使旅游网站真正成为旅游品牌传播的重要阵地，成为旅游者获取、认知旅游品牌的有效途径，提高城市旅游品牌的知晓度和美誉度。

7．手机广告

手机广告是通过移动媒体传播的付费信息，旨在通过这些商业信息影响受传者的态度、意图和行为。移动广告实际上就是一种互动式的网络广告，是网络广告的一种延伸。它由移动通信网承载，具有网络媒体的一切特征，同时比互联网更具优势，因为移动性使用户能够随时随地接收信息。

目前，随着我国手机用户普及率的逐渐提高，手机作为一种新型媒体的应用价值也日益凸显。根据工信部发布的《2014 年通信运营业统计公报》，2014 年，全国电话用户净增 3 942.6 万户，总数达到 15.36 亿户，增长 2.6%，其中，移动电话用户净增 5 698 万户，总数达 12.86 亿户，移动电话用户普及率达 94.5 部 / 百人。其中手机网民规模达 5.57 亿人，较 2013 年底增加 5 672 万人。手机媒体拥有其他媒体无法比拟的优势，例如覆盖人群最广、传播成本比较低廉、可以最方便地把人们的零碎时间利用起来，并且能够极为快捷地传播信息。目前，手机广告主要是点告（主要是 SMS/MMS）和直告（WAP 网站的图片和文字链接广告）两种。

8．影视广告

影视剧作为一种传播媒介，较为直观、真实地将故事中的自然和人文资源展现给观众，具有传播速度快、覆盖面广、信息量大、影响持久等特点。可以说，影视剧以其特有的故事性表现手法，成为现代社会中“神话”制造的一种重要手段，给受众留下深刻的印象，从而影响观众的旅游行为，引发影视旅游的热潮。

Tooke 和 Baker（1996）以 4 部英国电视剧为例（To the Manor Born、 By the Sword Divided、Middlemarch 和 Heartbeat），就电视剧对旅游业的影响进行了一系列调查。发现被调查的 4 部电视剧在播出后，拍摄地的客流量均有大幅度上升。Riley 等（1992）收集了大量的数据对 12 部知名的美国电影，进行数据统计分析，以这些影片放映前的 10 年期间和放映后的 5 年期间拍摄地游客接待量为样本，建立线性趋势曲线，进行定量研究。从而得出结论认为，影片对拍摄地在城市居民的影响至少历时 4 年，使游客量增长了 40% ～ 50%。

国内由影视剧的热播而导致拍摄地成为旅游热点的也不乏其例。如《少林寺》使河南嵩山少林寺旅游在海内外名声大振，1982 年少林寺共接待国内外游客 280 万人次，是少林寺景区过去 25 年的总和，“功夫摇篮”的旅游品牌得以成功塑造。至今，旅游者到河南旅游，少林寺依然是必游之地。云南丽江除了世界遗产地的金字招牌之外，电视剧《一米阳光》也起到了推波助澜的传播作用，使丽江小城成为众多年轻旅游者趋之若骛的旅游目的地。电影《寻枪》使青岩镇——贵州一个默默无闻的小镇的旅游业迅速火爆。《非诚勿扰》的热播，成为杭州市城市旅游品牌的进一步传播和提升的助推器。此外，国内诸多影视拍摄基地也成为热点旅游目的地，如江苏无锡影视城、广东南海影视城、山东威海影视城、河北涿州影视城和横店影视城、宁夏影视城等。

9. 旅游手册

受到科学技术发展的影响，旅游者出行信息的来源发生了很大的改变，旅游手册这种书面形式的商业促销手段的作用受到质疑。然而，旅游主管部门依然花费大量的资金投入到旅游手册的制作上，因为旅游手册作为一种广告形式，在传播目的地形象、影响目的地选择以及提高旅游者体验质量上发挥着重要的作用。Yamamoto 和 Gill（1999）指出旅游手册是出国旅游者最重要的信息来源。 Holloway 和 Plant（1988）的研究表明，在众多的推介手段中，旅游手册是最重要、使用最多的方式之一。Coltman（1989）指出潜在的旅游者会通过旅游手册比较目的地或供应商，从而决定自己的旅游目的地的选择。可见作为一种广告媒介，旅游手册的作用仍不可小视。旅游手册的特点主要表现在：

（1）针对性强

旅游手册所传播信息的受众就是旅游者，与其他纸质媒体不同，旅游手册的内容以旅游信息为主体，具有显著的目的性。

（2）信息量全

旅游手册除了介绍目的地相关旅游景点外，还有大量旅游者所关心的信息，如旅游线路、交通、食宿、购物等，可以满足旅游者对目的地进行全面的了解。

（3）富有艺术性

现在大多旅游手册制作精良，图文并茂，富有艺术性和感染力。好的旅游手册如同名片和窗口，可以诱发旅游者对目的地的兴趣和关注，影响旅游者的出行选择。

（4）便携性

旅游手册的体量较小，可以随身携带，便于收藏，加上其信息量大而全，是个性化旅游者有力的向导。

10. 直接媒体

直接媒体就是将广告信息直接传递给特定受众的媒体形式。早期的直接媒体主要有直邮信函、产品目录、宣传小册子等，近年来随着技术的进步，直接媒体出现了邮寄DVD光盘、直销电话、E-mail广告、手机短信等新的形式。直接媒体的优点是信息量全、针对性强、灵活性高，缺点是成本高、容易引起受众的反感、传播效果难以评估。因为不是现在旅游信息传播的主要渠道，在此不对其进行详细阐述。

旅游广告传播效果的评估

旅游广告是旅游品牌管理者和旅游企业重要的投资，现代旅游广告的传播是一种回路形传播路径，是传播者与受众之间的信息互动。因此，对旅游广告信息传播的效果评估是一项必不可少的工作。在此主要介绍两种评估的方法。

旅游产品销售成果评估法

崔凤军（2005）指出，广告效果是广告主通过媒介发布广告时对消费者产生的所有影响因素的总和。这种影响在媒体发布后得以体现，广告对消费者的影响流程一般是：接收广告信息（解码），发生认知效果——对广告商品逐渐理解并产生好感（解码后的心理反应），发生心理变化效果——决定购买广告商品，发生购买效果（心理反应后的行为效果）。在此基础上，崔凤军提出了一个借用商品广告的销售成果来测量旅游广告效果的方法，即在旅游产品质量以及成本和价格不变的情况下，通过对旅游广告提高利润的程度进行测定来评估广告的效果。这种评估方法具体分为四个步骤：

一是进行市场调查。在调查中突出两个问题：是否看过（或听过）该旅游广告？是否购买了该旅游产品？根据回答的情况将被调查人群划分为四类：*a*. 看过或听过广告而购买了产品的；*b*. 没有看过或听过广告而购买了产品的；*c*. 看过或听过而未购买产品的；*d*. 没有看过或听过广告也未购买产品的。

二是计算旅游广告效果指数。

表 5-7 旅游广告效果调查统计表

	广告认知		合计人数
	有	无	
已购	a	b	$a+b$
未购	c	d	$c+d$
合计人数	$a+c$	$b+d$	$N=a+b+c+d$

资料来源：崔凤军．城市旅游的发展与实践 [M]．北京：中国旅游出版社，2005.

所有未看过或听过广告的人数：$b+d$

受非广告因素而购买产品的人数比率：$b/(b+d)$

如果不做广告，可能购买的人数：$N\times b/(b+d)$

做广告后实际增加的购买者人数：$\Delta Q=(a+b)-N\times b/(b+d)$

广告效果指数（AEI）= 做广告后实际增加的购买者人数 / 全体被调查人数 = $\Delta Q/N$

三是分析评价。根据计算出的旅游广告效果指数，从四个方面研究广告的经济效果：在一定条件下广告的促销效果越好则广告的经济效果越好。因此，如果旅游广告效果指数越大，即做广告后增加的旅游者人数占全体被调查者人数的比例越大，则表明广告的促销效果越好，经济效果也越好。

广告效果指数为负数时，表明实际经济生活中广告作用产生了负面效果。

计算旅游业广告效果指数平均值，如果广告效果指数高于平均值，则该广告取得了较为满意的传播效果，否则反之。

四是测算实际增加的旅游人数。这是一种较为简单实用的旅游广告效果评估方法。但城市旅游品牌所关注的不仅仅是经济效益。作为城市旅游的旗帜和象征，旅游品牌是城市整体竞争力的助推器，还要注重旅游品牌所产生的社会效益和旅游者心理效益。程爽（2004）在其硕士论文中，提出了一个基于受众的旅游广告效果评价模型。该模型将旅游广告分为经济效果、心理效果、社会效果三个一级评价指标，每个指标下面又包含若干子指标，具体内容见表 5-8。

表 5-8 旅游广告效果评价指标构成

旅游广告效果评价关键指标	旅游广告经济效果	游客数量	A1
		旅游销售收入	A2
		利润	A3
		旅游市场占有率	A4
		旅游广告费用	A5
	旅游广告心理效果	旅游广告知晓度	B1
		旅游广告熟悉度	B2
		旅游广告偏好度	B3
		旅游广告传播力	B4
	旅游广告社会效果	旅游地或企业形象塑造指标	C1
		旅游品牌塑造指标	C2
		旅游产品知名度指标	C3
		引导旅游消费效力指标	C4
		文化艺术指标	C5
		道德伦理指标	C6
		法律规范指标	C7

资料来源：程爽．基于受众的旅游广告效果评价模型研究 [D]．杭州：浙江大学，2004.

通过对问卷调查数据的分析，按评价指标的重要性和差异性将 16 个评价指标进行区分，如表 5-9 所示。

表 5-9 旅游广告评价指标分类

指标分类	经济效果指标	心理效果指标	社会效果指标
重要性指标	游客数量 旅游销售收入	旅游广告传播力	旅游地或企业形象塑造 旅游产品知名度
较重要性指标	旅游广告费用 旅游市场占有率	旅游广告知晓度 旅游广告偏好度	旅游品牌塑造 引导旅游消费效力 文化艺术指标
一般性指标	利润	旅游广告熟悉度	道德法律指标

资料来源：程爽．基于受众的旅游广告效果评价模型研究 [D]．杭州：浙江大学，2004.

根据研究成果，其得出了一个基于受众的旅游广告效果评价理论模型，如图 5-3 所示。

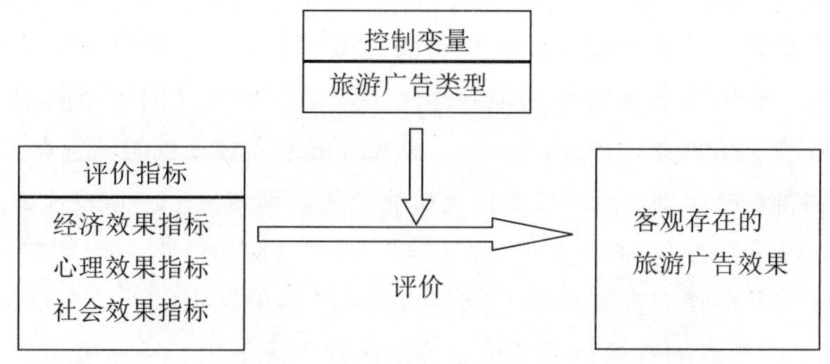

图 5-3 基于受众的旅游广告效果评价理论模型

资料来源：程爽．基于受众的旅游广告效果评价模型研究 [D]．杭州：浙江大学，2004.

该旅游广告效果评价的理论模型，在评价指标的设计和子指标的选择上具有客观性和广泛性，能够对旅游广告所产生的效果进行较全面的评估，适合城市旅游品牌广告效果的评价。

城市旅游品牌的广告是以符号为载体，对品牌城市文化特色和独特旅游体验相关信息的表达和传播。因此，城市旅游品牌广告的设计要以旅游者关注的城市特色文化和旅游资源的独特性为核心，把握旅游者的旅游动机，将城市旅游品牌文化符号的内涵和具有独特旅游体验的价值承诺，通过各种广告渠道传递给旅游者，影响旅游者的决策行为。同时，结合旅游者对广告信息的反馈，修正城市旅游品牌广告的设计和广告渠道的选择。

第二节 销售传播

销售传播是指除了广告、人员推销和公共关系与宣传之外，企业在特定的目标市场上，为迅速起到刺激需求作用而采取的促销措施的总称。

就城市旅游而言，城市旅游品牌的销售传播是指城市旅游品牌的管理者和旅游企业在了解旅游者需求的基础上，为扩大和保持品牌产品销售，将特定的旅游品牌信息，在特定的时间和特定的地点，以特定的方式传达给目标旅游者的传播形式。旅游业的产品具有无形性、不可移动性和异地消费的特点。旅游销售传播的方式相比其他行业要少得多，其基本形式是旅游消费券。

消费券是专用券的一种，为实现经济政策的工具之一。当经济不景气导致民间消费能力大幅衰退时，政府或者企业发放给国民消费券，作为国民未来消费时的支付凭证，期待借由增加民众的购买力与消费欲望的方式以振兴消费活动，进一步带动生产与投资等活动的成长，加速经济的复苏。 在金融危机特殊时期，消费券正逐渐成为促销售、保增长的重要手段之一。旅游消费券是由政府适当资助、专门向来本地旅游者发放的消费券。

国家旅游局在2008年中国国际旅交会新闻发布会上对外公布，将推行“国民休闲计划”以应对金融危机对旅游业带来的严峻考验。该项计划将采取具体措施倡导针对优秀员工的奖励旅游、针对低收入群体的福利旅游、针对学生群体的休学旅游、针对离退休人员的银发旅游等。2009年，杭州、北京、成都等市率先启动旅游消费券。

杭州市旅游部门在上海举行了1.5亿元杭州“旅游消费券”的首发仪式，首批消费券的总面值达900万元，用这些消费券可以在杭州100多家旅游景点，部分宾馆、茶楼、足浴、餐饮店使用。游客凭旅游券在享受商家原有的针对散客的优惠之外，实付金额每40元就能抵掉10元钱。旅游券的发行范围以长三角地区为主，采用广场促销活动中发放以及直邮投递的方式和《杭州旅游指南》捆绑送到杭州旅游市场的旅客手中。2009年春节期间，北京在天津推出了“北京请您来过年”等大型旅游活动。活动期间，北京市旅游局向天津市民免费发放故宫、颐和园等主要景区门票共2万余张，鸟巢水立方门票共1万张，北京饭店、新世纪饭店、长城饭店等星级饭店提供了千套星级饭店免费酬宾。

旅游消费券的发放对城市旅游品牌的推介和刺激城市旅游业发展，发挥了重要的作用。

城市旅游品牌的销售传播是品牌影响现有或潜在旅游者消费行为的一种方式，所有的销售传播都要做到：①清晰的定位。旅游业自身的特点决定了销售传播不是其常用的传播手段，因此，在进行销售传播前应做好市场调查，针对市场竞争环境，做出清晰的传播定位。②针对特殊的目标市场。就是确定传播的受众群体，这一点可以通过旅游者的社会地理因素进行划分。③实现具体的目标。通过销售传播达到既定的目标是城市旅游品牌传播的目的，除了实现旅游产品的市场占有率，增加旅游收入之外，城市旅游品牌的销售传播还应注重品牌的社会效益，提高品牌在旅游者心目中的知名度和美誉度。④在预算约束下进行。城市旅游品牌的销售传播要量力而行，在地方政府和旅游企业的合作下，共同搞好品牌销售传播，提高品牌销售传播的效率。

城市旅游品牌的销售传播，不仅仅是为了暂时性地提高旅游产品的销售量，而是要以销售为手段，在销售产品的同时，宣传和推介城市旅游品牌的文化理念和内涵，提高旅游者对城市旅游品牌的认知和认同，在旅游者形成品牌忠诚的基础上，实现城市旅游品牌长期的市场优势和竞争力。

第三节　公共关系传播

公共关系是社会组织处理各种内外关系的一种手段。随着市场经济的发展，公共关系学在19世纪末20世纪初产生，“二战”之后逐渐发展成为一门新兴的学科。在市场经济条件下，企业成为市场竞争的主体，是一种非常重要的社会组织。从品牌传播的角度看，企业的公关活动从很大程度上说是围绕其品牌而开展的，因此，企业的公共关系活动在本质上就是一种品牌信息的传播活动。

一、公共关系传播含义和构成要素

（一）城市旅游品牌公共关系传播的含义

“公共关系”是英文Public Rlations的汉译，英文中简称PR，汉语简称“公关”。关于公共关系的概念，学术界一直见仁见智，众说纷纭。

美国公共关系权威教材《有效公共关系》将其定义为：“公共关系是这样一种管理功能，它建立并维护一个组织与决定其成败的各类公众之间的互惠互利关系。”

《大百科全书》认为：“公共关系是指在传递关于个人、公司、政府机构或者其他组织信息，以改善公众对他们的态度的政策和活动。”

英国公共关系协会认为：“公共关系的实施是一种积极的、有计划的和持久的努力，以建立及维护一个机构与其公众之间的相互了解。”

国际公共关系协会认为：“公共关系是分析趋势、预测趋势，为组织领导提供决策咨询，执行既有利于组织又有利于公众的行动计划的艺术和科学。”

英国著名公共关系专家弗兰克·杰弗金斯认为：“公共关系就是一个组织为了达到与它的公众之间的相互了解的确定目标，而有计划地采用一切向内和向外的传播方式的总和”（王雪，2005）。

从上述的种种关于公共关系的定义中，可以看出公共关系是处理组织与其公众之间关系的一种管理功能。公共关系的管理功能主要表现在：①实施一项有计划的，而且持之以恒的方案来作为一个组织进行管理的组成部分；②处理组织与各类公众之间的关系；③监测组织内部和外部的意识、意见、态度和行为；④分析政策、程序和行动对公众的影响；⑤调整那些被发现与观众利益和组织生存有冲突的政策、程序和行动；⑥在确立组织及其公众互惠互利的新政策、新程序和新行动上向管理阶层提供咨询；⑦建立和维护这个组织与各类公众之间的双向传播；⑧在组织内部和外部激发意识、意见、态度和行为的具体变革；⑨在组织与其各类公众之间形成新的相互关系，并且/或者维护相互关系（丁桂兰，2008）。从上述关于公共关系的概念和内涵的阐述中，笔者认为城市旅游品牌的公共关系传播就是城市旅游管理者和旅游企业，以城市旅游品牌文化符号的信息为核心，通过各种公共关系活动，以大众传播媒介为主要传播手段，以树立城市旅游品牌形象，提高品牌知名度为重要途径，应对品牌危机为目的而开展的向公众传递、协调、沟通品牌有关信息为目的的传播活动。

（二）城市旅游品牌公共关系传播的构成要素

一般意义上的公共关系的构成包括主体、客体和手段三个要素，即企业、目标公众和传播手段。就城市旅游品牌而言，其公共关系是指城市旅游管理者和旅游企业、目标公众、传播手段，三个要素缺一不可。

1. 品牌公关活动的主体——城市旅游管理者和旅游企业

一般公关学认为，公共关系的主体是社会组织。社会组织有广义和狭义之分。从广义上讲，它指的是整个社会；从狭义上讲，它指的是社会中具体的构成单位。公共关系一般研究的是狭义的社会组织。本书城市旅游品牌语境中的品牌关系传播问题所研究的社会组织，指的是“城市旅游管理者”“旅游企业”，传播内容的核心是有关城市旅游品牌“文化内涵”“产品品牌”和“服务品牌”的信息。

2. 品牌公共关系的客体——目标公众

城市旅游品牌公关关系里的公众就是指与城市旅游有某种直接或间接关系的个人、群体和组织的总称。这些公众就是城市旅游品牌公关传播的受众。按照目前公关学界对公众的分类来看，城市旅游品牌公共关系的目标受众可以进行以下分类：

（1）按品牌管理和旅游企业内外的对象分，可以分为内部公众和外部公众。内部公众是指城市旅游管理者（政府旅游行政职能部门）、旅游企业的全体人员。外部公共关系公众是指与旅游品牌和旅游企业相关的外部人员，管理者和企业通过他们与社会保持着广泛紧密的关系。主要包括业务公众、权力公众和扩散公众。其中业务公众主要是指旅游者、竞争对手、合作伙伴等；权力公众主要是指除旅游行政职能部门以外的政府机关；扩散公众主要是指新闻媒体、广告公司、社区、学校、医院、各种民间组织社团等。外部公众是城市旅游品牌管理者和旅游企业与社会保持联系的基本渠道，品牌管理者和企业通过与外部公众的直接或间接的联系，实现自己的发展目标，争取外部公共关系公众的理解与支持是城市旅游品牌管理活动的主要内容。

城市旅游品牌公共关系的传播对象主要是目标市场的旅游者，公关活动的内容以旅游者为主要公众，通过公关活动，传播城市旅游品牌文化内涵，吸引旅游者的关注，提高城市旅游品牌的知晓度和美誉度，扩大旅游品牌在市场上的影响力和占有率，实现城市旅游品牌的经济效益和社会效益。

（2）按关系的现实程度，公共关系的公众可分为现实公众和潜在公众。现实公众是指与企业发生直接而关系确定的人或组织。潜在公众是指将来可能与企业发生关系的个人或组织。就城市旅游品牌而言，现实的公众就是指其目标市场的旅游者，而潜在的公众即其潜在的旅游客群。公共关系的传播既要维护和巩固现有的旅游品牌的客户群体，同时通过公关活动影响潜在的旅游者，使其转变成为旅游目的地现实的消费者。

（3）按关系的重要程度，公共关系的公众分为首要公众、次要公众。首要公众是指关系到企业品牌生死存亡的个人或社会组织。次要公众是指对企业品牌有影响但无决定意义的个人或社会组织（王雪，2005）。城市旅游品牌的首要公众自然是指其目标市场的旅游者，这些旅游者是其旅游品牌生存和发展的基础，也是城市旅游品牌进一步扩大影响力和竞争力的根基。

（4）按公众对城市旅游品牌的态度来分类，可分为顺意公众、中立公众和逆意公众。城市旅游品牌的公共关系传播就是要维护和巩固品牌顺意公众原有的态度，强化已建立的旅游客群与品牌之间的情感联系。利用公关活动消除中立公众和逆意公众对品牌的不良认知，改变其对品牌的态度，使这些公众也成为品牌的顺意公众，扩大城市旅游品牌在市场上的占有率。

3. 品牌公关活动的手段——传播

公关活动实际上就是品牌信息的传播过程，自1903年艾维·李创办世界上第一家公关事务所开始，公共关系就作为一种信息传播活动而立足于世。城市旅游品牌的一系列公关活动就是城市旅游品牌的管理者和旅游企业通过各种传播手段，向目标公众（主要是目标市场的旅游者）表达、传递、沟通品牌相关信息的过程。

二、公共关系传播功能和原则

（一）城市旅游品牌公共关系传播的功能

品牌公关是以品牌信息为内容而开展的一系列传播活动，就城市旅游品牌的公关传播而言，其功能主要有：传递旅游品牌信息；塑造旅游品牌形象；提高旅游品牌知名度；消除旅游品牌危机等。

1. 传递品牌信息

旅游品牌公关传播的首要功能是传播品牌的信息，向广大公众，特别是目标市场的旅游者，传递城市旅游品牌特别是品牌文化内涵的相关信息，使旅游者认知和了解旅游品牌的理念和独特性的旅游体验，激发旅游者的旅行动机。

2. 提高品牌知名度

旅游产品的无形性和异地消费性的特点，使得品牌公关活动成为其提高品牌知名度的重要途径。品牌公关活动，可以使目标公众切实地感知到品牌的价值，从而赢得目标市场旅游者的关注和青睐，提高旅游品牌在旅游者心目中的知晓度。品牌公关活动也是旅游者记忆和回忆旅游品牌的有力线索。

3. 塑造品牌形象

在公众对旅游品牌认知和了解的基础上，通过公关活动，进一步维护旅游者对于品牌的情感，增强其好感度。同时，争取权利公众、业务公众和扩散公众的理解和支持，为旅游品牌的提升创造良好的外部环境，塑造城市旅游品牌的形象，提高旅游品牌的市场竞争力。

4. 消除旅游品牌危机

社会是一个复杂的系统，旅游业的关联性和脆弱性，使得旅游品牌会经常面临内外部的危机。公关活动可以建立品牌与公众进行沟通的平台，通过信息的交流，对出现的问题进行解释和澄清，防止事态的进一步恶化，从而协调和理顺各方面的关系，化解品牌危机，维护品牌的声誉。

（二）城市旅游品牌公共关系传播的原则

品牌公关传播是以品牌相关信息为主要内容的传播活动，为了达到品牌信息有效传播，必须遵循一定的原则，主要有以下几点：

1. 真实性原则

真实性原则是指城市旅游品牌的一切公关传播活动都必须掌握基本事实，传播真实的信息，以诚信为本。真实性原则是品牌公共关系活动取得成功的基本前提。只有坚持真实性，才能获得真实的信息反馈，为旅游品牌的管理者和旅游企业的决策提供科学的依据。同时，真实性也是树立旅游品牌良好形象，赢得旅游者和其他社会公众好感和青睐的基础。

2. 互惠互利原则

互惠互利原则是指在城市旅游品牌的公关传播中，城市旅游品牌的管理者和旅游企业与目标公众利益共享。品牌公关活动是为实现城市旅游品牌管理者和旅游企业既定目标和任务而开展的，所提供的旅游产品和服务要以一定的法律和道德责任为前提，利用旅游业与其公众之间的依赖关系，在法律和道德允许的范围内，通过公共关系活动，以“利他”的形式实现“利己”的目的和效果。

3. 信誉第一原则

旅游品牌的信誉包括产品信誉、服务信誉和企业信誉。信誉是品牌的无形资产、立足之本。旅游品牌的公关活动就是要在目标公众的心目中树立良好的品牌信誉，维护和提升旅游品牌的美誉度。

4. 科学性原则

品牌的公共关系是一项长期的工作，关乎品牌的生存和发展，公共关系活动开展要以科学性为指导，从而确保品牌公关活动的效果。旅游业是一个关联性强的产业，因此，城市旅游品牌的公关活动要广泛借鉴和吸收管理学、社会学、心理学、行为科学、传播学、市场营销学等多学科的理论和方法。本着科学、客观的态度，进行市场调查、公众心理分析，了解目标旅游者需求，收集和传播各种信息。

5. 创新原则

城市旅游品牌生存在一个不断变化的环境之中，受到市场竞争、经济、文化、消费心理、审美情趣等各种因素的影响。因此，品牌公关活动要吸引公众的注意力，必须在活动的形式和内容上不断创新。根据竞争环境、旅游者心理、时尚趋势等影响因素的变化，适时作出调整，不断更新品牌公共关系活动的形式和内容，紧随市场的步伐，满足旅游者的消费需求，维护和提高品牌的吸引力，达到品牌有效传播的目的。

6. 全员公关原则

全员公关原则是指城市旅游品牌的管理者和旅游从业人员都要具有公关关系意识。城市旅游品牌传播是一项复杂的系统工程，公关活动主体的每一个人都是品牌的代言人和缩影。因此，城市旅游管理者和从业人员都应该树立品牌公关意识，注重自身的形象，以自己的一言一行，一举一动为“窗口”，表达和传递城市旅游品牌的理念和内涵。

三、公共关系传播种类和形式

（一）城市旅游品牌公共关系传播的种类

品牌公关的种类主要有赞助公关、危机公关和热点事件宣传三类。

1. 赞助公关

赞助公关即通过赞助参与社会公共活动，进行宣传报道，借此提高品牌的知名度，树立良好的品牌形象。赞助公关按所赞助对象的性质，又可分为教育公关、文化公关、体育公关、公益公关和慈善公关等（陈祝平，2005）。与广告不同，组织通过直接资助与社会、民生紧密相关领域的赞助，可以让公众真切地感受到组织社会责任感，容易引发公众的心理共鸣，从而对品牌产生好感，提高品牌在消费者心目中的美誉度。

2. 危机公关

品牌危机是指出现严重损害品牌形象的事件，主要包括：品牌行为存在失误并被新闻舆论曝光；与品牌有关的新闻舆论的误导。无论哪一类危机都有可能严重损害品牌形象或资产，因为无论哪一种危机都与新闻舆论有关，而新闻舆论对公众或消费者的品牌心理（包括品牌认知、品牌态度）有很大的影响（陈祝平，2005）。“水可载舟，亦可覆舟”，新闻舆论可以提升品牌形象，也可以贬损品牌形象。因此，品牌危机公关的主要目的就是转变新闻舆论，消除品牌的负面影响，尽量挽回品牌形象的损失。在纷繁复杂的环境下，品牌危机的出现难以避免，关键在于如何应对和处理品牌危机，利用公关活动，化解品牌危机。同时，通过品牌公关，变“危机”为“契机”，妥善处理品牌所出现的危机，维系品牌的良好形象。

3. 热点事件宣传

热点事件宣传就是品牌主利用全社会广泛关注的热点问题和重大事件，结合自身品牌进行宣传，提高品牌的知名度和品牌形象。由于热点问题和重大事件是社会公众关注的焦点，将品牌与这些问题和事件结合起来，可以取得良好的传播效果。中国“申奥”成功后，2000 年 7 月 14 日一大早，北京市几乎所有的麦当劳餐厅和各主要超市的可口可乐包装全部穿上了“喜庆装”。可口可乐金光灿灿的“申奥”成功特别纪念罐，以金、红两色作为喜庆欢乐的主色调，巧妙加入长城、天坛等中国和北京的代表性建筑以及各种运动画面，将成功的喜庆、体育的动感、更快更高更强的奥运精神以及中国的传统文化有机地组合起来（余明阳，2005）。

（二）城市旅游品牌公共关系传播的形式

品牌公关是品牌主与目标公众之间进行品牌信息传播、沟通，协调相互关系的活动。一般而言，品牌公关传播的形式主要有以下几类：

1.“语言式”品牌公关传播

语言式品牌公关传播是指双方在某一特定场所面对面进行交流。按性质可分为宣传性活动和协调性活动。

（1）宣传性活动一般包括：新闻发布会、记者招待会、记者采访、庆祝活动、开幕式、开工典礼、颁奖典礼、签字仪式、周年庆典、展销展览会、参观游览活动、联谊活动等。

（2）协调性活动一般包括：公务谈判、游说、访问等。

城市旅游品牌管理者和经营者，可以运用“语言式”品牌公关传播方式，同与旅游业发展关系紧密的人群，如旅游者、合作伙伴、市民等进行沟通与交流，将城市旅游品牌理念和旅游业发展信息传递给目标公众；同时，也从目标公众那里获取相关反馈信息，为城市旅游品牌的管理决策服务。

2.“文字式”品牌公关传播

文字式品牌公关传播是指用文字将有关信息资料准确记录保存下来，一般包括：新闻稿、广告、工作报告、工作总结、情况简报、统计分析材料、展览、企业报刊、墙报、交流材料、礼仪请柬、公关文书、宣传画册、招贴、录像、幻灯、电影、光盘、总裁传记、经营谋略著述等。城市旅游品牌管理者和经营者通过“文字式”品牌公关传播手段，系统而有效地与目标公众沟通，促进业内人士了解，业外人士关注。

3.“实像式”品牌公关传播

实像式品牌公关传播是指利用旅游企业的实物样品、实情实景等传播品牌信息的方式，主要包括：促销性活动、赞助性活动以及标识活动等。“实像式”品牌公关传播形式现场性强，可以帮助目标公众更好地了解城市旅游品牌及旅游业发展的相关信息。

4.“社交式”品牌公关传播

社交式品牌公关传播是指在特定的时期，举办社交活动，以促进组织和公众之间的信息沟通、情感联络。在生活节奏加快、各种压力增大的时代，社交已成为品牌公共关系传播的重要的活动形式。主要包括：宴请、舞会、茶话会、工作餐叙、冷餐会、各种文娱、体育招待会、参观、游览、沙龙、节日活动、庆典活动、礼仪往来等。“社交式”品牌公关传播是城市旅游品牌管理者和经营者常用的公共关系传播方式，通过各种社交活动，保证品牌主与目标公众的信息沟通、情感联络，促进双方协助的顺利进行。

当然，上述分类并不是十分严格，有的形式之间还有相互交叉的地方。城市旅游品牌的公关传播，要始终围绕品牌文化符号中所蕴含的品牌理念、文化特色、独特旅游体验等信息，将品牌公共关系传播活动与自身行业特点紧密结合起来。尽可能举办参与性强的活动，让旅游者在公关传播的活动中，切身体会到品牌的内涵，增加旅游者对城市旅游品牌文化理念和内涵的认知，扩大品牌文化符号在旅游者中的认知度和接受度，培育旅游者对于品牌的好感和忠诚，从而影响旅游者的购买行为。

第四节　人际传播

一、人际传播的概念及特点

（一）人际传播的概念

人际传播又称人际交流，是指人与人之间的一种直接信息沟通的交流活动。这种交流主要是通过语言来完成，但也可以通过非语言的方式进行，如动作、手势、表情、符号（包括文字和符号）等（余明阳，2005）。人际传播是形成品牌美誉度的重要途径，与其他品牌传播的手段相比，人际传播最易为消费者接受。研究表明，消费者对其他使用者所介绍的品牌品质等方面信息的相信程度，是广告的18倍。

（二）人际传播的特点

人际传播是指人与人之间的一种直接信息沟通的交流活动，与其他信息传播的方式相比，具有自身的特点，主要表现为：

1. 简单易行

人际传播不受时间、空间、地点、环境、媒介等要素的限制，具有简单性和便捷性。

2. 互动性强

在人际传播过程中，交流的双方互为传播者和受传者，不断地接收信息和发出信息。由于交流充分，反馈及时，交流双方可以即时了解对方对信息的接受程度和传播效果。

3. 渠道多样化

人际传播可以是面对面的，也可以是非面对面的。在面对面的传播中，互动的双方不仅运用语言来进行思想情感的交流，同时还可以使用副语言符号来表达意义，譬如动作、眼神、表情、音调等。人际传播的手段既可以是语言符号，也可以是副语言符号，这种双重交流手段使得受传者接收信息的渠道呈现多样化。

4. 针对性

人际交流的双方可根据受传者对信息的接收程度、接收者的反应等随时调整传播策略，有针对性地引导和控制信息交流的内容和方向。

5. 速度慢、信息量小

人际传播的速度慢，信息量相对较小，在一定的时限内覆盖的受众数量和范围远不如大众传播。

二、文化符号与人际传播

文化是一种符号，人际交流就是负有各种文化符号的交流者进行信息沟通的过程。巴尔特分析使用符号的双方——制码者和解码者之间的"彼此可进入性"，认为"心灵的共同性和共享性"可以在共同的文化背景或者不同的文化背景下得到证实。不论编码者还是解码者对符号意义的感知在本质上并不是因人而异，他们首先是属于一个文化群体，共同的文化背景为他们提供了相互影响的意识。在共同的文化背景下，彼此相同信息的程度大。后来有学者运用符号互动论，即从互动个体的日常自然环境去研究人类群体生活。

符号互动论的基本假定是：①人对事物所采取的行动是以这些事物对人的意义为基础的；②这些事物的意义来源于个体与其同伴的互动，而不存在于这些事物本身之中；③当个体在应付他所遇到的事物时，他通过自己的解释去运用和修改这些意义。米德认为，语言是一种表意符号或表意姿态，有声姿态特别适合成为表意符号。他指出："有声姿态具有特殊的重要性：它是一种社会性刺激，它对做出该姿态的那一有机体产生影响的方式同另一种有机体做出该姿态时产生影响的方式是一样的。也就是说，我们可以听见我们自己讲话，而我们讲的话的含义对我们自己和对其他人都是一样的。"这就意味着，人际传播中意义的交换有一个前提，即交换的双方必须有共通的意义空间。意义空间有两层含义：一是传播中使用的语言、文字等符号含义的共通的理解；二是有大体一致或接近的生活经验和文化背景。由于社会生活的多样性，每个社会成员的意义空间不可能完全重合，但意义的交换或互动只能通过共通的部分来进行。这个关系如图 5-4 所示。

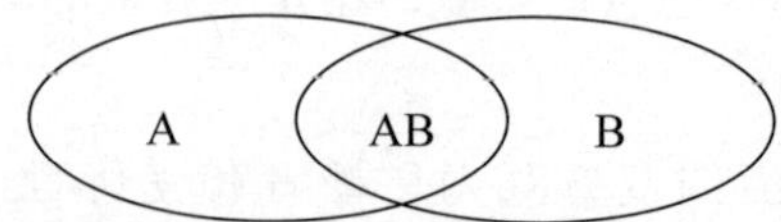

图 5-4　基于符号互动论的人际传播

资料来源：郭庆光．传播学教程 [M]．北京：中国人民大学出版社，1999: 53.

在图中，A 表示传播者的意义空间，B 表示受传者的意义空间，AB 表示双方共有的意义空间。A、B 不可能重合，双方的意义交换只能通过 AB 进行；随着意义交换的活跃化和持续进行，AB 则有不断扩大的趋势（郭庆光，1999）。人际传播是一个信息编码和解码的互动过程，在这个过程中，双方以共通的意义空间为平台，通过语言符号和非语言符号对信息进行编码和解码，完成意义的交换；双方的角色在不断地发生变化，既是信息的传播者又是信息的接收者。

符号互动论认为，借助符号的语言、副语言等符号进行的人际传播是构成社会、形成自我意识、获得社会角色和调整社会关系的基础，符号在形成思想、自我和社会中具有不可替代的作用。符号还能够超越时间和空间的限制而使得传播双方产生相互作用。而作为人际传播本身就不是单纯的由“信息”“通道”“主体”“噪声”“反馈”等因素组成而外在于人的机械过程，而是人与人之间的直接相遇，是负有文化符号的主体与主体之间的“符号互动”。

三、人际传播的符号学分类

按人际传播过程中使用的符号手段可以分为语言符号传播和副语言符号传播。

1. 语言符号传播

语言是人类社会约定俗成的并且比较高级和复杂的符号，是人类区别于其他动物的一个显著的标志，也是人类社会赖以存在和发展的必要条件。

语言符号是人类独有的、基本的传播工具。人们用语言符号进行信息交流、传递思想、情感、观念和态度，达到沟通目的的过程，是人际沟通中最重要的一种形式。

2. 副语言符号传播

美国口语传播学者雷蒙德·罗斯（1986）指出，在人际传播活动中，人们所获得的信息总量中只有 35% 是语言符号传播的，而其余 65% 的信息则是由副语言符号传达的，其中仅面部表情就可传递 65% 中的 55% 的信息。可见，传播并不全是通过语言进行传播的，副语言符号在传播中发挥着重要的作用。

作为一种符号系统，副语言符号与语言符号一样，都是使用特定的符号来指代其他事物。副语言符号涵盖了各种各样的语言符号类型，从表情到情感，从政治经济政策到时装、音乐、时尚，从某种意义上来说，一切不经过语言符号表达的符号都是副语言符号。在传播过程中，副语言符号的功能绝不亚于语言符号。副语言传播的外延包括说和写（语言）之外的信息传递，譬如手势、身体姿态、音调（副语言）、身体空间和表情等。

四、基于符号学的人际传播模式

模式是对所描述事物的基本构架及关系的一种较为理论化的简约表达。模式表达的主要特征是：最简化、最直观地从某一特定角度显示事物的最基本因素及相互关系（薛可，余明阳，2007）。在传播学的研究历史上，不少学者对人际传播的方式、结构、各要素间的关系进行了剖析，从不同的视角，在人际传播学的研究中提出了诸多的理论模式。本书摘取了其中与符号学紧密相关的有关人际传播的理论模式。

（一）贝罗（David Berlo）传播模式

贝罗于1960年运用社会学的相关理论提出了一个线型传播模式——贝罗模式，即S—M—C—R模式。该模式包括四个基本要素：来源、信息、通道、受传者，如图5-5所示。

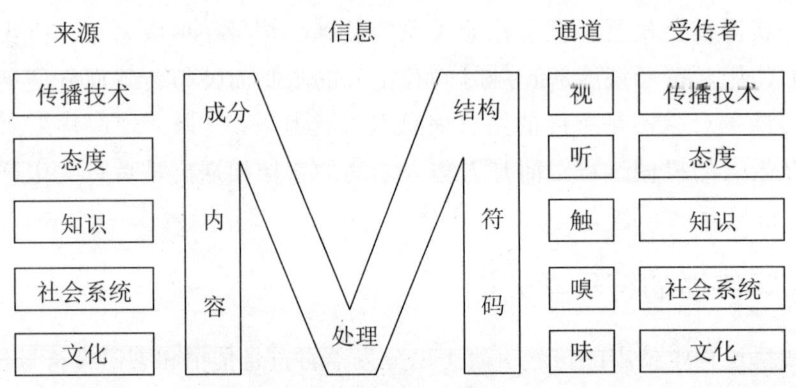

图5-5　贝罗模式

资料来源：钟文，余明阳．大众传播学[M]．长沙：湖南文艺出版社，1990: 219.

1. 来源和制码者

信息来源主要涉及编码者的传播技术、态度、知识层次、所处的社会环境和文化背景等。

（1）传播技术。来源与编码者不论用何种方式进行信息的传播，必须考虑其传播方式的运用，才能保证信息内容的真实性和趣味性。传播技术包括语言、文字、思想、手势和表情等。

（2）态度。传播者是否自信？对于传播的主题是否感兴趣？对受播者是否了解？态度会直接影响信息传播的效果。

（3）知识。传播者对传播内容是否彻底了解？对于传播主题是否具有相关的知识？主题知识的了解决定信息传播是否能够顺利进行？

（4）文化。传播者的文化背景、受教育程度等。

（5）社会系统。传播者的社会阶层、年龄、职业等。

传播者的知识、文化和社会系统影响着人际传播的主题、交流的程度、信息传播的效果等。

2. 信息

人际传播过程中影响的信息主要有：

（1）符码。主要包括语言、文字、音乐等。

（2）内容。信息内容是传播者为达到其目的而选取的材料，包括信息和信息的结构。

（3）处理。是指传播者对其选择及安排符码和内容所作出的种种决定，这种决定会影响传播的效果，因此要注意处理的方式是否得当。

3. 通道

通道指的是信息传播的各种工具，主要包括视觉、听觉、触觉等。通道的选择取决于传播信息的性质，信息的内容、符号及处理，均能影响通道的选择。

4. 受播者和译码者

在人际传播的过程中，传播“来源”和“制码者”与“受播者”和“译码者”所处的位置是不同的，分别处于传播的两端，但是由于传播过程的及时性、连续性和互动性，使得双方的身份会不断地发生变化，即“来源”也可能变成“受播者”，“制码者”也可能变成“译码者”。因此，从这种意义上来讲，传播技术、态度、知识程度、所处的社会系统和文化背景也是影响“受播者”和“译码者”的因素。

（二）香农 - 韦佛传播模式

1949年，信息论创始人克劳德·香农（Claude Shannon）与沃伦·韦佛（Weaver）在《传播的数学理论》一文中提出了传播的数学模式，又称香农 - 韦佛模式。该模式是传播模式中的一个经典模式，为后来许多传播过程模式奠定了基础。该模式从信息论的角度分析了人际传播的数学模式，运用通讯电路的原理探讨了人类的传播，如图 5-6 所示。

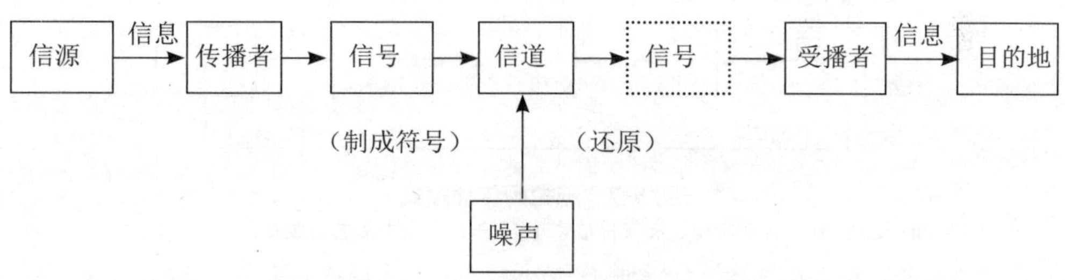

图 5-6 香农 - 韦佛传播模式

资料来源：戴元光．传播学通论 [M]．上海：上海交通大学出版社，2000: 178.

该模式提及了传播的 3 个问题，一是技术层面，即传播的准确性；二是符号语言的层面，即受播者对信息的理解和解释；三是受播者的反应层面，外在因素对传播的影响和传播效果。依据该模式，传播就是从图 5-6 中由左到右的一个简单的过程。信源发出信息，由传递工具把信息转化成要传送的信号，经过传输渠道，由接收器将接收到的信号转变成信息，从而将信息传送到目的地。在传播的过程中，信号可能会受到噪声等的干扰，出现失真衰弱的现象。该模式提到了信息传播中的符号制成和符号还原问题，揭示了信息传播即是符号的编码和解码的过程。但该模式主要是从技术的角度出发，忽视了人和社会等因素在传播中的重要性，把发送者和接收者截然分开。

（三）奥斯古德（Osgood）传播模式

1954 年，美国心理学家 C. E. 奥斯古德以自己的意义理论和一般心理语言学过程为基础，提出了奥斯古德传播模式。在这一模式中，奥斯古德强调了传播的社会标志，把符号的“意义”列为考虑的因素，指出在传播的过程中，一个人同时具有信息发送者和接收者的双重身份。在奥斯古德（Osgood）传播模式中，“输入”的是物质能量或某种形式的“刺激”，该“刺激”变成感觉刺激而被接受。接收者通过几个心理过程，对这一“输入”或“刺激”加以工作，这些过程被称作“接受”和“感知”，而中间的“调节器”提供一种“认知”（即对它附上意义或态度），并且借助传送器进行“运动神经组织”及相关的操作。在刺激 - 反应连锁中，“信息”就是来源于“输出”物和目的地的“输入”物。输入是由“译码”处理的，而输出则是由“制码”来完成的。奥斯古德传播模式认为一个个体同时具有发送和接收的功能，同时，在个体以及个体之间也形成了内外的循环。并且将符号的意义列入考虑的范围，通过反馈机制对传输中的信息进行编码和解码。

（四）施拉姆传播模式

传播学的集大成者施拉姆在参考奥斯古德思想的基础上，于 1954 年针对“香农 - 韦佛传播模式”理论提出了修正，形成了自己的传播模式，即施拉姆传播模式。如图 5-7 所示。

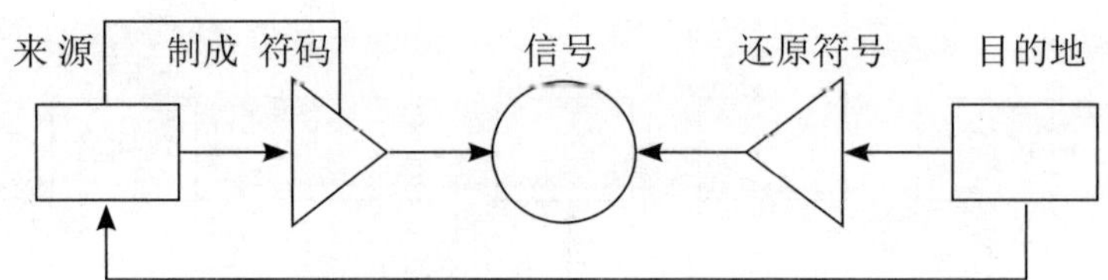

图 5-7 施拉姆传播模式

资料来源：钟文，余明阳．大众传播学 [M]．长沙：湖南文艺出版社，1990: 213.

该传播模式认为，信息的传播，首先有传播者（即来源），将信息制成符码，使之成为一种信号，然后为对方接受后，再将它还原成原来的符码，赋予意义后，才算达到目的地。在“制成符码”和“还原符码”的两个阶段中，有一个很重要的先决条件，即制码者和还原符码者必须有一个共通的经验范围（或知识），只有满足这个条件，双方才能进行沟通，产生共识。同时，传播过程中还包含了“回馈”的现象。交流的双方根据回馈，了解对方的态度，修订信息，以维持信息传播的正常进行。

就传播活动而言，每个人都生活在一个符码的世界里：他制成符码，同时也把符码还原。在接收符号的同时也传出信号。即每个个体在信息的传播过程中，既是符号的编码者也是符号的解码者和还原者。

五、城市旅游品牌的人际传播

人是社会性的动物，需要通过人际交流（人际传播）进行信息的沟通和思想的交流。旅游产品的无形性，使得人际传播成为城市旅游品牌传播的重要渠道。

图 5-8 是笔者对成都旅游者的信息来源所做的调查，根据统计的结果，游客在出行的决策过程中，亲友介绍是最主要的信息来源，占样本总数的 34.26%，位居第一，旅游品牌人际传播的重要性可见一斑。

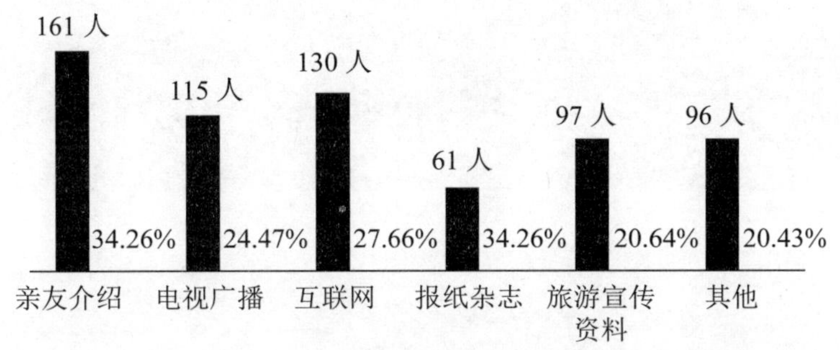

图 5-8　旅游决策的信息来源

“眼见为实，耳听为虚”，旅游者通过亲身体验获得的对品牌的认知和感受所形成的“口碑”，对于其他旅游者而言具有较高的可信度，容易影响他们的旅游抉择行为。城市旅游品牌管理者和经营者要注重产品和服务的质量，以优质的产品和服务，体现品牌个性，为旅游者留下深刻难忘的旅游体验，形成良好的品牌口碑。旅游者因为某次难忘的旅游体验产生对品牌的“满意”，进而形成“忠诚”。在其消费该品牌产品之后的人际传播中，旅游者往往会将自己的“满意”当做谈资与他人分享，主观上是满足了其“自我表现的心理”，客观上对其他具有旅游动机的潜在旅游者产生了示范作用，极易引起潜在旅游者的攀比、从众和效仿等行为，成为城市旅游品牌义务宣传员。由于是其亲身经历，故而这种传播具有较高的可信度，易产生良好的传播效果和乘积效应。

人际传播因其自身的即时性、互动性、便捷性和感染性，成为信息传播与交流的重要途径。城市旅游品牌的传播受众主要是广大的旅游者，城市旅游品牌管理者和经营者要不断地运用各种方式，扩大城市旅游品牌文化符号中所蕴含的信息与旅游者之间的文化意义空间。维护和提高品牌形象在旅游者中的口碑，借助人际传播，扩大品牌的影响力和吸引力，用现实旅游者的亲身体验去影响更多的潜在旅游者的决策行为，提高品牌在旅游市场的知名度和占有率，实现城市旅游品牌的经济效益和社会效益。

随着旅游市场竞争的加剧，城市旅游品牌的管理者和经营者应具有全球化的视野，做好城市旅游品牌海外市场的传播工作。在挖掘和提炼城市特色文化的基础上，运用具有地域特色的中国文化符号元素，通过各种传播渠道，利用现代传播手段，将城市旅游品牌的核心理念和独特体验传递给海外的旅游者，吸引海外旅游者的关注，拓展国际市场。

第六章　城市旅游品牌的延伸

第一节　品牌延伸的定义

开发新产品是一项高风险和高成本的商业行为，Taylor 和 Bearden（2005）在其研究中指出，这种商业行为的成功率常常低于 50%，企业往往借助品牌延伸战略，以便其产品或服务在消费者和分销商眼里更具吸引力。

定位论鼻祖阿尔・里斯曾说："若要撰述美国过去十年的营销史，最具有意义的趋势就是延伸品牌线。"据大卫・阿克教授的一项研究表明，凡是业绩优秀的消费品公司，在开拓新产品时，有 95% 采用了品牌延伸策略进入市场。一项针对十年间美国超市快速流通商品（FM-CG）的研究显示，有 2/3 成功品牌（指年销售额在 1 500 万美元以上）属于延伸品牌，而不是新上市品牌。国际市场研究公司（Research International）对 22 000 件产品进行调研后发现，其中 82% 的产品都是原有品牌的延伸，而且这一趋势不会改变。该研究还发现，只有 2% 的营销经理表示，在未来的几年内，把创建新品牌作为产品投放市场的主要手段（周志民，2008）。

美国康奈尔大学营销学博士爱德华・陶博（Edward Tauber）是品牌延伸研究的先行者。1981 年，在其论文《品牌授权延伸：新产品得益于老品牌》中，爱德华・陶博首次系统地探讨了品牌延伸的理论问题，首次对品牌延伸进行了系统的研究。Tauber 将品牌延伸等同于特许延伸（Franchise Extension），即将原有品牌用于新产品，新产品指那些与公司原有产品在原理、技术、工艺结构、原材料使用上有一定差异的产品。但是，作为一种规范的经营战略理论，品牌延伸则是在 20 世纪 80 年代后才引起西方管理学界的重视。此后，品牌延伸成为学界研究的热点，学者们对品牌延伸的定义也各不相同。

品牌管理专家 Aaker 和 Keller 认为品牌延伸就是利用一个已有的品牌引进新的产品种类以便缩短新产品被消费者所接受的时间，减少开辟新市场的投资，降低失败的概率。营销大师菲利普·科特勒认为，品牌的延伸是指公司利用现有的品牌名称来推出产品的一个新品目。上海交通大学教授余明阳认为，品牌延伸有广义和狭义之分。广义的品牌延伸中，新产品不仅是新的产品类别，也可以是原来产品线中产品项目的填补；狭义的品牌延伸中，新产品与原产品不是一个类别。中山大学教授卢泰宏（1997）较全面地表述了这一概念，认为所谓的品牌延伸，是指借助原有的已建立的品牌地位，将原有品牌转移使用于新进入市场的其他产品或服务（包括同类的和异类的），以及运用于新的细分市场之中，以达到以更少的营销成本占领更大的市场份额的目的。本书采用卢泰宏的观点。

第二节　品牌延伸的动因

企业运用品牌延伸策略的动因一般包括两个方面：一是为了新产品，二是为了母品牌。

一、基于新产品的品牌延伸动因

（一）利用母品牌优势

知名品牌是企业经过多年花巨额成本塑造出来的，是企业宝贵的无形资产，在市场竞争和影响消费者购买行为中，扮演着利器的角色。《财富》杂志调查结果显示：70%的消费者需要品牌来指导他们的购买决策，50% 或者更多的购买行为是品牌驱动的，25%的客户声称如果他们购买所忠诚的品牌，对价格的高低无所谓。利用得到认可的母品牌的知名度和美誉度，减少消费者的认知风险，提高新产品的使用率，这样企业可以减少销售成本，易于赢得消费者的信任和青睐，从而获取更多的收益。

（二）增加分销的可能性

渠道是产品营销的主要途径之一，零售商对新产品的采购非常谨慎，母品牌的知名度和美誉度是消费者尝试新产品的信心保证，零售商更乐于采购那些品牌延伸的产品。

（三）避免了新品牌的培育成本，提高了品牌传播的效率

新品牌的推广，不仅成本巨大，而且失败率也非常高。品牌延伸使得新旧产品都采用同一个品牌，从而不必专门为创造和推广新品牌而花费成本。并且，由于在母品牌下面导入了新的产品，使得在品牌传播费用相同的情况下，更多的产品受益，从而提高了

传播的效率。据估计，在全美市场推出一个全新品牌的产品需要 3 000 万～ 5 000 万美元，而运用品牌延伸策略可以节省 40% ～ 80% 的费用（周志民，2008）。

二、基于母品牌的品牌延伸动因

（一）维护消费者对母品牌的忠诚度

在品牌林立的时代里，“喜新厌旧”的消费心理，使得企业想维持消费者对品牌的忠诚变得越来越困难。通过品牌延伸推出新的产品线或其他相关的产品类别，为消费者提供更多的消费选择，借助消费者对该品牌其他产品的消费，维护其对母品牌的忠诚。

（二）挽救或激活母品牌

由于产品生命周期缩短，市场竞争环境的影响，母品牌面临市场萎缩或丢失的威胁。当原产品进入产品生命周期的成熟期或衰退期时，企业需要考虑引进新产品来延续品牌的生命力。品牌延伸战略可以维护、挽救和激活母品牌，延长母品牌的生命周期和影响力。

（三）提升品牌内涵

随着品牌延伸的深入，更多的产品加入到母品牌的旗下，使得母品牌增加了感性的内涵，并因为各产品的某种共性而使母品牌的内涵得以深化和明晰。成功的品牌延伸可以为母品牌注入新的元素，提升品牌的内涵。特别是那些容易与某一产品品牌产生强烈联系的品牌，通过品牌延伸可有效摆脱“品牌就是产品”的束缚，为品牌内涵的提炼奠定基础。

（四）提高母品牌的市场占有率

借助品牌延伸出来的新的产品项目或产品类别，母品牌的身影更多地出现在零售终端和各媒体的广告中，多元化的产品结构使得母品牌形象得以全方位和立体化地展示，提高了母品牌的曝光率，增加了消费者对母品牌实力的信心，从而使母品牌能够在竞争中占据较高的市场占有率。

第三节　品牌延伸决策

品牌延伸是企业重要的战略决策，关系到企业的生存与发展，由于品牌延伸是一把“双刃剑”，如何降低延伸风险，获取延伸带来的更大收益是品牌延伸中考虑的焦点，品牌延伸的决策就显得举足轻重。因此，企业在进行品牌延伸时，应遵循以下几个原则。

一、品牌延伸的原则

（一）审视企业自身情况

企业自身发展和母品牌的管理现状是品牌延伸的基础，品牌延伸需要企业整体管理工作的配合。

1. 企业是否能够很好地执行顾客导向战略

品牌资产价值的高低根源于消费者的认可度，品牌只有很好地满足消费者的需求才能获得消费者的认可，并建立起消费者与品牌之间的情感联系。

2. 企业各部门协调配合能力如何

品牌延伸是企业的一项系统工程，品牌延伸的成功实施需要企业各部门之间的有效配合。因此，品牌延伸的成功需要企业的营销部门、生产部门、售后服务部门、人事部门等各部门之间的协调与配合。

3. 企业内外信息沟通是否通畅

作为社会组织，企业的决策有赖于信息的沟通，信息直接影响着决策行为和效果。企业只有具有良好的信息沟通能力，才能有效地进行内部管理。品牌延伸是一项有风险的企业扩张行为，畅通的信息是企业与顾客进行沟通的桥梁，企业在及时了解顾客需求的基础上，把握市场的变化，了解竞争对手的情况，从而为品牌延伸的决策提供客观、科学的参考。

总之，对企业自身情况的审视是进行品牌延伸的基础，只有在全面了解企业自身的现状之后，企业才能有目的地、有针对性地实施品牌延伸战略。

（二）扫描宏观环境

企业是经济活动的基本单位，也是社会的一个功能组织，不可能脱离社会而存在，品牌延伸作为企业的一项行为也不例外。因而在品牌延伸过程中，企业要做宏观环境扫描，以了解政治法律因素、经济因素、社会文化因素、科学技术因素及产业结构的变化，分析品牌延伸存在的机会与威胁，为品牌延伸做好准备（丁桂兰，2008）。

（三）保持合适的延伸节奏

从消费心理学的角度看，顾客对产品的认知有一个心理接受的过程。品牌延伸要实现品牌伞效应（品牌延伸使新产品尽快进入市场，缩短导入期的“产品认知过程”），必须考虑消费者对于母品牌旗下延伸产品的心理接受过程。品牌延伸时，要保持合适的节奏，不可操之过急，否则容易引起消费者在原产品和新产品上出现认知的混淆，稀释母品牌的个性，损害母品牌已建立起来的品牌形象和声誉。

二、品牌延伸的步骤

品牌延伸对企业而言有利有弊，只有按照一定的步骤，有条不紊地开展延伸工作，才能够保证品牌延伸成功的概率。周志民（2008）结合凯勒、卡普菲勒等的观点，提出了品牌延伸的七大步骤，如图 6-1 所示。

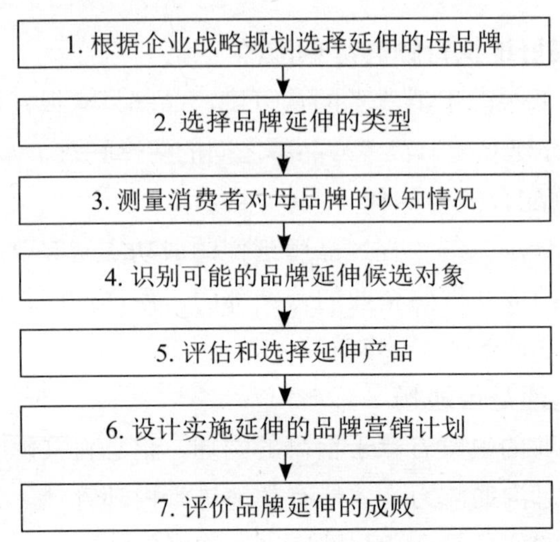

图 6-1　品牌延伸的步骤

资料来源：周志民．品牌管理 [M]．天津：南开大学出版社，2008: 223.

图 6-1 较清晰地表明了企业进行品牌延伸的操作步骤，为品牌主从事品牌延伸提供了参考。

三、品牌延伸决策模式

刘勇（2006）运用模糊层次法（FUZZY—AHP）对品牌延伸的决策进行了定量研究，构建了品牌延伸决策模式。从企业战略的高度，将品牌延伸的决策模式可以分为以下四种：①不考虑品牌延伸决策对原品牌的影响，仅考虑新品能否延伸成功；②不考虑品牌延伸决策对原品牌的影响，仅将品牌延伸策略和创立新品牌策略进行比较；③考虑到延伸对原品牌影响的品牌延伸战术性决策；④考虑到延伸对原品牌影响的品牌延伸战略性决策。对于每种决策模式都探讨了其约束条件并提出其决策流程图及判别依据。该文作者在品牌延伸机理的基础上，从核心品牌因素、延伸产品因素、内部环境因素和外部环境因素几方面，分析影响品牌延伸的因素，以及这些因素如何在品牌延伸过程中产生的影响，构建起影响品牌延伸的因素模型，搭建评价的指标体系。运用层次分析法（AHP）赋予各个指标的权重，并对各个指标进行评分以考察品牌延伸的可行性。通过层次分析法计算各层因子的权重指标，计算出底层因子直接对目标层品牌延伸成功率的权重指标。企业如果打算对某一产品进行品牌延伸，可以在对市场进行调查的基础上，对影响因素进行评价。评价可以采用专家打分法，评分为 10 分制，每个因素得出一个分值，利用构造好的权重系数求出延伸的成功率，对企业的品牌延伸提供决策参考。

第四节　品牌延伸评估

品牌延伸是企业重要的战略决策，延伸效果是管理者在延伸前和延伸后都十分关注的焦点。Aaker 和 Keller（1990）在其《消费者对品牌延伸的评价》一文中指出消费者的态度成为品牌延伸效果最为有效的测定指标，并构建了基于消费者认知的品牌延伸评估模型。在 A-K 模型中，以消费者态度来衡量延伸的成败。消费行为者的实际行为产生，都会先经过态度的产生。态度对于顾客行为有某种程度的决定能力。顾客的态度是指对于一个特定的对象，所学习到的持续性的反映倾向，这一倾向代表个人的偏好与厌恶，态度实质上是人们心目中评价系统的抽象表达。因此，Aaker 和 Keller 以延伸产品购买可能性（P）与延伸产品的质量评价（Q'）的均值来衡量顾客对品牌延伸的态度，即延伸的目标为：$Y=1/2(P+Q')$

A-K 模型认为，顾客对延伸产品的态度取决于 3 个因素，即原品牌的感知质量、原产品与延伸产品的关联性以及延伸产品的制造难度。

第一个变量是“原品牌的感知质量”，A-K 模型认为感知质量和消费者评价之间正相关关系：

假设 1：消费者感知的原品牌质量越高，消费者对延伸产品的接受程度越高，反之则越低。

Aaker 和 Keller 还认为原产品与延伸产品之间的关联性越高，那么消费者对延伸产品的评价就越正向。

假设 2：原产品与延伸产品关联性越强，消费者对品牌延伸评价越高，反之则越低。

假设 3：原产品与延伸产品关联性越强，原产品的高品质特征越容易惠及延伸产品，反之，这种惠及或波及效应将受到限制。

另外，消费者感知的延伸产品的制造难度，包括延伸产品的设计、制造两个方面，也影响着对延伸产品的评价。

假设 4：延伸产品设计、制造难度越大，消费者对品牌延伸评价越高，反之则越低。

以上 7 个变量均用 7 级量表进行度量，如制造难度，1= 极为容易，7= 极为困难。

在此基础上形成了 A-K 模式品牌延伸评估模型，如图 6-2 所示。

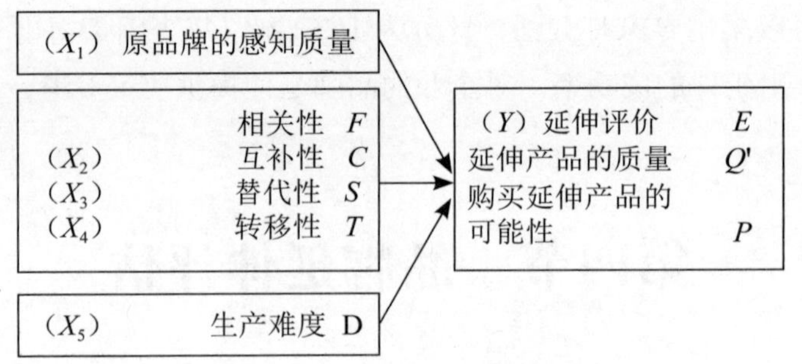

图 6-2 Aaker 和 Keller 的品牌延伸评估模型

资料来源：Aaker David A.,Kevin L.Keller.Consumer Evaluations of Brand Extensions.[J]Journal of Marketing,1990,54(January)：27-41.

若不考虑交叉效应，那么品牌延伸评估的主效应模型为：$Y=B_0+B_1X_1+B_2X_2+B_3X_3+B_4X_4+B_5X_5$。

第五节　文化符号与品牌延伸

品牌是用于指称特定产品或服务的具有一定内在含义的文化符号，品牌延伸就是母品牌的文化符号（品牌名称、标志、图案、口号等）全部或部分转移到新产品的过程。品牌符号中所包含的企业文化、品牌理念、产品品质等信息是消费者对延伸产品认知的线索和情感纽带，在品牌延伸中扮演着重要的角色。

符号是人类表象世界的基本方式，“人类似乎不得不为了表现它自己而寻找符号。事实上，表象就是符号。”因此，符号活动渗透于我们的生命活动之中。“当人类经验的某些部分涉及经验的其他部分，从而诱导出意识、信仰、情感和习俗时，人类的心灵从功能上说，是符号性的”（怀特海，1927）。以至于卡西尔提出：应当把人定义为符号的动物来取代把人定义为理性的动物。符号有多种多样，我们的世界里充满着符号。

符号是文化的产物，文化是人类的创造物，单个的人不可能独立地创造文化，因此所有的符号都是公共性的。正如不存在“私人语言”一样，也不可能有私人的符号。产品的公共性，正是源于其符号性。消费者通过消费某一产品，拥有其符号特征，实现其消费认同和社会身份识别的目的。

Aaker 和 Keller 指出消费者的态度成为品牌延伸效果最为有效的测定指标，也就意味着消费者的态度决定了品牌延伸的成败与否。正如怀特海所言，人类的心灵从功能上说，是符号性的。消费者对延伸产品的态度源于其对母品牌的文化符号（名称、标识、图案、色彩）以及该文化符号所蕴含的企业文化、核心理念产品品质等方面的认知，这种认知在消费者以往的消费经验中形成，并诱导出消费者对母品牌的意识、情感和忠诚。在此分析的基础上，我们可以得出一个基于文化符号的品牌延伸机制，如图 6-3 所示。

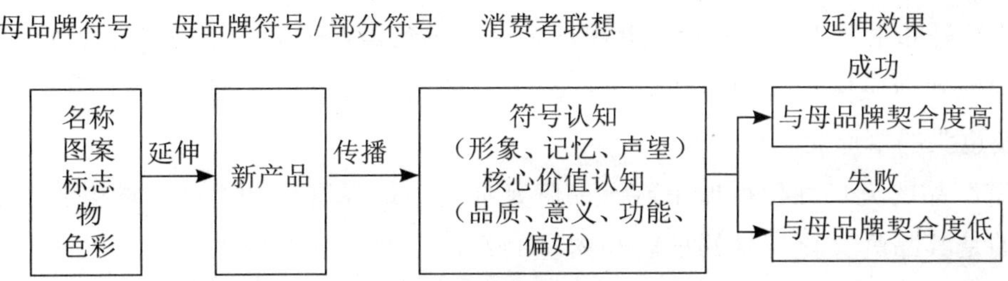

图 6-3 基于文化符号的品牌延伸机制

品牌符号学的解读表明，品牌是一个“三位一体”的文化符号，品牌概念必然要涉及企业的表达或消费者感受、企业名称和标志、企业及其产品 / 服务三个要素，分别对应皮尔斯符号学里的“解释”“媒介”“对象”。品牌既不是产品本身，也不是名称 / 标志，而是由企业名称 / 标志、产品 / 服务以及企业表达或消费者感受三个要素构成的有机整体。实施品牌延伸有一个前提，那就是母品牌已经在消费者中树立了知名度和美誉度，消费者通过消费经验的积累，同母品牌建立了情感和忠诚，消费者已经从对具体产品（大小、规格、用途）的认同上升到产品的象征物——符号（档次、品位、身份）的认同，企业赋予品牌的文化符号的内涵同消费者的感受达到一致或趋近。

从图 6-3 可以看出，品牌延伸就是将母品牌符号全部或部分转移到新产品上，通过传播，将延伸产品所蕴含的物理性特征和精神性特征传递给消费者；消费者以母品牌的文化符号要素为线索，根据以往消费经验，对延伸产品进行认知和评判；如果消费者认为延伸产品与母品牌在形象、品质、声望、功能、利益等方面契合度高，就会接受该延伸产品，表明品牌延伸获得成功；反之亦然。

第六节 城市旅游品牌延伸探析

一、城市文化符号与城市旅游品牌延伸

旅游是一项具有双重结构，即经济学外壳和文化学内涵的事业，文化是旅游活动的内涵、实质或目的。人是符号的动物，又是文化的产物。作为旅游主体，旅游者首先是一定文化的负载者，其身上烙有一定文化符号的印记。旅游体验的过程实质上也就是负有一定文化符号的旅游者前往异域文化和景观空间，搜寻、收集、解读目的地文化符号的过程。

每座城市在其历史发展进程中，为适应、改造、利用自然环境，人类都会根据城市

不同的地域特征塑造出具有鲜明个性的城市地域性文化。这种地域文化是城市历史的印记，也是城市旅游资源中最具吸引力的要素。“千差万别的城市文化，无不是以一种特有的文化符号叩击着人们的心扉，并表现为某种形象留在人们心中，给人以文化的感受：哈尔滨的俄罗斯风情，杭州的江南风韵，上海的海派时尚，北京的古朴之风，南京的民国建筑及包头的草原文化……”

旅游产品的无形性使得城市旅游品牌延伸与一般品牌延伸不同。城市旅游品牌的延伸主要的是其品牌文化符号的理念和内涵的延伸，涉及的领域主要是与旅游业相关性较强的产业或产品。

二、旅游品牌延伸

本书研究的对象指的是以市域范围内自然人文资源特色为基础提炼而成的该城市旅游品牌，在旅游业六大要素“吃、住、行、游、购、娱”中，作为核心要素，“游”与其他因素相比，在品牌延伸方面远远滞后，无论是理论研究还是实践探索，都与快速发展的旅游业步伐不相适应。这一现象在国内外都存在。笔者用关键词“旅游品牌延伸”在 Science Direct 和 EBSCO 进行搜索，只找到两篇相关的文章（截至 2010 年 9 月 20 日），Jones A.（2000）在文章中探讨了旅游吸引物品牌延伸的成功要素。Juergen Gnoth（2002）从国家的层面，研究了如何利用旅游目的地的品牌来撬动其出口产品的销售。国内通过 CNKI 搜索，只找到一篇（截至 2010 年 9 月 20 日），即朱红红的博士论文《旅游景区品牌延伸机制与应用研究》。可见旅游品牌延伸方面的研究和实践亟待加强。

三、国内外旅游品牌延伸实践的范例

旅游品牌的延伸是指旅游业领域内的品牌主借助其已建立的品牌地位，将原有品牌转移使用于新进入市场的其他产品（goods）或服务（service），实现以更少的营销成本占领更大的市场份额，增加母品牌资产价值的目的。

国外旅游品牌延伸比较成功的范例当属迪士尼。迪士尼以主题公园为支撑，向旅游者销售“欢乐制造场”的品牌理念，通过品牌延伸不断扩大迪士尼在世界范围内的知名度和美誉度，施行品牌的扩张。除了美国本 土的洛杉矶迪士尼乐园、奥兰多迪士尼世界外，先后在巴黎、东京、香港、上海等地建设迪士尼乐园，如今，全球各地每天都有超过 10 万名的游客在迪士尼主题公园里寻找欢乐。

在树立起品牌良好的形象和知名度之后，迪士尼开始进行品牌延伸。多年来，迪士尼公司一直坚持自己的品牌文化理念，即：创新，迪士尼一直坚持创新的传统；品质，保证迪士尼品牌的所有产品的质量，做到卓尔不凡；共享，迪士尼一直以积极和包容的态度创造娱乐，而且快乐可以被各代人所共享；故事，每一件迪士尼产品都会讲一个故事，以故事为载体和线索，给人们带来欢乐和启发；乐观，迪士尼娱乐体验总是向人们宣传希望、渴望和乐观坚定的决心；尊重，迪士尼尊重每一个人，迪士尼的乐趣是基于旅游者自己的体验。迪士尼品牌延伸中始终贯穿“制造欢乐”的品牌宗旨，利用主题文化和资本，开发系列产品，再以文化名义推向社会，产品由过去的动画片、主题公园等延伸至有线电视频道和节目、儿童教材、与动画有关的配套产品（音像制品等）、周边产品（服装、文具、背包等）、迪士尼品牌专卖店、广播业、电视业及网络公司等众多领域（朱红红，2009）。

品牌延伸促成迪士尼盈利方式多元化，为公司带来滚滚利润，到 1999 年，公司市值已由原来的 30 亿美元激增到 700 亿美元。迪士尼乐园在注重提升原有产品娱乐性和重复性的基础上，利用品牌延伸跳出景区限定的盈利模式，该公司的旅游品牌的延伸获得了巨大的成功。成功的延伸产品又反哺母品牌，增加了母品牌的利益增长点，进一步扩大了品牌在消费者中的吸引力，提升了品牌资产价值。迪士尼品牌在《商业周刊》(*Business Week*）和世界最权威的品牌评估机构之一 Inter Brand 评出的世界品牌价值 100 强中，一直位居前列，如表 6-1 所示。

表 6-1 2000—2008 年迪士尼品牌价值表

年份	品牌价值 / 美元	名次
2000	335.53	8
2001	325.91	7
2002	292.56	7
2003	280.36	7
2004	271.13	6
2005	264.41	7
2006	278.48	8
2007	292.10	9
2008	292.51	9

资料来源：baike.baidu.com/view/17085.htm，2010-10-20.

国内旅游品牌延伸的范例以少林景区为代表。20 世纪 80 年代，一部《少林寺》的电影作品使少林武术声名远播，享誉海内外，令“少林”成为世人皆知的中国著名文化旅游品牌之一。少林品牌知名度树立之后，嵩山少林景区以少林文化为底蕴不断做大“少林旅游”蛋糕。经过多年发展，少林寺形成“佛”“寺”“僧”“慈”“禅”“武”“艺”“刊”共 8 个方面的品牌组合，产业包括禅露杂志社、少林影视公司、少林书画院、少林寺武僧团等，并陆续推出“少林素饼”“少林点心”系列少林食品、少林寺网站推出“武林秘籍”“少林药局”全球招收少林弟子、武僧在世界各地上演“少林武术”“传统武术节”“少林归宗大典”、打造中国第一家数字化寺院等，少林品牌影响力不断扩大（朱红红，2009）。此外，还有少林书屋、少林禅茶、少林修禅服饰和兵器、少林禅宗音乐等，少林景区母品牌的延伸范围和力度在国内堪称第一。

四、城市旅游品牌延伸的困境

城市旅游作为旅游的一种形式，是指以城市为载体，以城市各种资源为旅游吸引物而开展的旅游活动。与一般景区相比，城市旅游具有其自身的特殊性和复杂性，这也为城市旅游品牌的延伸带来困难。城市旅游品牌延伸的困境主要表现为以下几个方面。

（一）旅游业自身的复杂性

旅游业是一个服务性、关联性强的产业，涉及诸多行业，单个的产品生产者或供给者无法为旅游者的旅行体验负责，容易形成各自为政的局面。一旦旅游品牌的管理出现问题，城市范围内来自第一产业和第二产业的制造者们，就不会借助该城市旅游品牌作为展示自己产品的平台，也就缺乏协助维护城市旅游品牌的动力。

（二）行业间的协调

旅游体验涉及“吃、住、行、游、购、娱”六个要素，单一的行业或部门无法为旅游者提供完整的体验。这就要求城市旅游品牌延伸需要高水准的品牌特性控制、行业间的沟通与管理。行业间的协调成为旅游品牌延伸工作的重大挑战。

（三）旅游者体验与其他行业产品的关联

旅游者开展城市旅游的目的是将城市作为一个旅游目的地，满足其旅游需求，实现旅游动机，而旅游者的动机之中没有或很少是主动了解该市其他行业所生产的产品。因此，如何将旅游者在该市的旅游体验中所形成的旅游品牌特性认知与具体的产品结合起来，成为城市旅游品牌延伸的重大课题。

（四）品牌延伸的命名

一般景区的范围有限，可以直接将母品牌的品牌要素全部或部分地转移到延伸产品身上。但城市的空间范围较一般景区大，尤其是在这一空间范围里，存在着大量的行业，城市旅游品牌的延伸不可能向一般的景区那样，很容易地将母品牌的品牌要素部分或全部转移到延伸产品中去。

鉴于以上论述的城市旅游品牌延伸所面临的困境，作者认为不能像传统的品牌延伸那样实施城市旅游品牌的延伸。城市旅游品牌的延伸是品牌文化理念的延伸，即通过旅游者的体验所形成的旅游品牌的良好印象，发挥旅游品牌的杠杆作用，形成“爱屋及乌”的心理效应，使旅游者在今后的消费中，凭借旅游品牌符号的情感纽带，撬动该市作为生产地的产品的销售。

五、城市旅游品牌延伸的机制

城市旅游品牌的延伸，是以该地自然资源和人文资源禀赋的基础上，提炼出能够代表与该地紧密相连的独特旅游体验的旅游品牌；旅游者以自己对目的地间接认知为基础，结合在目的地旅游服务中的体验，与自身的期望相比较，得出对目的地旅游品牌的评价，并形成对目的地旅游品牌的态度，该态度又会影响到今后旅游者对目的地为生产地的产品的购买抉择。

从图 6-4 中可以看出，城市旅游品牌的延伸主要是基于旅游者对城市旅游品牌文化符号中的符号性、体验性和功能性三个方面的认知，通过服务带来的旅游体验，旅游者形成对城市旅游品牌的评价，在评价的基础上形成对旅游品牌的态度，通过旅游者对旅游体验的美好回忆，实现情感转移，从而影响其对该地所生产产品的购买抉择。城市旅游品牌的延伸与传统的品牌延伸不同，其主要是品牌文化内涵和理念的延伸，即借助母品牌的知名度和美誉度，实现提高城市作为生产地的其他产品销售量和市场占有率的目的。

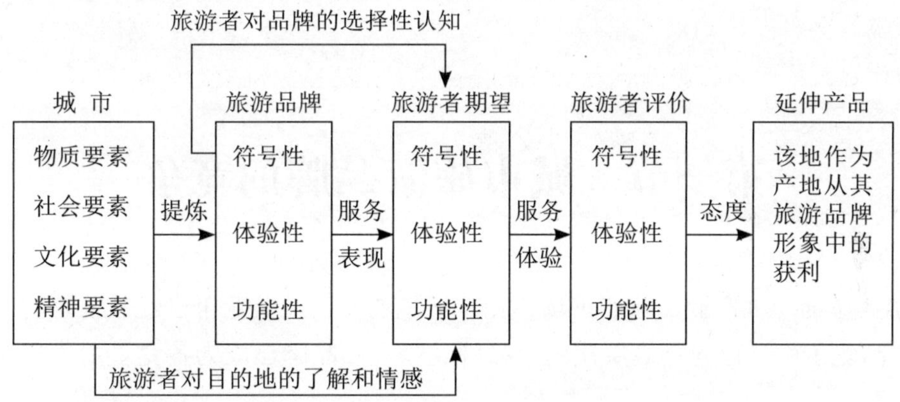

图 6-4　城市旅游品牌延伸机制

第七章　城市旅游品牌的竞争与合作

品牌从其起源、诸多定义可以看出，品牌的原始功能是为竞争服务的，是企业竞争的有力武器。

第一节　城市旅游品牌的竞争

旅游业作为一种产业，随着市场和竞争环境的变化，其竞争已经从传统的“资源竞争”“产品竞争”，迈向更高层次的“品牌竞争”，品牌已成为各竞争主体争夺客源和市场的利器。

一、概念和内涵

城市旅游品牌是品牌的一种，其品牌竞争的概念是一般品牌竞争的概念具体化，可以将其定义为：城市旅游品牌的竞争是指，以城市为单位的旅游市场的竞争主体，以品牌为手段所实施的全方位竞争，以实现挤压竞争对手的品牌，提高市场占有率和获取更大利润的目的。

由于品牌竞争是旅游企业整体资源的运用和整体实力的体现，因此，品牌竞争的内涵十分宽泛，主要包括：

（1）产品的竞争

产品竞争是品牌竞争的基础，品牌是企业核心理念的象征符号，其特色、价值、利益、个性和文化等只有通过具体产品表现出来，旅游者通过品牌旗下产品的消费，来认知和了解品牌，形成对品牌的态度。城市旅游产品要充分挖掘城市空间内自然和人文资源，突出文化性和体验性，设计开发各种产品，以满足不同动机旅游者的需求，提高城市旅游品牌的知晓度和影响力。

（2）人才的竞争

人才是企业宝贵的财富，是企业发展壮大的源泉，也是品牌竞争力的核心。品牌竞争实质上就是企业之间人才的竞争，人才培养、储备、配置等直接影响到企业品牌的竞争力。城市旅游管理者、经营者应具有人才的大局观，从本市旅游业的发展需求出发，拟定合理的人才培养、引进、配置和使用计划，为本市旅游业的长期可持续发展奠定人力资源的基础。

（3）科技的竞争

科技是第一生产力。品牌的科技优势决定了产品质量的优劣和品牌在市场中的地位，掌握具有自主知识产权的核心技术是企业建立市场地位，防御竞争对手入侵，控制市场主动权的有效手段。迪士尼之所以在主题公园领域保持“龙头”地位，与其始终坚持以科技创新的品牌理念密不可分。随着人们环保意识的增强，在低碳经济的时代背景下，低碳旅游的理念也逐渐为旅游者所接受，旅游产品的科技含量日益提高，科技已成为旅游业可持续发展的重要保障。

（4）信息的竞争

随着互联网技术的发展与成熟，人类迈入信息时代，信息成为企业与外界沟通的桥梁。有关宏观经济政策、竞争对手、市场、旅游者等信息是旅游管理者进行分析和决策的重要依据，在一定程度上，旅游品牌的竞争就是信息的竞争。

（5）服务的竞争

旅游产品的无形性、异地性和不可移动性等，决定了服务在旅游业竞争中重要的地位。旅游者对目的地品牌价值的感知主要是通过旅游服务获得的，旅游者旅游体验质量的高低与服务质量直接相关，旅游业从业人员服务质量也决定了旅游者对旅游品牌的评价。服务质量是旅游业的生命力，城市旅游不仅需要特色的旅游产品，更需要高质量的旅游服务。因此，要从城市的全局出发，在涉及吃、住、行、游、购、娱等各个行业里树立服务意识，以优质的服务提高旅游者的旅游体验质量，维护城市旅游品牌的形象。

（6）营销的竞争

传统的市场营销是以“销售产品”为导向，营销的核心在于如何扩大市场份额，拉动利润增长；现代市场营销已经突破了传统的界限，将市场营销扩展到更大的范围，例如顾客关系、渠道建设、营销联盟、管理信息系统等，营销的核心也转变为如何提升品牌的价值，在企业运营中，营销竞争成为品牌竞争的主要推动力。就城市旅游而言，应采取整体营销策略，综合运用各种营销手段，向旅游者推介富有独特体验的旅游产品，传播城市旅游品牌文化核心价值和独特利益。

二、城市旅游品牌的竞争力

（一）竞争力

竞争力又称“国际竞争力”，迄今仍未有一个明确的定义。国际竞争力包括产品竞争力、企业竞争力、产业竞争力、国家（地区）竞争力等。

Scott 和 Loge（1985）认为国家竞争力是指一个国家在国际贸易中创造、生产、分销产品或服务，且为本国资源赢得不断上升回报的能力。《世纪经济论坛》1985 年在《关于竞争力的报告》中提出，国际竞争力是企业主在目前和未来在各自的环境中以比它们国内和国外的竞争者更有吸引力的价格和质量来进行设计生产并销售货物以及提供服务的能力和机会。Newall（1992）认为竞争力是有关生产和提供更多、更优产品或服务，并成功销售给国内外消费者，从而导致能够为处于劣势地位的地区和人们赢得高薪工作、为公共服务和支持修建基础设施带来充足的资源。换言之，竞争力所指的直接命题是一个国家的经济能够为我们的子孙后代提供高水平和不断改善的生活。经济合作与发展组织（OECD,1994）指出：竞争力是一个国家在自由公平的市场环境下，其生产的产品或所提供的服务，能够长期接受国际市场的检验，同时维持和提高本国人民的实际收入的程度。1994 年的《国际竞争力报告》中将国际竞争力定义为：一国或一公司在世界市场上均衡地生产出比竞争对手更多财富的能力。

（二）品牌竞争力

品牌竞争力是企业综合实力的体现，正如竞争力概念难以界定一样，目前关于品牌竞争力的定义也是众说纷纭。本书在前人研究成果的基础上，将其定义为：品牌竞争力是指企业通过对资源的有效配置和使用，形成区别或领先于其他竞争对手的，能够实现企业持续赢利，并获取超额利润的独特能力。品牌竞争力主要表现为：品牌的核心力、市场力、忠诚力、辐射力、创新力、生命力、文化力和领导力，从核心力向领导力依次延伸递进。

（三）品牌竞争力的特征

品牌竞争力不是一个单一的能力而是一种集合的能力。它是产品、服务、企业文化以及外部环境等创造出的不同能力的集成组合。品牌竞争力具有以下几个方面的特征：

（1）能力比较性

品牌竞争力是以企业之间的品牌竞争比较为前提，品牌竞争力是品牌主的品牌在竞争过程中表现出来的比较能力，如成本、产品的质量、价格、市场占有率以及人力资本、经营管理等。其中，企业文化是品牌竞争力“软实力”的重要构成部分。

（2）目的利益性

品牌竞争最直接的目的是争取更多的顾客，占据更大的市场份额，以实现再生产的高效循环，其最根本的目的是利润的获取。强势的品牌竞争力，很容易利用母品牌在消费者心目中的美誉度和忠诚度进行品牌延伸，吸引忠实消费者的跟随，从而扩大市场的占有率，取得更多的利润。

（3）竞争动态性

品牌竞争力的强弱不是绝对的、持久的，会随着市场结构和竞争行为的变化而变化。因此，品牌的优势和劣势是相对的，可以发生相互转化。

（4）形成过程性

品牌竞争力的培育和建立以及竞争能力的消长是一个形成过程，需要一定的时间，它是企业对其资源有效配置的结果，并且受到企业的文化观、价值观等各方面因素的影响。

（5）资源整合性

品牌竞争力是企业资源配置的产物，也是企业运作系统和品牌管理系统整合的产物，缺少任何一种必要的资源或者系统中某一环节整合不佳，都会影响品牌竞争力的培育和建立。

（6）难以模仿性

由于品牌竞争力是在品牌成长、发展过程中长期培育和积淀而成，充满了潜在的经验和智能，是品牌特有的资源、技能、组织、知识、管理、文化的整合，与企业的发展模式、企业文化等要素密切相关，而这些要素对每个企业来说是不相同的。因此，不同的企业的品牌竞争力的发展有其自身的轨迹，具有在较长时间内难以被竞争对手模仿和替代的能力特性。

（7）激励性

企业强势品牌竞争力的构建过程，也是一个名牌化的过程。在这个过程中，企业通过品牌来传达公司的价值和公司的文化，使员工们伴随着品牌竞争力的构建而一起成长，使之成为公司品牌竞争力的一部分。这样从企业内部来说，可以激励员工更加以主人公的态度奋力工作；在企业外部，可以形成良好的市场影响力，影响消费者。

（8）价值性

品牌竞争力的价值性是指品牌能够为顾客带来长期性的且被顾客看重的价值，能够满足顾客在心理和精神层面上的消费需求。该价值在满足顾客需求的同时，又反哺品牌，提升品牌的竞争力。

（四）城市旅游品牌竞争力的概念与层次

城市旅游品牌竞争力是指以城市为单元的旅游业竞争主体，通过对城市空间范围内资源的有效配置和使用，形成区别或领先于其他竞争对手的，能够实现城市旅游业持续赢利独特能力。

从上述定义中，我们可以看出：①城市旅游品牌竞争力不是指单个的旅游企业的竞争力，而是以城市为单元的，其目的地整体性旅游品牌的竞争力。②城市旅游竞争力以该市空间内自然和人文资源为基础，以城市地域特色文化为核心，通过具体的产品和服务，为旅游者带来独特旅游体验，从而赢得旅游者的认同与忠诚。③城市旅游品牌竞争力是指该市旅游品牌相对于其他城市所表现出来的比较优势，该比较优势可以是资源的、产品的、服务的，也可以是技术的、管理的、创意的。其中，城市特色文化是城市旅游品牌核心竞争力的源泉。④城市旅游品牌竞争力核心是具有区别或领先对手的，能够实现城市旅游业持续赢利的能力。

品牌竞争力的层次可以分为产品层次的品牌竞争力、企业层次的品牌竞争力、产业层次的品牌竞争力和国家层次的品牌竞争力。本书研究的对象是城市旅游品牌竞争力，指的是在旅游业领域不同城市的旅游品牌之间产生的竞争差异，其竞争范围可以是在一个地区（省内外）、一个国家范围内展开，也可以在全球范围内进行。

三、城市旅游品牌竞争力分析

旅游业是为旅游者提供旅游体验和服务的，因此，要素条件成为目的地吸引力的重要决定因素。城市旅游品牌竞争力要均衡分析，既要考虑城市旅游品牌比较优势中的基本要素，也要考虑其竞争优势中的更高层面的要素。

（一）城市旅游品牌竞争力的比较优势

比较优势指的是目的地资源禀赋，包括自然的和人工的。波特（1990）将其划分为五大类：人力资源、物质资源、知识资源、资本资源、基础设施。就旅游业而言，其比较优势的决定因素还应加上历史文化资源。目的地比较优势决定因素构成部分中的资源要素，可以分为两类：可再生资源和不可再生资源。对目的地来讲，资源的有效管理十分重要。因此，为了维护旅游目的地长期的竞争力，城市作为现代旅游业发展的主要地域单元，应制定相关战略，以保障人力资源的教育与培训、自然物质资源的保护和妥善利用、知识资源的传播和宣传、资本资源的投资与增长、历史文化资源的保护与开发、旅游业基础设施的建设与维护等工作的顺利开展。

（二）城市旅游品牌竞争力的竞争优势

旅游目的地竞争力比较优势是由该地的资源禀赋构成，其竞争优势则是与该地如何长期、有效利用该地资源的能力相关。拥有丰富资源的目的地不一定比资源禀赋差但却能够有效利用有限资源的目的地竞争力强。这意味着，一个目的地具有旅游意识，各利益相关者都持相同的态度，能够认识到该地开发旅游业的优势与不足，制定合理的营销策略并有效实施，那么，它就比那些对旅游业在经济社会中发挥的作用未能足够重视的目的地更具竞争力。

从国家层面上比较，俄罗斯拥有丰富的物质、历史、文化资源，但缺乏人力、知识、资本资源以及将旅游资源推向市场的旅游设施。与俄罗斯相比，新加坡的自然、历史、文化资源处于劣势，但其在旅游产品开发方面的能力却胜过俄罗斯，即新加坡能够更有效地利用其竞争优势。最显著地表现在，新加坡作为旅游目的地，其接待业和航空业的服务，安全、洁净、好客的氛围等深受旅游者赞誉。新加坡的旅游企业值得旅游者信赖，就价值而言，其旅游产品的价格更具竞争力。新加坡和俄罗斯两国拥有不同的要素组合（比较优势），这只能在某种程度上解释目的地的竞争力的高低。而竞争优势则能进一步说明，目的地对资源配置的差异，即目的地选择何地、以何种方式调动其比较优势，对目的地竞争力所产生的影响。 因此，城市资源的禀赋是城市开展旅游业的基础，但其竞争力的高低与城市旅游管理者、旅游企业、利益相关者等的理念密切相连。城市旅游品牌的竞争力取决于其资源禀赋和该市对资源有效利用的能力。

四、文化符号与城市旅游品牌竞争力

城市旅游品牌是城市核心旅游资源提炼而成的用于识别和区分的名称、标识或图案等文化符号，符号是品牌最直观的表现，对品牌竞争力的分析也应该从其符号入手。

（一）基于符号的城市旅游品牌“本体论”认知

Davidson（1997） 提出了“品牌的冰山”理论：品牌的可见部分和不可见部分可以用一个漂浮的冰山来形容，标识、名称等可见的部分大约占品牌内涵的15%，而价值观、智慧和文化等不可见部分大约占品牌内涵的85%。随着社会经济的发展，人们对品牌认知的逐渐深入，对品牌概念的理解经历了一个演变的过程：从第一阶段的“标识论”，到第二阶段的“象征论”，再到第三阶段的“本体论”，反映了人类社会进步和经济发展中品牌的作用日益突出并逐步与产品分离的过程。在现代品牌经济的时代背景下，品牌理论已经发展到“符号论”或“本体论”阶段，为研究品牌竞争力提供了一个崭新的视角。蒋璟萍（2010）认为，“品牌本体论”是对品牌的一种新的认识和理解，是对品牌概念及其地位的一种新的诠释，它使人们对品牌的研究由一般的管理学上升到管理哲学的高度。“品牌本体论”有关品牌的认知主要体现在以下三个方面：

1. 品牌的“使用价值”到“符号价值”的转变

消费的二重性包括自然属性和社会属性，其自然属性指的是消费者所需产品的实用功能或使用价值；其社会属性则是指消费者需要从消费对象中所获得的文化功能或符号价值。在消费社会中，随着物质财富的日益丰富，消费者作为符号的动物，其关注的焦点已经从“物”的使用价值转向“物”的符号价值。与此相对应，品牌的价值也发生了从“使用价值”向“符号价值”的转变。“在这种情况下，品牌所表现的主要是一种形象或者符号，即一种文化的意义或价值。符号价值是新的消费文化学的核心内容，它指物或商品在被作为一个符号进行消费时，是按其所代表的社会地位、权力等因素来计算的，而不是根据其成本或劳动价值来计价的”（蒋璟萍，2010）。符号价值体现了消费者中，“我者”与“他者”的区分，以及“我”与“我们”的消费认同。在消费社会里，人们不是被“物”所包围，而是被“符号”所包围，“由被物所役转变为被符号所役。”当人们由满足物的需求走向追求符号意义的消费时，也就完成了从拜物教向符号崇拜的转变。

2. 品牌的“功能制造”到“意义制造”的转变

为满足消费者对产品符号价值的需求，现代企业的生产和经营业发生了转变。从原来侧重于技术因素，以技术提高产品的质量，转变为在确保质量的前提下，更加重视产品的文化因素，以文化塑造品牌，即从“功能制造”向“意义制造”转变（蒋璟萍，2010）。在消费社会中，产品的功能性与意义性相比，已经退居次要地位，消费者所追逐的是建立在产品功能性基础之上的品牌的符号意义，产品只是体现该符号意义的物质载体。

3.“品牌信号”到“品牌主体”的转变

在工业社会里，生产者和消费者关注的是产品的功能和质量，产品是主体，品牌只是所表征的对象——产品的附属物，是产品的功能和质量的标识或信号；当人类迈入消费社会之后，消费者和生产者（在消费者消费观念发生变化的影响下）的关注聚焦在产品的符号意义上，产品与品牌的关系发生了变化：品牌成为主体，产品变成品牌的附属物，成为品牌符号的物质载体。

城市旅游品牌是城市旅游管理者和经营者以城市区域内独特的自然、人文资源为核心提炼而成的文化符号，该文化符号以城市社会、经济、文化、环境、设施等为基础条件塑造而成，用于代表其自身及产品/服务特征的，便于并促进旅游者对其感知的由名称、标志等组成的符号系统，其目的是传达与该地独特相关的地域文化和某种特定旅游体验承诺，从而影响旅游者目的地选择的行为。由于旅游产品的无形性和服务性，城市旅游品牌与符号价值和意义制造有着天然的联系。旅游业从“大众旅游”向“个性化旅游”的转变是对其很好的诠释。

例如，太空旅游是一种新的旅游产品，始于2001年4月30日。太空旅游是基于人们遨游太空的理想，到太空去旅游，给人提供一种前所未有的体验，最新奇和最为刺激人的是可以观赏太空旖旎的风光，同时还可以享受失重的味道。而这两种体验只有太空中才能享受到，可以说，此景只有天上有。迄今为止，已有三位富豪成为太空游客。真正意义上的太空旅游轨道飞行旅游，每张票价约为2 000万美元，这种价格非一般旅游者所能够承受。太空旅游者除了获得独特的旅游体验之外，更重要的是追逐该旅游产品品牌符号的意义：①“我者”与“他者”的区别，即“我”与其他旅游者身份、地位的差异；②“我者”与“我们”的消费认同，即通过太空旅游，“我”找到了与“我”持有相同生活观、品位和追求的“我们”，实现了自身的社会归属。

蒋璟萍（2010）构建了一个“品牌本体论”球状图形，指出品牌的主体部分是具有特殊意义和价值的符号，该符号主要包括理念、形象和契约等内容，在球形中占主体地位，并且还在不断地扩张；同时，品牌的“信号”功能，却只占球形中很小的部分，并且在不断地缩小，如图 7-1 所示。品牌本体论是品牌发展的最高阶段，在这一形态中，品牌已经成为一种“本体”主要发挥“符号”的作用。

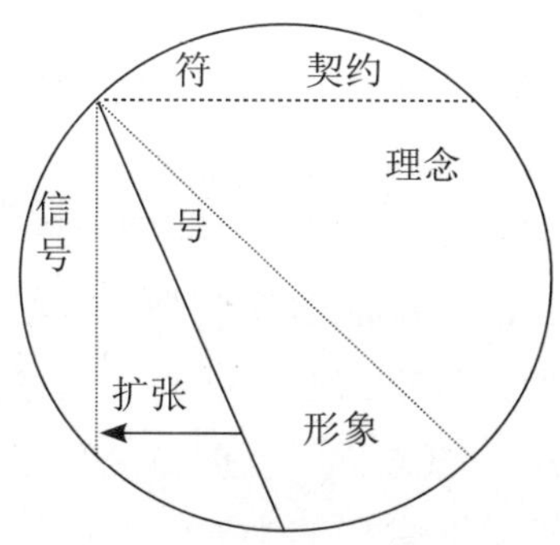

图 7-1　品牌本体论图形

资料来源：蒋璟萍．品牌本体论视角中的品牌竞争力 [J]. 中南大学学报（社会科学版），2010: 77.

根据皮尔斯的符号学理论，符号是一个由“媒介”“对象”“解释”三个要素构成的“三位一体”。城市旅游品牌既不是产品本身，也不是名称 / 标志，而是由产品、名称 / 标志以及城市旅游管理者和经营者表达或旅游者认知三个要素共同构成的一个有机的整体性文化符号。在体验经济时代，城市旅游品牌应从其文化符号本体论的角度去认知，如图 7-2 所示。

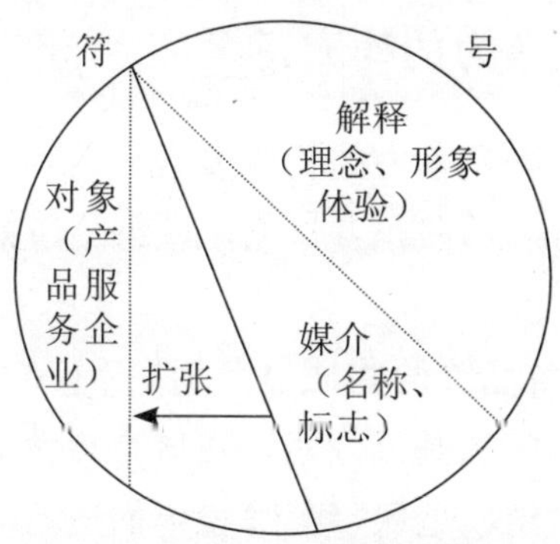

图 7-2　基于文化符号的城市旅游品牌本体论图形

消费社会中的消费观使得旅游者关注的焦点由某个具体的旅游产品，转向该产品的品牌符号意义。所以，就城市旅游品牌而言，品牌的主体部分是该品牌符号中的“解释”和“媒介”。其中，“解释”反映了城市作为旅游目的地所想表达的品牌理念、价值、体验等。同时，“解释”也是旅游者对城市旅游品牌的认知。“媒介”包括品牌的名称、标志、图案、色彩、宣传口号等要素，是城市传递品牌信息，旅游者了解品牌特性的桥梁。“解释”和“媒介”两个要素在球形中占主体地位，并随着品牌的传播不断地扩张。“对象”则是指旅游企业及其产品或服务。

在上述球形图中，“对象”已经处于附属地位，而且还在不断缩小其范围。城市旅游品牌的竞争力主要表现为“解释”项的契合度，即城市旅游管理者和经营者通过其品牌符号向旅游者所表达和传递的城市文化特色、独特旅游体验和价值，与旅游者对目的地体验所获得的"解释"是否趋近或一致，城市旅游品牌所承诺的价值与旅游者切身体验所得到的价值之间的契合度越高，那么其品牌竞争力就越强。

在"文化牵引经济"的时代，为了保证城市旅游管理者和经营者与旅游者之间的两种"解释"具有高契合度，城市旅游的竞争要注重"软实力"的较量，即培育文化竞争力。主要体现在：①发掘城市独特的文化要素，并提炼成具有鲜明地方特征的文化符号，反映在旅游品牌之中；②城市旅游品牌的管理者要具备相关的品牌管理知识，对城市旅游业的发展具有深刻的认识，保证城市旅游发展的正确方向；③旅游企业的经营者要具备市场经营知识，通过产品和服务的竞争，维护和提升品牌形象，提高市场占有率和竞争力；④旅游业一般从业人员要具备良好的为旅游者提供服务的知识和技能，以优质的服务为旅游者带来高质量的旅游体验；⑤城市市民要注重自身文化素养的熏陶，以好客、友善等积极的态度，维护城市形象，提高旅游者对目的地的好感度。

五、城市旅游品牌竞争力的评价

品牌竞争力是旅游战略管理理论和品牌理论问题的研究热点之一，通过量化的指标体系和科学的评价方法，对城市旅游品牌的竞争力进行评价，可以帮助城市旅游的管理者和经营者准确地判断自身品牌的竞争力，并据此作出及时准确的决策。

（一）城市旅游品牌竞争力的构成要素

蒋璟萍（2009）分析了品牌竞争力的构成要素。在其研究成果的基础上，结合城市旅游品牌的行业和自身的特性，本书作者认为，城市旅游品牌的竞争力可包含以下三个要素。

1. 基础要素——城市旅游品牌的物质竞争力

物质竞争力是城市旅游品牌的基础因素，在城市旅游品牌竞争力的静态结构中，物质竞争力发挥着基础支持性作用，是保障品牌稳定的基石。传统的品牌竞争力，主要表现为物质竞争力，以及通过物质竞争力所形成的市场竞争力。品牌的物质竞争力是由资源、技术、质量和差异构成的，这四个要素对于品牌竞争力的形成，具有重要的影响。

（1）资源

城市空间范围内的自然和人文资源是城市旅游发展的基础，也是形成城市旅游品牌特色和号召力的前提。城市旅游品牌就是对该地资源特质的提炼和升华，用适当的文化符号进行表现的产物。这里的资源除了用于旅游开发的对象之外，还应包括城市的人力资源、旅游业从业人员的理念和服务技能也直接影响到该地旅游品牌的声誉和形象。

（2）技术

随着生产力的发展，科技的进步，技术在旅游业中的地位和作用也日益凸显，旅游业中的科技含量也在不断加大。在低碳经济的时代背景下，技术成为城市旅游品牌及其价值创建的前提，也是品牌竞争力形成的基础。城市旅游品牌只有通过技术进步和创新，开发出技术含量高、差异性大、体验性强的旅游产品，才能满足旅游者的需求，从而增强自身旅游品牌的竞争力。同时，在全球环境因素的影响下，城市旅游品牌只有走科技之路，才能保持城市旅游的可持续发展。

（3）质量

美国通用电气公司董事长约翰·韦尔奇（John Welch）曾指出：质量是维护顾客忠诚度最好的保证，是我们对付国外竞争的武器，是我们保持增长和盈利的唯一途径。旅游产品和服务的质量是旅游品牌竞争的基础，是旅游者形成品牌联想和忠诚的情感纽带。在日趋激烈的旅游市场竞争中，卓越的旅游产品和服务质量是赢得品牌美誉度的关键，在竞争中形成品牌的比较优势。优质的产品和服务能够为旅游者带来持久收益和超额收益，提高旅游者的体验质量，从而维护城市旅游品牌在市场上的领先地位，维持并提高该品牌产品的市场占有率。

（4）差异

品牌的基本功能就是“识别”，即与其竞争对手的差异性。品牌的差异性表现为以下三种基本类型。

①产品差异。产品是品牌的载体，反映了品牌的个性特征和形象，产品质量是其差异性的核心。在旅游者的需求日益个性化的时代，旅游产品的差异化是竞争的主要手段，也是引发旅游者对品牌产生兴趣、关注、好感、认同的基础。目前，城市旅游的开发中普遍存在项目跟风、产品雷同的现象。城市旅游品牌要想在市场的竞争中脱颖而出，必须注重产品的差异化，结合自身旅游资源中城市文化特色和旅游者的心理需求，在产品和项目的规划、策划中体现与众不同的个性文化特征。

②服务差异。旅游业的无形性和体验性决定了服务在旅游品牌管理中的重要地位。服务质量的优劣直接关系到旅游者的旅游体验质量的高低，影响旅游者对目的地旅游品牌的评价。因此，城市旅游品牌的管理中，要注重旅游从业人员服务意识的培养、服务技能的训练，以优质的服务为旅游者提供高质而独特的体验，增强旅游品牌的竞争力。

③形象差异。城市旅游形象是指在一定时期和特定环境下，旅游者对城市的各种感知印象、看法、感情和认识的综合体现。城市旅游形象包括品牌知识、品牌文化以及旅游者对旅游品牌的态度等。品牌形象差异就是通过塑造与竞争对手不同的品牌形象来获得竞争比较优势。品牌形象是旅游者认知、了解、接受目的地旅游的平台，也是旅游者形成对城市作为旅游目的地忠诚度的情感纽带。具有鲜明地域特征的城市文化是形成城市旅游品牌形象差异性的基础，能够影响旅游者的购买心理、态度、情感以及促成购买动机，深度制造品牌差异优势。

2. 主导要素——城市旅游品牌的文化竞争力

（1）城市旅游品牌文化的要素构成

文化是旅游之魂，文化竞争力是影响城市旅游品牌竞争力的重要因素，在城市旅游品牌竞争力的形成和发展中发挥主导作用。城市旅游品牌的文化竞争力主要是由理念、形象和人格化三个方面构成，目的是以品牌理念塑造品牌形象，并通过品牌人格化加深对旅游者的亲和力和影响力。品牌文化结构包括品牌精神文化、品牌物质文化和品牌行为文化三部分。品牌精神文化是品牌文化的核心，是品牌在市场营销中形成的一种意识形态和文化观念，包括品牌精神、品牌愿景、品牌伦理道德、价值观和目标等。品牌的物质文化是品牌的表层文化，包括产品特质（产品功能和品质特征）和符号集成（如品牌名称、标识、颜色、气味等）两方面。品牌行为文化是品牌营销活动中的文化表现，包括营销行为、传播行为和个人行为等，是价值观、企业理念的动态表现。

（2）城市旅游品牌文化的层次模型

蒋璟萍（2009）将品牌文化分为三个层次：外层的品牌物质文化、内层的品牌行为文化和核心层的品牌理念文化。认为这三个层次可以看做三个同心圆围绕着一个中心点，共同构成品牌文化的内容，如图 7-3 所示。

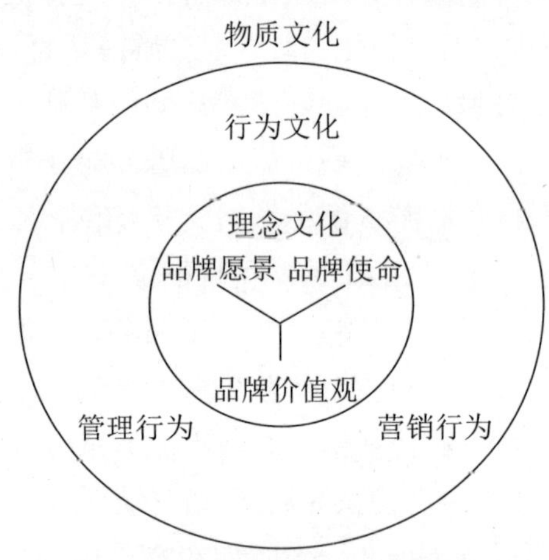

图 7-3 品牌文化结构层次模型

资料来源：蒋璟萍．新经济时代品牌理论 [M]．北京：中国社会科学出版社，2009：104.

其中，品牌物质文化是品牌文化思想的实物体现，企业通过产品、设计、包装、品牌名称、吉祥物、商标等方面体现品牌文化的思想和品牌价值观。品牌行为文化是品牌管理、传播、营销过程中所展现的文化，包括管理行为文化与营销行为文化，目的是树立良好的品牌形象。品牌理念文化是品牌文化的核心，它是有关品牌精神和品牌价值观方面的内容，决定了品牌的性质。品牌理念文化对企业品牌行为起着指导和制约作用，而对消费者而言则是发挥其引导的作用。

就城市旅游品牌而言，其品牌文化也是由品牌物质文化、品牌行为文化和品牌精神文化三个层次构成。其中，品牌的精神文化是城市旅游品牌的核心，表达和传递了品牌的理念和价值观；物质文化是城市旅游品牌的表现载体，即其符号的表征，包括品牌的名称、图案、色彩、标识物、口号等，是旅游者认知和了解品牌的桥梁；行为文化则是指城市旅游品牌的管理和市场传播和营销等行为中所表现和传递的品牌理念。城市旅游品牌的三个构成层次是“三位一体”的，缺一不可。品牌的精神文化以物质文化（符号、服务行为）为载体，通过品牌的行为文化（营销、传播）表达和传递给旅游者，目的是通过旅游者的旅游体验来验证旅游品牌所想表达的独特理念与价值承诺，是否与旅游者的体验之间达成一致或趋近。

城市特色文化是城市旅游品牌之魂。每座城市在其历史演变进程中，在地理环境、社会、经济、人文等诸要素的作用下，都会形成具有地域性的城市文化，这种文化成为城市旅游开发的基础和源泉。遗憾的是，在当今的城市旅游开发中，很多目的地忽视了自身文化特质的发掘，造成千城一面，产品雷同的现象，不仅造成了资源的浪费和恶性竞争，也无法树立起城市旅游品牌的独特形象。品牌文化的差异性是塑造和传播旅游品牌形象，提升城市旅游竞争力的动力源泉。

（3）城市旅游品牌文化竞争力形成机制

城市旅游品牌文化竞争力形成机制是指品牌文化的塑造与市场化的过程。从企业的角度看，该过程就是品牌文化的构建、传播、反馈、修正和再传播；从旅游者的角度来看，该过程指的是旅游者对品牌的认知到体验，再到信任并建立忠诚度的过程。无论是从旅游企业还是旅游者的角度，城市旅游品牌文化竞争力的形成机制都是一个品牌理念贯彻、品牌形象塑造、品牌价值提升与品牌信任加强的动态过程。

在这一过程中，品牌理念贯穿于品牌管理和营销的各个方面，它以旅游者的品牌体验为重点，以旅游者的品牌信任和忠诚为目标，着力构建和维护稳定的品牌与旅游者之间的关系。在品牌文化力的形成机制中，品牌理念是源泉，品牌定位是基础，它们决定了品牌的个性，确立了品牌文化要素的基本特征；品牌文化的传播与体验是品牌文化力形成的关键，不仅将品牌精神、品牌独特体验的价值承诺表达和传递给旅游者，而且还将旅游者对于品牌的态度反馈给城市旅游的管理者和经营者，促进他们对品牌的不足进行修正，从而保持品牌管理的动态性和上升性；品牌信任与忠诚是品牌文化力的实现，维系着旅游者和品牌之间关系的稳定，强化了旅游企业的品牌理念和旅游者的品牌意识。

2009 年，国家旅游局发布了《文化部、国家旅游局关于促进文化与旅游结合发展的指导意见》，指出加强文化和旅游的深度结合，有助于推进文化体制改革，加快文化产业发展，促进旅游产业转型升级，满足人民群众的消费需求；有助于推动中华文化遗产的传承保护，扩大中华文化的影响，提升国家软实力，促进社会和谐发展。各地要从构建社会主义和谐社会的高度，以“树形象、提品质、增效益”为目的，采取积极措施加强文化与旅游结合，切实推动社会主义文化大发展大繁荣。

从大文化的角度看，文化是旅游的灵魂，旅游是文化的载体。在“文化牵引经济”

的时代，城市旅游的发展，应该注重“文化旅游化”和“旅游文化化”。国家旅游局副局长祝善终（2009）指出，推进“文化旅游化”，就是要“让地下的东西走上来、书本上的东西走出来、死的东西活起来、静的东西动起来”，推动文化寻找旅游载体；实现“旅游文化化”，就是把文化精髓充实和融入到旅游资源开发、接待设施和服务、旅行游览途中、旅游目的地建设之中，使旅游产品和旅游服务丰富内涵、提高品位、增加魅力。基于此点考虑，国家旅游局确定了 2011 年为“中华文化游”主题年，在全球 140 多个旅游目的地国家和地区广泛开展了形式多样的主题宣传活动，展示出我国丰富的文化遗产等旅游资源，让海内外游客“旅游中国，品味文化”，切身感受博大精深的中华文化。

3. 目标要素——城市旅游品牌的市场竞争力

物质竞争力和文化竞争力，最终都要通过市场竞争力表现出来。因此，市场竞争力是实现品牌价值的现实途径，也是品牌竞争力中的目标因素（蒋璟萍，2009）。城市旅游品牌的市场竞争力是由优势、营销和忠诚度构成的，基于目的地资源禀赋所形成的城市旅游品牌的文化个性，通过各种有效途径的传播，使旅游者在体验的基础上，对旅游品牌的文化理念和形象达成一致或趋近，构建旅游者对城市旅游品牌的忠诚度。

（二）城市旅游品牌优势的来源

品牌优势是市场竞争力的基础，从本质上看，品牌竞争优势是与竞争对手相比，品牌所拥有的优势条件，包括内部的因素和外部的因素。田奋飞（2005）指出企业的竞争优势来源于三个方面，即资源、企业能力和环境。其中，企业能力又包括企业的战略定位能力、管理执行能力和经营支持能力。蒋璟萍（2009）认为，品牌竞争优势源自三个方面：品牌物质优势、文化优势、特殊优势。在其研究的基础上，结合城市旅游的行业特性，本书作者认为城市旅游品牌的优势应来自六个方面，如表 7-1 所示。

表 7-1　城市旅游品牌优势构成要素

资源优势	能力优势	环境优势	物质优势	文化优势	特殊优势
自然 人文 人力	战略定位 管理执行 营销传播	政治环境 社会环境 经济环境 生态环境	技术 质量 差异性	理念 形象 人格化	个性 服务 感染力

（1）资源。城市地域空间的人文、自然资源是城市旅游品牌形成的基础，城市旅游品牌正是对其自身各种自然和人文资源的提炼和升华而成的文化符号。现代的竞争就是人才的竞争，人力资源是城市旅游品牌能否持续保持生命力的核心要素。

（2）能力。能力表现为城市旅游品牌管理者和经营者对本地旅游发展的战略定位和品牌定位，决定着当地城市旅游发展的方向、目标和品牌的塑造。通过对本地各种资源的提炼和有效配置，形成城市旅游品牌；运用适当的渠道将旅游品牌形象和理念传播给旅游者，实现品牌的知晓度。

（3）环境。城市旅游发展是在一定的时空范围进行的，环境是城市旅游品牌形成、生存和发展不可或缺的支撑要素。国家政策、政治、社会稳定、全球和国家经济发展形势、生态环境质量等都会对城市旅游的持续、健康发展产生影响。

（4）物质。城市旅游品牌需要以具体的产品（服务）为载体，通过旅游者的体验，彰显品牌的符号价值。科技含量高、服务质量优的旅游产品（服务）是提高旅游者体验质量的保证，也是形成品牌个性，即差异性的源泉。

（5）文化。文化是旅游的灵魂，旅游是文化的重要载体。在“文化牵引经济”的时代，文化越来越成为一个地方经济发展的原动力。文化是激发旅游者旅行动机的引力，品牌的理念、形象是城市旅游品牌文化的符号象征，这种人格化的符号以产品（服务）为载体，经过有效的营销传播，将优质的产品（服务）表现出来的品牌个性和独特体验，传递给旅游者，共同构成城市旅游品牌的优势。

（6）特殊优势。特殊优势表现为个性、服务和感染力。个性指的是城市旅游品牌与众不同的鲜明的文化特征，该个性文化特征反映的是城市旅游品牌所做出的与该地密切相关的独特旅游体验的价值承诺。由于旅游业自身的特点，该品牌文化个性需要以服务为载体，通过旅游者的体验去认知、了解该品牌的文化理念和内涵所在。当旅游者的体验感受与品牌关于其文化个性承诺一致时，往往形成品牌的感染力，建立旅游者与品牌间的情感联系，促进旅游者对品牌忠诚度的形成。于是，该品牌在与其竞争对手竞争时就会产生特殊优势。

（三）城市旅游品牌评价体系

余明阳等（2006）提炼出影响品牌竞争力决策的五大主要因素，分别是：

1. 品牌资产

品牌资产是指对品牌所具有的全部价值的认知能力。主要包括品牌知名度、品牌性格、品牌忠诚以及品牌的相关资产。

2. 品牌创新力

品牌创新力是指能满足市场新的需求的有效创新。主要包括创新环境、创新团队、创新资金、创新产品的市场适应性、研发转化为市场的能力。

3. 品牌控制力

品牌控制力即对品牌质量的保证能力，指的是对包括制造的基础资源、原材料、质量、工艺、业务流程等的驾驭能力。

4. 品牌营销力

品牌营销力主要是指包括渠道、终端、产品定位与市场定位、营销人员与营销体制，即能将产品通过一定的渠道和终端销售给顾客的能力。

5. 品牌传播力

品牌传播力主要是指包括品牌个性、品牌文化、品牌美誉度、品牌传播技巧，以及提高品牌知名度、美誉度、定位度和忠诚度为核心的、针对消费受众的有效的品牌传播。

城市旅游品牌竞争力是指以城市为单元的旅游业竞争主体，通过对城市空间范围内资源的有效配置和使用，形成区别或领先于其他竞争对手的，能够实现城市旅游业持续赢利的独特能力。城市旅游品牌的核心竞争力在于，以城市特色文化为核心，通过对城市空间范围内旅游资源的有效配置，满足旅游者的需求，提高城市旅游品牌在市场上的竞争能力，从而保持品牌产生持续竞争优势的能力。许基南（2004）在其博士学位论文中，从企业的角度剖析了品牌的竞争力。结合前人的研究成果，本书作者认为城市旅游品牌竞争力的评价可以从品牌资产能力、品牌市场能力、品牌管理能力、品牌基础能力和城市支持力五个方面进行评价，其评价体系如表 7-2 所示。

表 7-2 城市旅游品牌竞争力的评价体系

类别	指标名称	指标内容
品牌资产能力	品牌知名度	旅游者的认知、了解程度
	品牌美誉度	旅游者的认同、赞美程度
	品牌忠诚度	旅游者重游率、对潜在旅游者的影响力
	品牌联想	旅游者购买相关旅游产品时品牌的影响力
品牌市场能力	市场占有能力	占有率、覆盖率、销售量
	赢利能力	利润、利润率
	拓展能力	品牌延伸、品牌扩张
品牌管理能力	定位能力	品牌个性、市场调研与细分
	传播能力	广告投入与效果、品牌沟通、分销
	延伸能力	新产品延伸、规模扩张
品牌基础能力	企业管理能力	成本、组织结构、生产力、组织拓展
	技术创新能力	技术装备水平、能源消耗、新产品开发、专利水平
	人力资源	管理人员和员工素质、合作者素质、人力资源开发、信息技术水平、旅游者素质
	企业文化	凝聚力、适应力、企业文化建设投入率
城市支持力	资源垄断力	世界级自然文化遗产、国家级自然文化遗产
	交通承载力	航空、陆路、水运设施及客运量
	经济竞争力	社会生产总值、人均 GDP、GDP 增长率、人均收入、城市化水平、人口构成
	生态竞争力	空气质量、安全性、绿化率、垃圾无害化处理率、废水处理率

六、城市旅游综合竞争力及其评价

旅游是一种关联性强的产业，其品牌竞争力的高低不仅关系到旅游资源、产品（服务）、旅游市场等，还关系到该地城市自身发展状况。城市旅游品牌竞争力与城市旅游综合竞争力密切相关。20 世纪 90 年代之后，目的地旅游综合竞争力的研究成为学界的热点，众多学者对旅游目的地的综合竞争力开展了广泛的探讨。

Dwyer 和 Kim （2003）指出，如果某个目的地能够向潜在的旅游者表明其整体吸引力优于其竞争对手，那么该目的地就能形成竞争优势。De Keyser 和 Vanhove（1994）提出了一个目的地竞争力模型，认为旅游目的地竞争力分析应该考虑以下五个方面：旅游政策、宏观经济、供给、交通和需求等。著名的旅游竞争力研究专家 Ritchie 和 Crouch（2000）认为一国的旅游竞争力是指旅游目的地通过对资产、过程、吸引物、开拓力、亲和力等的管理，创造附加值以增加该国财富的能力。随后在修正的基础上，Ritchie 和 Crouch（2003）提出了目的地旅游竞争力的概念模型，该模型包括 5 个关键性的决定要素，即目的地旅游政策、旅游规划与开发、核心旅游资源和吸引物、支持要素、其他资源等。同时，他们还指出了目的地所面临的环境因素的重要性：全球宏观环境和竞争的微观环境。

Dwyer, Livaic 和 Mellor（2003） 在其他学者研究成果的基础上，提出了旅游目的地综合竞争力评价的整体性模型，认为影响目的地旅游竞争力包括 6 个方面：继承性资源、人工创造性资源、支持性资源、目的地管理、环境状况、需求状况等，如图 7-4 所示。

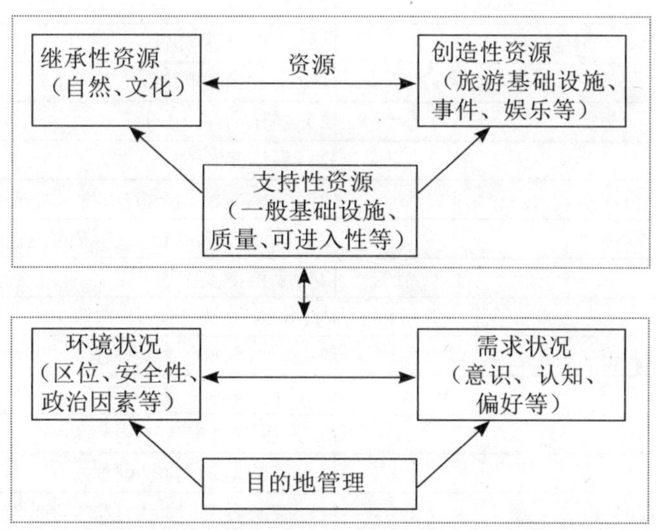

图 7-4 基于主要决定要素的旅游目的地竞争力模型

资料来源：Dwyer L., Livaic Z., Mellor R. Competitiveness of Australia as a tourist destination[J]. Journal of Hospitality and Tourism Management, 2003(10): 60-78.

其中，继承性资源、创造性资源和支持性资源包含了促使目的地对旅游者形成吸引力的各种不同的个性特征。目的地管理涵盖了提升继承性和创造性资源的吸引力，提高支持性因素质量以及与环境状况相适应的诸多要素。目的地管理的内容包括目的地管理组织的行为、目的地营销管理、目的地政策制定、旅游规划与开发、人力资源培训、环境管理等。需求状况由旅游者的三个要素组成：旅游意识、旅游认知和旅游偏好。环境状况会改变甚至削弱目的地的竞争者，这样的因素有很多，比如，目的地的区位、微观和宏观环境、安全性、价格的竞争力等。Doris Omerzel Gomezelj 和 Tanja Mihalič（2008）以旅游目的地综合竞争力模型的六个方面为二级评价指标，对每个指标又进行了细分，共给出了 85 个评价因子。详情如表 7-3 所示。

表 7-3 环境状况影响竞争者的二级评价指标细分

继承性资源的评价因子	
1. 古迹	6. 传统艺术
2. 艺术与建筑特色	7. 气候对开发旅游的吸引力
3. 遗产	8. 动植物种群（动物、鸟类、森林）
4. 国家公园	9. 未被破坏的自然环境
5. 洁净度	
创造性资源的评价因子	
1. 游乐 / 主题公园	13. 体育设施（高尔夫、网球场）
2. 社区对特殊事件的支持	14. 乡村旅游
3. 夜生活（酒吧、迪斯科舞厅）	15. 休闲设施
4. 机场效率 / 质量	16. 集会旅游
5. 水上项目	17. 食品
6. 休闲 (剧院、美术馆、电影院)	18. 住宿（多样性 / 质量）
7. 购物体验的多样性	19. 亲近自然的活动
8. 特别事件 / 节庆	20. 娱乐
9. 旅游指南与信息	21. 餐饮多样性
10. 为旅游者准备的节目	22. 当地旅游运输的效率 / 质量
11. 冬季活动（滑雪、溜冰）	23. 旅游者前往自然区域的便捷性
12. 探险活动	24. 康体健身
支持性资源评价因子	
1. 活力	7. 金融、外汇兑换设施
2. 为旅游者提供的医疗保障	8. 旅游服务质量
3. 海关 / 移民局官员态度	9. 为旅游者提供的电讯系统
4. 旅游签证要求	10. 目的地的可进入性
5. 海关 / 移民局办事效率	11. 旅游者与当地居民的沟通与信任
6. 目的地与主要客源市场的联系性	12. 当地居民对旅游者的好客度
目的地管理评价因子	
1. 国外对目的地投资力度	14. 国内技术官员的声誉
2. 政府在旅游开发政策方面的合作	15. 目的地对利益相关者价值的反映
3. 公共机构对旅游业可持续发展的认知	16. 旅游业从业人员的培训
4. 对旅游政策、规划、开发的投入	17. 目的地对社区价值的反映
5. 目的地对全民旅游具有明晰的政策（残疾人、老年人）	18. 旅游服务的质量
6. 公共机构对旅游 / 接待教育的赞助	19. 目的地对旅游者价值的反映
7. 私营部门对旅游 / 接待教育的赞助	20. 当地旅游企业的质量
8. 企业之间的合作	21. 旅游 / 接待企业的效率
9. 目的地品牌化的有效开发	22. 私营企业对旅游可持续发展的认知
10. 旅游业与全行业发展的整体性	23. 为满足旅游者需求而进行的培训
11. 现有旅游培训计划的充足性	24. 对服务质量重要性的赞同
12. 开发、推广新的旅游产品	25. 当地居民对旅游业发展的支持
13. 目的地对居民价值的反映	

环境状况评价因子	
1. 公共机构与私营部门间的合作	7. 购物的性价比
2. 风险投资的获得	8. 住宿的性价比
3. 投资环境	9. 目的地旅游体验的性价比
4. 电子商务的使用	10. 政局的稳定性
5. 经理人的能力	11. 旅游者的安全性
6. 企业网络化	
需求状况的评价因子	
1. 国际上对目的地的认识	
2. 国际上对目的地旅游产品的认识	
3. 目的地旅游产品与旅游者偏好的契合度	
4. 目的地总体旅游形象	

资料来源：Doris Omerzel Gomezelj, Tanja Mihali.Destination competitiveness-Applying different models, the case of Slovenia[J]. Tourism Management, 2008(29):294-307.

从上述评价模型可以看出，该模型是在国家层面上对目的地旅游竞争力进行评估，就城市旅游竞争力而言，有的评价因子并不适合，但其模型的整体构建和评价因子的选取仍具有参考价值。

城市旅游品牌是城市旅游综合实力的重要组成部分，品牌竞争力需要其他相关要素的支撑。在国际和国内双重竞争的压力下，城市旅游业在市场上的表现取决于该市旅游综合竞争力。旅游综合竞争力是指城市作为旅游目的地在资源、区位、经济环境等因素的综合作用下，与其他城市在旅游市场的竞争中所体现出来的相对比较优势。

近年来，国内学者对城市旅游竞争力的研究进行了广泛而有益的探索，其中王琪延、罗栋的研究成果具有代表性，其《中国城市旅游竞争力评价体系构建及应用研究》一文中，构建了一套由 52 项指标组成的指标体系，结合德尔菲法和层次分析法确定权重，对我国 293 个城市旅游竞争力进行了全面的定量评价，具有较高的参考价值。该评价方法分为四级指标：一级指标为城市旅游综合竞争力。二级指标分为旅游的市场竞争力、服务竞争力、产品及资源竞争力和城市发展竞争力等。每个二级指标下面又有细分的三级指标。其中，市场竞争力包括旅游贡献力和旅游接待力；服务竞争力包括酒店竞争力和旅游社竞争力；产品及资源竞争力包括旅游资源垄断力、旅游产品竞争力和旅游形象竞争力，城市经济竞争力包括交通承载力、经济竞争力和生态竞争力三个指标。在三级指标的下面又细分为 52 个可量化的细指标。

指标体系构建完成之后，采用专家打分结合层次分析法确定各评价指标的权重；在各项指标量化的基础上，采用加权求和的方法计算城市旅游综合竞争力。具体公式为，$A_i=\sum_{i=1}^{n}\omega_{i,}D_i$，其中 A_i 为第 i 个城市旅游竞争力的总得分值，ω_i 为第 i 个测量指标的权重，D_i 为各城市在周围测量指标的四级指标上的得分。最终将得分最高的城市的分数设为 100 分，将各城市的综合得分划分为百分制分数（王琪延，罗栋，2009）。

该评价方法较客观、准确地对城市旅游竞争力进行量化，是反映城市旅游竞争力的一种有效方法。从该评价的指标体系可以看出，城市旅游综合竞争力是城市的一种合力表现，除了旅游业自身的资源、产品和形象之外，其他支持要素，如城市的容量、交通、经济、生态等，对城市旅游竞争力发挥着重要的影响。为此，保持和提升城市旅游竞争力，要对城市空间范围内各种资源进行有效的配置，发挥其各自的作用。

第二节　城市旅游品牌的合作

从品牌的起源可以看出其功能是为了区别，在品牌驱动的经济时代，品牌成为竞争的利器。作者认为品牌是用于指称特定产品或服务的具有一定内涵的文化符号。文化的同宗性意味着，品牌的功能不仅仅是用于“区分”（竞争），还具有合作的功能。这种合作是为了形成合力，以便在更高的层面上进行竞争。

一、文化符号与城市旅游品牌合作

城市文化是市民在长期的生活过程中，共同创造的、具有城市特点的文化模式，是城市生活环境、生活方式和生活习俗的总和。每座城市在其历史发展演化进程中都会形成具有自身城市个性的特色文化，由于文脉和地脉的相连性，城市之间的特色文化又具有同宗性，共同构成更大空间范围的地域文化，人类以符号为载体，将地域文化现象转化成信息从而形成地域文化符号。在地域文化符号的统摄之下，城市作为文化中心，以自身的文化从一个或几个方面体现和诠释地域文化。一定地域空间里的城市文化处于“和而不同”的状态，文化的同宗性成为城市旅游品牌开展合作的基础。各个城市以自身城市文化特色为核心，以多元化的旅游产品和服务为载体，彰显区域文化特质，构建区域性旅游大品牌，在竞争中合作，实现城市旅游发展的“双赢”。

二、城市旅游品牌合作的必要性

旅游业作为“朝阳产业”，其对目的地经济和社会的推动效应被越来越多的人所认知并接受，各级政府都致力于通过发展本地旅游业，以实现当地社会和经济的持续发展。与此同时，区域旅游业的相互竞争也日趋激烈，为了避免过度竞争，实现“双赢”，城市作为区域旅游发展的重要单元，其旅游合作显得十分必要，主要表现为：

1. 内外竞争的压力

随着旅游业的发展，我国旅游供给扩张明显，旅游地数量迅速增多，造成了一定区域内旅游地空间的聚集，旅游区块化发展明显，不仅一定区域内次区域旅游地之间竞争激烈，而且跨区域的旅游竞争也异常激烈。

2. 旅游业发展的需要

旅游业是一项开放性、关联性程度高的产业。目前激烈而无序的竞争，容易导致属于不同行政区域的利益竞争主体之间陷入“囚徒困境”当中，出现零和博弈状况。旅游线路、资源连续性、市场惯性等在行政划分的情况下被人为割裂，导致整个区域的低效率或无效率。这些都不利于旅游业的持续发展和整体实力的提高。

3. 旅游者需求的多样化

随着生活水平和旅游者成熟度的不断提高，旅游者的需求也呈现个性化和多样化的趋势。单一的旅游目的地很难满足现代旅游者的需求，目的地之间的合作可以弥补某一目的地旅游体验的单一性，形成合力，为旅游者提供多种选择，在满足旅游者需求的同时，实现“双赢”。

4. 经济全球化发展

目前，经济全球化发展浪潮迅猛。在全球经济一体化和国际、国内区域性合作不断增强的时代背景下，以城市为核心，共同构筑地域旅游大品牌、谋求区域旅游大联合，已成为应对全球旅游业竞争的根本性策略。

5. 世界城市格局演进的新趋势

21 世纪国际竞争的基本单元既不是企业也不是国家，而是大城市圈，这是世界各国发展中所形成的共识。城市圈作为国家管理和控制在空间上的载体和精华，在一国的政治经济生活中发挥着巨大的作用。旅游业在突破城市行政划分的界限，加强城市之间的沟通与交流方面发挥着重要的作用，城市旅游品牌的合作应成为区域旅游合作的先导。

三、城市旅游品牌合作的可能性

城市是一个地区政治、经济、文化中心，也是财富、信息、人才的集聚地。随着社会经济的发展，特别是我国交通事业的巨大变化，使得城市与城市之间的通达性和便捷性大大提高，城市旅游的合作具有可能性。

1. 旅游资源的互补性

受历史、地域和文化等因素的影响，城市旅游资源具有相似性，也具有差异性，这种差异性使得城市在旅游资源上呈现互补。城市旅游品牌的合作，可以更好地满足现代旅游者的多样化需求，提高旅游者的旅游体验质量，增强各自品牌的竞争力。

2. 空间联系的便捷性

改革开放以来，我国交通运输业发展迅速。就铁路而言，截至 2014 年 11 月底，我国铁路营业里程达到 11.287 万千米，其中高速铁路营业里程突破 1.6 万千米，位居世界第一。民航方面，截至 2012 年底，我国民用运输机场有 183 个 。

3. 地域文化的关联性

每座城市都拥有各自的特色文化，在一定的空间范围里，由于地缘的相联性，又使得城市之间在文化上具有关联性。城市旅游品牌的合作，就是要利用城市间的这种文脉的相连，打破地域的限制，将区域特色文化整体性地展现出来，放大区域文化的辐射力和影响力。通过区域城市间的联动，塑造强势旅游品牌。

第三节　城市旅游品牌合作层次

鉴于国际竞争和旅游业自身发展的需要，旅游业的合作已经在各个层面展开。

一、 多国间城市旅游合作

东盟在多国间旅游合作中具有代表性。东盟各成员国以 2002 年该组织所签署的旅游协议中的政策框架为基础，开展区域旅游合作，并拟定了具体的目标：①为旅游者在各成员国之间的旅游提供便捷性开展合作；②加强各成员国的旅游业合作，以提高旅游业的效率和竞争力；③大力削减成员国之间在旅游和旅行服务贸易方面的限制；④建立整体性的旅游和旅行服务网络，以最大限度地发挥该地区旅游吸引物的互补性；⑤把东盟作为一个目的地进行整体开发和营销，将其打造成为具有世界水准的服务、设施和吸引物的旅游目的地；⑥加强各成员国在人力资源开发方面的相互支持，强化各国在旅游和旅行服务设施的开发、升级、发展等方面的合作；⑦为公有和私营企业更大程度地参与旅游开发、东盟各国间的旅游及在旅游业服务和设施等方面的投资，营造有利的环境。2004 年，东盟各国经济部长签署了旅游业一体化路线图，作为实施上述七项目标的行动计划。其中，东盟在人员和货币的自由流通、增强地区旅游业竞争力、强化东盟作为旅游目的地形象等方面已取得了进展。

城市是现代旅游业发展的重要地域单元，东盟各国的旅游合作也是以各自的主要旅游城市为中心来开展区域旅游合作的。

二、跨省域城市旅游合作

我国跨区域旅游合作是目前常见的一种合作方式，这种合作方式表现在地区之间在旅游市场营销上建立战略合作伙伴关系，通过优势互补，形成合力，增强各地的旅游竞争力。正如 Ritchie 和 Crouch（2000）所指出的那样，国家、州、城市和地方政府都在慎重考虑各自在旅游目的地中所扮演的角色，都不遗余力地通过各种方式和资金投入以提高当地的旅游形象和吸引力。其中，有一个特别引人关注的现象，那就是建立合作或联盟。联盟从广义上看，就是指两个主体就广泛的合作达成的协议。这种合作包括两个或两个以上的州或地方政府，它们在同一市场各自竞争，同时又通过合作抵御共同的竞争对手。

近年来，我国从中央到地方对旅游的区域性合作都十分关注，在理论和实践上都进行了广泛的探讨，其中，长江三角洲旅游合作具有代表性，为全国区域性旅游合作做出了有益的探索和尝试，其经验和做法值得学习和借鉴。

1. 树立大局观，推进合作

2008年国务院在《进一步推进长江三角洲地区改革开放和经济发展的指导意见》中明确要求长三角的区域范围由“16市”扩容至“上海、江苏和浙江的全部区域”。长三角积极贯彻落实国家战略，进一步拓展市场，整合区域旅游资源，加强区域旅游合作，在区域内率先突破了行政障碍，实现了市场一体化。

2. 政府推动，企业作为

政府的积极倡导是实现长三角区域旅游合作的重要保障，政府推动是长三角区域旅游合作得以深化的原动力。长三角区域旅游合作首先是在政府层面上成功运作的。从“长江三角洲城市经济协调会”到“江浙沪经济合作与发展座谈会”到“江浙沪旅游联席会议”再到“旅游高峰论坛机制”，国家、省、市三级政府的积极倡导、主动作为，使长三角区域旅游合作取得了丰硕的成果。

除了宏观的政策层面合作之外，长三角地区的政府和企业积极开展操作层面的合作。1992年，长三角合作举办了“江浙沪旅游年”专题活动；为应对“非典”的影响，2003年苏浙沪共同主办了“同游江浙沪，阳光新感受”主题旅游活动；2003年以后，上海与杭州、上海与苏州启动了公共交通“一卡通”工程；2003年6月，苏杭签订了关于共同打造“天堂之旅”品牌的合作框架协议，从旅游形象、旅游线路、旅游市场、旅游机制等方面，实现资源共享、优势互补，整体推进“天堂之旅”的旅游品牌和相关产品。

作为区域合作的主体，旅游企业在长三角区域旅游合作中发挥着越来越大的作用。旅游企业间的合作主要表现在大型旅行社和酒店集团的跨区布点与并购，如上海锦江国旅、上海春秋国旅已在杭州和苏州等地开设分社，上海锦江集团已在浙江、江苏参与部分酒店的管理；浙江和江苏的旅游企业也分别在长三角地区成功地进行了广泛的收购活动。此外，长三角地区还出现了一些区域性行业组织，如“中国长三角旅行社合作峰会组织”“长三角汽车俱乐部联合体”等，这些行业组织对推动该地旅游业的合作发挥着巨大的作用。

3. 借机借势，跨越发展

上海世博会的举办使得长三角区域旅游合作更加紧密。在服务世博、共享世博的旗号下，三地旅游部门秉承互惠共赢的理念，将区域内的旅游资源进行了有机的配置，将上海的都市旅游资源与江浙地区的文化资源、山水资源有机结合，产生较强的会展旅游的资源诱因，增强对国内外的旅游吸引力，放大会展旅游效应（沈山州，2009）。

世博会期间，三地联手开展世博旅游宣传，共同打造55条世博旅游精品线路。上海世博会的举办为长三角区域旅游合作实现跨越式发展提供了平台。借助世博会的契机，长三角区域旅游将实现“十个统筹”，即统筹旅游规划、统筹交通供给、统筹客房供应、统筹信息服务、统筹支付手段、统筹设施规范、统筹服务标准、统筹产品开发、统筹宣传促销、统筹人力资源等。长三角区域旅游合作由此迈入新纪元，得益于三地旅游的紧密合作，世博会圆满成功，完成了既定的游客接待目标。同时，世博会效应对江浙两省的旅游业产生了巨大的推动。上海世博会开园百天，江苏全省接待国内外游客就突破1亿人次，同比增长16%。浙江省仅杭州、宁波两地受世博会的撬动效应影响，2010年“五一”小长假期间，两市分别接待游客647.21万人次和500万人次，分别实现旅游收入18.42亿元和12亿元，同比增长都超过20%。可见以城市为中心的旅游区域合作共赢已成为现代旅游业发展的一种重要模式。

三、省域内城市旅游合作

与省域间城市旅游合作的方式相比，省域内城市旅游合作的行政障碍要小得多，也更具有可操作性。以山东省为例，其省内的城市之间通过品牌联动，增强本省旅游品牌竞争力的合作。近年来，山东省与中央电视台密切合作，围绕“好客山东”的旅游品牌，举全省之力，集中省、市、县和旅游企业的宣传促销资金，通过“联合推介、捆绑营销”，进行了“好客山东”旅游形象品牌的集中推广宣传。

2008年全省31个单位，包括地级城市11个、县级城市11个、景区9家参加联合推介。2009年全省有39个单位，包括地级城市15个、县级城市15个、景区9家参加了联合推介，广告投放总量比上年提高了3倍。“好客山东”是全国第一个以省为单元整合资源，在央视推出的整体品牌形象广告，全国人口覆盖率达到95.9%，超过11.88亿人的央视观众留下了深刻印象。同时，在“好客山东”大品牌下，各地塑造自身旅游品牌，如济南的“泉城济南”、青岛的“滨海明珠”、泰安的“中华泰山　天下泰安”、威海的“走遍四海，还是威海”、聊城的“北水城　生态聊城”、潍坊的“风筝之都”、烟台的“鱼果之乡”、菏泽的“牡丹之乡”、威海的“海滨花园”、东营的“生态湿地”等。这些城市的旅游品牌丰富了“好客山东”的品牌内涵，形成了品牌整体效应，增强了山东省作为旅游目的地在市场上的竞争力。

总之，城市旅游品牌的合作以地脉、文脉和人脉的关联性为基础，在不同的层面上，通过旅游资源的有效整合，树立区域旅游整体形象，放大区域旅游品牌的辐射力，提高区域旅游的整体竞争力。在目前市场竞争的环境下，旅游竞争性合作是实现区域旅游业持续发展的有效路径。

第四节　城市旅游品牌合作的形成机制

面对经济全球一体化发展和新的竞争格局，“联合”成为21世纪我国旅游业发展的两大主题之一。以客源集中的城市为依托，以城市特色文化为核心，突破行政划分的分割，针对区域内旅游资源、交通条件、地理区位等因素，按照旅游经济活动规律，整体性安排旅游资源的开发、区域旅游形象的塑造和传播、旅游景区（点）和设施建设、旅游商品的生产和营销，在资源优势互补、联合营销的基础上，实现区域旅游业的持续、快速、健康发展，提高区域旅游品牌的知名度和美誉度，增强区域旅游品牌的市场竞争力。牛江艳等（2007）提出了跨省域的区域旅游合作模式。本书借鉴其研究成果，以城市旅游品牌合作为核心，构建出城市旅游品牌合作的形成机制模型，如图 7-5 所示。

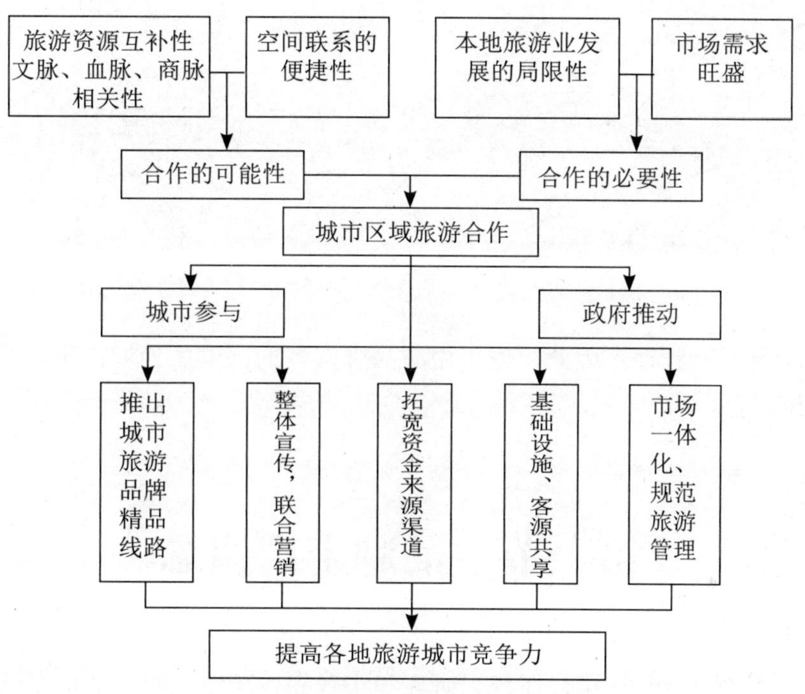

图 7-5　城市旅游品牌合作形成机制

城市旅游品牌区域性合作，是以文化的同宗性为基础，以城市为载体，通过政府主导、企业参与，形成合力，塑造区域性整体旅游大品牌，实现资源互补、客源共享，提高各自城市旅游品牌的竞争力。

第八章　城市旅游品牌资产评估

不会评估就不会管理，因此，城市旅游品牌资产的评估成为城市旅游品牌管理中的一项重要工作。

第一节　品牌资产概念

品牌资产是20世纪80年代在营销研究和实践领域新出现的一个重要概念。20世纪90年代以后，特别是Aaker的著作“Managing Brand Equity：Capitalizing on the Value of a Brand Name”于1991年出版之后，品牌资产成为营销研究的热点问题。

H. S. Krishnan（1996）分析了品牌资产概念演化的三个阶段：第一个阶段是从品牌价值评估出发，对获得的品牌进行财务评价。这种兴趣点表现为公司和研究者通过基于各种因素的模型来评估品牌的经济价值，例如英特品牌咨询公司（Interbrand）从领导力、稳定性、市场环境、国际性、趋势、支持力和法律保护等方面，对品牌价值进行评估。第二个阶段是除了品牌的财务评估之外，销售经理们所关心的是如何发挥强势品牌的杠杆撬动作用。在这个阶段，人们对品牌资产概念的关注集中在成熟的品牌如何通过品牌延伸、品牌延伸的影响等发挥其品牌资产的作用。第三个阶段表现为从顾客的角度去评估已建立的品牌价值。这反映了人们对品牌资产概念的认知过程，由于视角的不同，品牌资产的概念也不尽相同。迄今为止，关于品牌资产仍无一个统一的定义。

陈祝平（2005）认为，品牌资产与消费者的品牌心理之间有实质性的联系，并梳理了与消费者品牌心理有关的品牌资产的相关定义：①品牌资产是消费者对品牌认知的总和（D.Knapp，2000）；②品牌资产是消费者对品牌的认知、联想、忠诚度和对产品质量的感知及与品牌相关的商标、专利等资产（D. Aaker，1991）；③品牌资产是消费者是否愿意继续购买你的品牌的意愿。品牌资产的测量是与消费者的忠诚度有关的（美国《市场实务》杂志，1991）；④品牌资产是向消费者提供的一种值得信赖的承诺的价值（美国品牌资产委员会，1991）；⑤品牌资产是消费者对品牌的认知和由此产生的差别化行为反应（凯勒，1998）。

周志民（2008）结合国内外学者的观点，从产出视角、来源视角和综合视角三个方面对品牌资产的概念做了阐述。

（1）产出视角的品牌资产定义。产出视角是从财务视角对品牌资产进行描述，具体表现为品牌在市场上给产品价格或销售额所带来的增值，并最终反映到公司财务报表或金融市场的价值增值上。代表性的品牌资产定义有：品牌资产是有品牌产品与无品牌产品之间的现金流量差额；品牌资产是高于一般竞争者价格的附加值；品牌资产是指相同产品比较有无品牌对未来现金流量的影响。

（2）来源视角的品牌资产定义。来源视角是从消费者的角度对品牌资产进行描述，表现为消费者与品牌之间的关系。品牌是因为消费者的认知和认同而存在的，消费者与品牌的关系决定了品牌资产的高低，品牌资产源自于消费者。凯勒（1993）指出，基于顾客的品牌资产是品牌通过营销传播而使消费者在品牌知识上反映出来的差异化效应。其中，品牌知识包括品牌知名度和品牌联想两个部分。该定义指明了品牌资产源自消费者对品牌知识的掌握，强调了消费者在品牌资产形成过程中的作用。

（3）综合视角的品牌资产定义。产出或来源都只是从一个侧面对品牌资产进行界定，并不全面。更多的学者试图将两者结合起来，提出更完善的品牌资产定义。Peter Farquhar（1990）认为，品牌资产是品牌给产品带来的超越其使用价值的附加价值或附加利益；美国营销科学研究院（MSI）认为，品牌资产是品牌的顾客、渠道成员、母公司对于品牌的联想和行为，这些联想和行为使得产品可以获得比在没有品牌名称的条件下更多的销售额或利润，可以赋予品牌超过竞争者的强大、持久和差别化的竞争优势；大卫・阿克（1991）认为，品牌资产是一组与一个品牌的名字及符号相关的资产和负债，它能增加或减少某产品或服务所带给该企业或顾客的价值。这里，“企业的价值”是指财务收益，“顾客价值”是指顾客利益。本书采用大卫・阿克的观点，因为品牌名字也是符号，故本书将品牌资产定义为：品牌资产是指与品牌文化符号相关的资产和负债，它能增加或减少某种产品或服务所带给该企业或顾客的价值。

第二节　品牌文化符号与品牌资产

品牌是用于指称特定产品或服务的具有一定内在含义的文化符号，品牌文化符号与品牌资产之间存在着密切的关系。

一、品牌的符号价值

在今天的消费社会中，消费行为已经成为我们进行自我识别和归属，以及对他人进行识别和归类的重要方式。在消费社会中，人们被极大丰富的“物”所包围着。“商品”作为消费对象，不仅包含有形的内容，也包含无形的内容，大量无形的服务也成为人们的消费对象。商品的符号意义日益凸显，将现代消费社会与传统社会区别开来。无论是生产者还是消费者都将关注的焦点从商品的使用价值转移到商品的符号价值，进而上升至对以该商品为载体的品牌符号价值的追逐。

马克思价值论认为商品具有价值和使用价值。在消费社会中，商品除了满足人们的实际需要之外，还具有更丰富的效用。也就是说，人们消费商品不仅仅是因为商品的物理性功能，还看重消费商品时的精神或心理上的功能，而后者在当今社会中显得更加重要。商品的这种精神或心理上的意义表现为商品的符号价值。

正如鲍德里亚所言“要想成为消费对象，物品必须成为符号”，此后，商品的符号价值成为人们普遍接受的概念。但是关于商品符号价值的属性问题，学界一直未能达成一致。有的学者认为符号价值是独立于商品的使用价值和交换价值之外的第三种价值；有的学者认为符号价值仍然属于使用价值的一部分，但可以将商品的使用价值进一步分为主观使用价值和客观使用价值，或者自然使用价值和社会使用价值、物质使用价值和精神使用价值等不同的名称；还有的学者认为符号价值既是使用价值，也是交换价值（伍庆，2009）。

鲍德里亚所言的符号价值，其实是符号的交换价值（sign exchange value），它原义是指物品在交换中的属性，而不是经济交换中的属性。鲍德里亚在其《符号的政治经济学批判》一文中，给出了下面的公式：

$$\frac{SaEV}{Sbe}=\frac{EcEv}{UV}$$

该公式表达的意思是:符号的交换价值（$SaEV$）与象征交换（Sbe）之比等于交换价值（经济价值 $EcEv$）与使用价值（UV）之比。即在象征交换与符号交换价值之间存在和商品中多样的“具体”使用价值与抽象的交换价值之间相同的简约、相同的抽象和理性化的过程。

在这个关于符号价值的最基本公式中，符号交互价值根本不是商品的属性，它不是发生在以经济利益为日的的经济交换中，而是发生在互惠的礼物交换，即象征交换中。而在这种象征交换中，所遵循的完全是一套与等价交换不同的逻辑。随着商品经济的发展，商品与礼物之间的界限变得模糊。同时，礼物的象征交换被商品化之后，符号的交换价值也成为商品的属性，和商品的使用价值一样具有有用性（伍庆，2009）。就本源来说，商品的符号价值仍然属于商品的使用价值范畴，是消费者在精神层面上的感受。消费社会里，在生产者和消费者的“共同作用下”，出现了商品符号化和符号商品化，导致了品牌——特殊商品化符号的诞生。人们逐渐脱离了具体的商品价值，从“物”的崇拜演化为品牌“符号”的崇拜。

二、品牌符号与消费者的品牌认同

陈祝平（2005）指出，品牌资产是指消费者对品牌刺激的心理回应所产生的市场效益。该定义强调品牌资产来自消费者的心理回应，也就是说，品牌资产存在于消费者心里或头脑中。这种资产在消费者购买和消费产品时发挥心理作用并产生增值，这种增值对消费者是一种心理效用，而对品牌主而言则是一种市场（经济）效益，表现为品牌的溢价或品牌产品销量的增加。这种观点至少包含两个方面的含义：①品牌资产来源于消费者的购买行为，正如美国品牌大师凯勒所言：品牌资产是一种“来源于消费者的资产”或“基于消费者的品牌资产”；②消费者的购买行为是在品牌刺激之下做出的心理回应，而品牌是凭借其品牌文化符号所蕴含的文化理念和内涵对消费者的心理产生刺激，品牌文化符号是品牌刺激消费者的线索。正如本书在前面所分析的那样，品牌是一个基于文化符号的“三位一体”的整体性概念，涉及企业的表达或消费者感受、企业名称和标志、企业及其产品 / 服务三个要素。其中，企业的表达与消费者的感受趋同或一致，那么该品牌就能获得消费者的品牌认同，刺激消费者产生购买行为，在此基础上形成消费者对品牌的忠诚，激发其再次购买的欲望。这种现象的产生与当今消费社会中符号经济的形成与发展密不可分。

符号经济是当代消费社会特有的现象，商品作为符号的价值已经超越了其本身的使用价值，经济活动围绕商品的符号价值展开，引导与欲望的合谋造就了一个由符号构成的消费神话。当然，这里的符号不是简单的形式化的记号或标记，而是物质的形式和内在意义的统一体。柳洲、李祖杨（2005）指出：“我们建议放弃金融语境中的符号经济，从符号形式哲学角度理解符号经济，即广义符号经济。”广义符号经济是以广义的符号为基础的经济，具体地说就是通过广义的符号的生产、交换、分配和消费，来满足人的各种需求的经济活动。这种观点需要我们跨越学科的障碍，了解品牌符号的真正内涵，不能片面地将品牌符号理解为标记，即符号的能指（符号外在的物质的形式），而忽视了符号的所指（符号所代表的意义）。唯有这样，才能够探究消费社会中，品牌文化符号对消费者产生刺激的作用机理，更好地理解品牌文化符号与品牌资产之间的关系。

第三节　城市旅游品牌资产

城市旅游品牌资产是指与城市品牌文化符号相关的资产和负债，它能增加或减少城市旅游产品或服务所带给该地或旅游者的价值。

一、城市文化符号与城市旅游品牌资产

文化符号是具有某种特殊内涵或特殊意义的标识，城市文化符号是城市独特文化的体现，是城市文化内涵重要的载体和形式。作为文化符号，城市旅游品牌向旅游者表达和传递了与该地密切相关的独特旅游体验的价值承诺。旅游产品的无形性使得城市旅游品牌的文化符号成为旅游者认知、了解、回忆城市旅游产品和体验的有效线索，影响或左右着旅游者对目的地抉择的行为，直接关系到城市旅游产品或服务所能带给城市旅游管理者、经营者或旅游者价值的多少。

城市旅游品牌的文化符号是一种符号经济，在“文化牵引经济”的时代，文化符号可以给城市旅游和整个城市带来巨大的经济效益。因此，城市旅游品牌文化符号中对城市旅游特色体现得越强，品牌信息与旅游者需求的匹配度越高，就越能够增加旅游品牌的资产。

二、城市旅游品牌资产的构成

de Chernatory 和 McDonald（2001）指出：成功的品牌是一种可以区别出来的产品、服务、人员或地点，能够使购买者或使用者感知与其需求最密切匹配的相关的、独特的附加值，品牌成功源自其能够在竞争中维持这种附加值。就品牌资产而言，其是有助于在消费者头脑中强化品牌价值的所有因素或维度的综合。由于品牌资产来源于消费者对品牌的认同以及由此产生的购买行为，Maja Konecnik 和 William C. Gartner（2007）提出了基于消费者的目的地品牌资产生成模型，认为目的地形象是旅游者了解和认知目的地的窗口，在旅游目的地品牌资产的形成中具有重要作用，如图 8-1 所示。

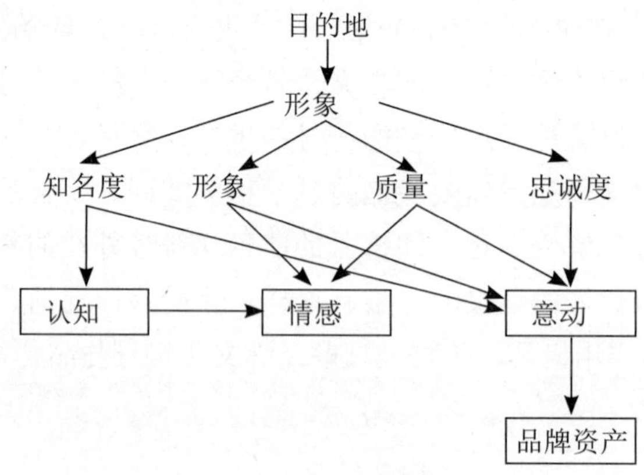

图 8-1 旅游目的地品牌资产的形成模型

资料来源：Maja Konecnik, William C.Gartner. Customer-Based Brand Equity For A Destination[J]. Annal of Tourism Research, 2007(2):400-421.

在图 8-1 中，目的地形象有三个构成要素，分别为认知要素、情感要素和意动要素。其中，认知要素形成品牌的知名度，即旅游者对目的地的知识以及对这些知识的看法；情感要素是指旅游者在这些知识的基础上所形成的对目的地的感觉；意动要素则是指旅游者的行为：旅游者面对这些信息做出的行为反应以及他们对目的地的认知。该模型采用了 Cai 的观点，即形象是目的地品牌化中的核心。然而，一旦目的地名字众所周知之后，其形象则成为品牌的一个维度并且被目的地名称所遮蔽。如图 8-1 所示，模型中不同的维度影响不同的构成要素。例如，品牌知名度对认知要素的影响最大，没有知名度就不会有品牌资产。相比态度和感知对品牌知名度的影响而言，形象和质量的维度对情感要素的影响要更大。忠诚度（行为上的和态度上的）则对意动要素产生作用。

除了形象之外，目的地品牌资产还应包括旅游产品和品牌个性。迟静圆（2008）在对应一般意义上的品牌资产构成内容的基础上，指出旅游地品牌资产的核心价值包括理性价值、感性价值和象征价值。本书借助其研究方法，构建出城市旅游品牌资产构成模型，如图 8-2 所示。

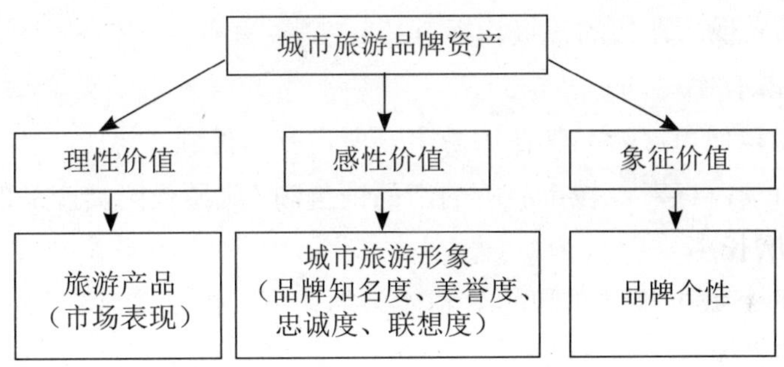

图 8-2　城市旅游品牌资产构成模型

从图 8-2 可以看出，城市旅游品牌资产是由该品牌的理性价值、感性价值和象征价值三部分构成。其中，理性价值是指城市旅游产品的市场表现，旅游者通过具体的旅游产品和服务，体验城市旅游品牌文化符号所要表达和传递的独特旅游体验。理性价值是旅游者利益的体现，是旅游品牌资产情感价值和象征价值的基础。在此基础上形成旅游者对城市旅游品牌的认知、评价和态度，包括品牌知名度、美誉度、忠诚度和品牌联想等，这些要素的综合形成城市旅游品牌的形象。

城市旅游品牌形象是该地旅游品牌资产的重要构成部分，是激发旅游者旅游动机，指引和吸引旅游者做出购买抉择的旗帜。象征价值是指城市作为旅游目的地的品牌个性，即在提炼城市各种旅游资源特质的基础上所形成的独特的品牌风格，表现的是城市旅游品牌与竞争对手不同的品牌独特性和垄断性。

在符号经济的时代背景下，品牌的象征价值在旅游者心目中的地位和作用越来越突出。旅游者在体验具体的产品和服务的同时，也在消费和拥有该产品和服务的品牌符号，以实现旅游者“身份识别”和“消费认同”的精神层面的需求。同其他品牌一样，城市旅游品牌资产也是源于旅游者的购买行为，即城市旅游品牌资产是旅游者在城市旅游品牌的刺激下，引发的心理回应所产生的市场效益。城市旅游品牌资产的评估应围绕其核心价值的构成要素——理性价值、情感价值和象征价值三个方面来展开。

第四节　城市旅游品牌资产的评估体系

迟静圆（2008）以理性价值、感性价值和象征价值为基础，从市场和旅游者的角度，构建了城市旅游品牌资产的评估体系，具有客观性和操作性，本书采纳其评估方法。

（一）基于市场的城市旅游品牌资产评估指标

从市场角度对城市旅游品牌资产理性价值进行评估，考察的是城市作为旅游目的地，其旅游产品的市场表现，评估的三级指标有：

1. 品牌市场占有率

该指标用来衡量城市旅游品牌在旅游市场所占有的份额。

品牌市场占有率 = 城市品牌的产品销售额 / 旅游业同类产品的销售总额

2. 品牌销售增长率

该指标反映的是城市旅游品牌的盈利能力的大小，也是品牌在旅游市场上的延伸能力、综合竞争力的表现。

品牌销售增长率 = 上期品牌销售规模 / 当期品牌销售规模

3. 针对旅游产品特性

该评估体系加上了包括城市空间范围内的旅游资源禀赋、旅游酒店和旅行社实力组成的综合分析指标。

（1）旅游资源等级

旅游资源是目的地进行旅游开发和旅游业持续发展的基础，自然和人文资源禀赋是城市旅游产品形成市场竞争力的前提条件。在此，先设定旅游资源等级的加权值，即拥有 5A 级旅游资源的为 7 分，4A 级旅游资源为 5 分，3A 级旅游资源为 3 分，其他旅游资源为 1 分。

旅游资源吸引力 = 拥有世界级旅游资源的数量 ×7+ 拥有国家级旅游资源的数量 ×5+ 拥有省级旅游资源的数量 ×3+ 拥有其他等级旅游资源的数量 ×1

（2）旅游酒店同样根据等级赋加权值，五星级 7 分，四星级 5 分，三星级 3 分，其他 1 分。

旅游酒店综合实力 = 五星级酒店数量 ×7+ 四星级酒店数量 ×5+ 三星级酒店数量 ×3+ 其他等级酒店数量 ×1

（3）旅行社占有率 = 该城市旅游品牌所拥有的旅行社数量 / 同类旅游品牌所拥有的旅行社数量。

旅行社实力 = 国际社 ×7+ 国内社 ×5

（二）基于旅游者的城市旅游品牌资产评估指标

从旅游者的角度是针对城市旅游品牌资产中文化符号的感性价值和象征价值的评估，考察的是旅游者通过对城市旅游品牌文化符号的市场认知而产生的品牌态度，在这种态度的作用下所产生的购买意愿，以及最终导致的购买行为。基于旅游者的城市旅游品牌资产评估包括以下几个要素：

1. 品牌知名度

该指标反映的是市场上知晓该品牌的旅游者人数比例以及知晓的程度，用下面两个分指标来衡量：

（1）品牌知名度 = 认出或想起该品牌的旅游者数量 / 接受调查的人员数量。

（2）品牌第一知名度 = 对所描述的情况立即反映出该品牌的旅游者数量 / 接受调查的人员数量。

2. 品牌美誉度

反映的是旅游者对品牌质量、功能和价值的满意程度。也可用两个分指标来衡量：

（1）品牌的满意度 = 认为该品牌令人满意的旅游者数量 / 接受调查的人员数量。

（2）该品牌在旅游业内的排名和荣誉。

3. 品牌忠诚度

反映的是旅游者对于该品牌的持久的满意度的基础上所形成的忠诚程度，即旅游者的偏好转向其他品牌的可能性的程度，用品牌再次购买率和旅游者价格弹性两个指标来进行评估。

品牌再次购买率 = 旅游者再次购买该品牌的次数 / 旅游者购买同类品牌的总次数

4. 品牌联想度和品牌个性

品牌联想是将旅游者的需求转化为品牌动机的关键。城市旅游品牌的形式及其传播方式都有可能引发旅游者不同程度的联想，一旦该联想与需求相关，就可能产生品牌动机，促成旅游者购买行为的发生。品牌个性是指与品牌相连的一整套人格化特征，品牌之所以成为竞争的利器就在于品牌与众不同的个性特征。Jeannifer L.Aaker（1997）指出，与产品相连的属性倾向于向消费者提供实用功能，而品牌个性则倾向于向消费者提供象征性或自我表达的功能。在符号经济时代，具有鲜明个性特征的城市旅游品牌往往受到旅游者的关注和追捧。这两个指标反映的是旅游者对城市旅游品牌熟悉的程度，指标评价通过对品牌设计与设置的定性分析。

在此基础上，确定一级指标和二级指标各自的权重值，构建出完整的城市旅游品牌资产评估体系，如表 8-1 所示。

表 8-1 城市旅游品牌资产价值评估体系

指标体系	一级指标	权重 /%	二级指标	权重 /%	三级指标
城市旅游品牌资产评估体系	理性价值	23	市场表现	23	1. 品牌市场占有率 2. 品牌销售增长率 3. 旅游资源综合竞争力
	感性价值	53	品牌的知名度	15	4. 品牌知名度 5. 品牌第一知名度
			品牌的美誉度	17	6. 品牌满意度 7. 品牌业内排名和荣誉
			品牌忠诚度	21	8. 再次购买率 9. 消费者价格弹性
	象征价值	24	品牌联想度和个性	24	10. 旅游者对城市旅游形象的认可度 11. 受欢迎程度
合计		100		100	

资料来源：迟静圆．我国旅游地品牌资产价值的评估研究 [D]．上海：华东师范大学，2008.

鉴于旅游的体验性和旅游产品的无形性，完全用数学统计的方法很难对城市旅游品牌资产进行评估。上述评估体系综合运用了定量与定性的方法，能够较为客观、准确地评估城市旅游品牌资产的价值。通过品牌资产的评估，有助于对城市旅游品牌建设的成效进行监控，在城市旅游品牌的建设过程中，有针对性地采取措施，提高城市旅游品牌核心价值；同时，由于城市旅游品牌的建设是一项系统工程，需要各个方面的支持与协作，通过对城市旅游品牌资产的评估，将城市旅游品牌价值进行数字化展示，容易增强利益相关者的信心，共同为城市旅游品牌的构建贡献力量。

第九章　实证研究：成都城市旅游品牌的管理

第一节　成都城市旅游资源概况

成都历史悠久，气候宜人，有“天府之国”“蜀中江南”“蜀中苏杭”的美称。成都是中国城址未变、延续至今最古老的城市之一。成都市旅游资源丰富，名胜古迹众多。历史遗迹方面，重点文物保护单位119处：国家级17处、省级30处、市级72处；10座历史文化名城：国家级2座、省级8座；县级文物保护单位300处；文物建筑22处；省级历史文化名城名镇4座；各类博物馆23座，馆藏文物24.5万件。自然景观和旅游景点方面，成都拥有12个风景名胜区：国家级2个，省级7个，市级3个；7个森林公园：国家级4个、省级2个、市级1个；4个自然保护区：国家级2个、省级2个；9个风景名胜区：国家级4个、省级5个；世界自然与文化遗产2处；国家地质公园1个；国家5A级旅游区2个，国家4A级旅游区3个。此外，成都还地处九寨沟、黄龙、卧龙、四姑娘山、贡嘎山、海螺沟、稻城—亚丁、峨眉山、乐山大佛、三星堆、剑门蜀道等景区的中心位置，也是内地前往西藏的主要中转站。

成都市是我国首批历史文化名城和优秀旅游城市，2006年，成都与大连、杭州一起被命名为“中国最佳旅游城市”。优越的地理位置和丰厚的自然文化资源为成都城市旅游业的发展奠定了坚实的基础。

第二节　成都城市旅游近年来发展现状

本书以旅游主管部门发布的相关数据为基础，对成都市近年来旅游业的发展情况进行比较，结合问卷调查的结果，以获得对该市城市旅游发展现状有一个较为全面、客观的认识。

一、成都市旅游发展遭遇的危机与复苏

2008 年“5 • 12”大地震和世界金融危机，使成都市旅游业遭受重大影响。以国际旅游为例，2008 年，成都市共接待境外游客 471 998（人次）和 934 431（人天），较 2007 年分别下降 35.94% 和 36.04%。2009 年，全年接待国内游客 5 506.0 万人次，比上年增长 34.1%；国内旅游收入 485.2 亿元，增长 33.4%；组织出境旅游人数 26.3 万人次，增长 63.3%；接待入境旅游者 58.9 万人次，增长 17.7%；旅游外汇收入 2.4 亿美元，增长 37.5%。2014 年成都接待游客总人数达到 1.86 亿人次，同比增长 20.01%，旅游总收入达到 1 663.37 亿元，同比增长 25.01%。这表明成都城市旅游在经过 2009 年的复苏之后，开始步入新的发展阶段。

二、 成都市与其他相关城市旅游发展的比较

本书选用 2009 年的统计数据，对成都市与其他相关城市旅游发展情况进行比较，具体内容如表 9-1 所示。

表 9-1　　全国 15 个副省级城市 2009 年旅游三大指标排名一览表

城市名称	国内游客 / 万人次	排名	城市名称	境外游客 / 万人次	排名	城市名称	总收入 / 亿元	排名
广州	9 000.12	1	深圳	896.36	1	广州	994.04	1
武汉	6 359.99	2	广州	689.40	2	南京	822.16	2
南京	5 519.91	3	杭州	230.40	3	杭州	803.12	3
成都	5 505.97	4	南京	113.45	4	深圳	544.24	4
沈阳	5 290.00	5	大连	105.00	5	宁波	530.50	5
杭州	5 093.72	6	青岛	100.07	6	武汉	508.65	6
深圳	4 358.61	7	厦门	94.49	7	成都	501.30	7
宁波	3 962.00	8	宁波	80.05	8	青岛	489.10	8
青岛	3 903.40	9	西安	67.29	9	大连	480.00	9
西安	3 862.00	10	武汉	66.90	10	沈阳	453.00	10
哈尔滨	3 748.80	11	成都	58.87	11	厦门	325.43	11
大连	3 412.00	12	沈阳	49.60	12	哈尔滨	310.20	12
济南	2 823.00	13	哈尔滨	24.00	13	西安	297.40	13
厦门	2 388.84	14	长春	21.71	14	长春	284.50	14
长春	2246.50	15	济南	18.70	15	济南	256.50	15

资料来源：成都市旅游局政务网。

表 9-2 西部 12 个省会城市 2009 年旅游三大指标排名一览表

城市名称	国内游客/万人次	排名	城市名称	境外游客/万人次	排名	城市名称	总收入/亿元	排名
重庆	12 191.03	1	重庆	104.80	1	重庆	703.23	1
成都	5 505.97	2	昆明	77.83	2	成都	501.30	2
西安	3 862.00	3	西安	67.29	3	西安	297.40	3
贵阳	3 279.36	4	成都	58.87	4	贵阳	294.85	4
南宁	3 071.13	5	乌鲁木齐	21.00	5	昆明	226.34	5
昆明	3 037.19	6	南宁	12.27	6	南宁	181.72	6
西宁	791.00	7	拉萨	10.32	7	呼和浩特	104.00	7
呼和浩特	708.90	8	贵阳	9.11	8	乌鲁木齐	54.00	8
兰州	700.13	9	呼和浩特	8.90	9	兰州	40.08	9
乌鲁木齐	680.00	10	西宁	2,87	10	西宁	39.98	10
银川	329.85	11	兰州	1.24	11	拉萨	32.85	11
拉萨	310.26	12	银川	1.05	12	银川	28.55	12

资料旅游：成都旅游政务网。

三、问卷调查

问卷调查基本情况：本次问卷调查于 2011 年 3 月 8—12 日在成都市武侯祠、锦里、熊猫基地、杜甫草堂、宽窄巷子、青羊宫等旅游景区以及双流机场等游客集散地采用随机抽样方式进行，共发放“成都市旅游形象感知与体验调查问卷”500 份，问卷全部回收，经剔除无效问卷后，剩余有效问卷为 470 份，有效率为 94%。用 SPPS13.0 统计软件进行数据录入与统计分析，基本情况如下：

1. 样本性别分布

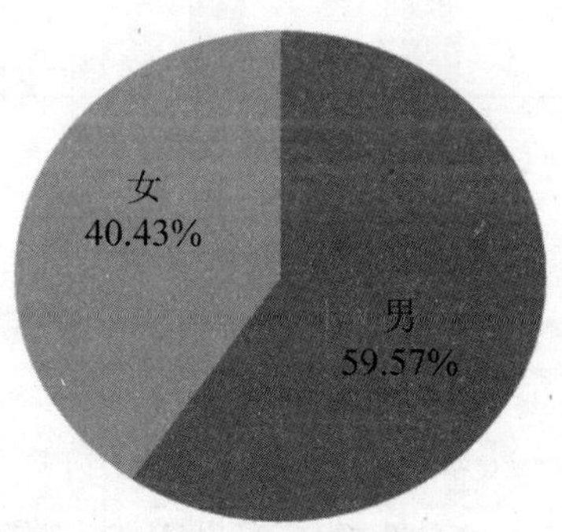

图 9-1 样本的性别分布

470 位调查对象中，男性为 280 名，女性为 190 名，样本的男女性别比例为 6∶4。

2. 样本年龄分布

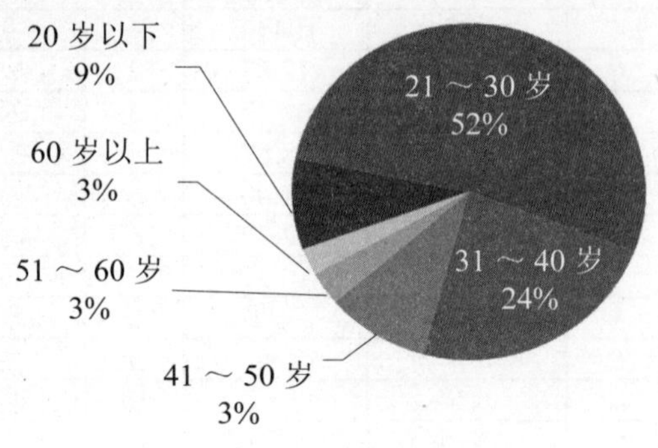

图 9-2　样本的年龄分布

从图 9-2 可以看出，大部分游客处于 21 ～ 30 岁和 31 ～ 40 岁两个年龄阶段，20 岁以下和 41 岁以上的游客较少，50 岁以上的中老年游客则更少，抽样的结果显示成都市的现实游客年龄分布为两头少中间多的"纺锤形"，游客年轻化较为突出。

3. 客源地分布

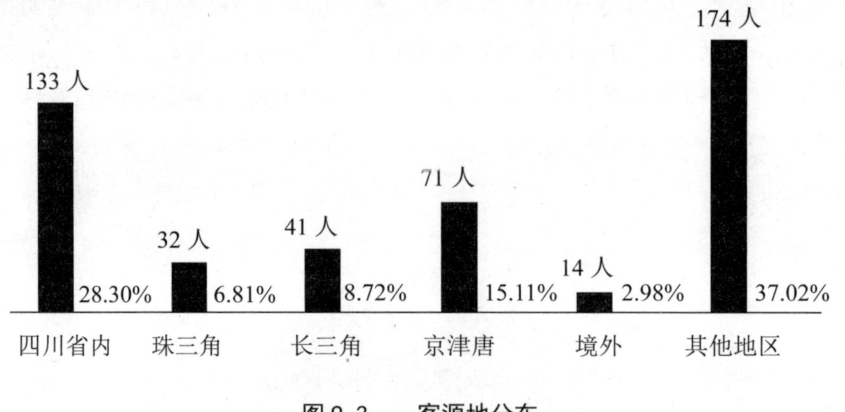

图 9-3　客源地分布

根据调查的结果，到成都市旅游的游客中有 28.30% 来自于四川省内，省外的游客分布较为分散，传统的客源地如珠三角、长三角等区域虽占有一定的分量，但是并不明显，来自京津唐等地的北方游客较多，境外游客数量很少。除上述的近程客源和国内旅游传统客源之外，其他的游客来自于国内各个省份，重庆、陕西、甘肃、河南、陕西、吉林、湖南、安徽等省份均有，且没有表现出明显的集中趋势。总体上来说，来成都市旅游的省外游客中，北方游客较南方游客多。

4. 到成都旅游的次数

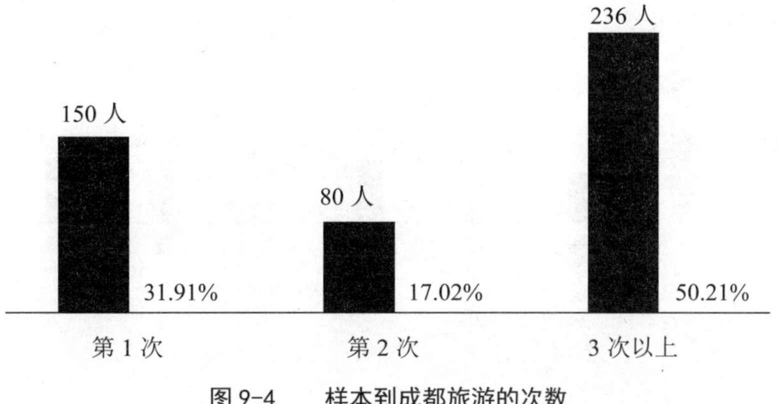

图 9-4　　样本到成都旅游的次数

31.91% 的游客是第一次来成都旅游，17.02% 的游客是第二次，半数以上的游客是第三次或者更多。

5. 逗留时间

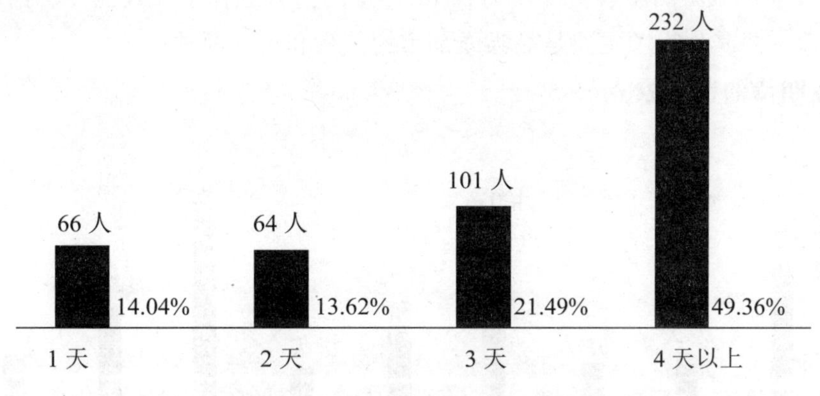

图 9-5　　样本此次旅游的逗留时间

在目的地的逗留时间是考察游客旅游行为特征的一个重要指标，逗留时间的长短直接影响着游客的消费，也关系到游客对目的地形象感知的深度。在受访的样本中，一日游游客占总数的 14.04%，过夜游客占总数的 84.47%，其中有近半数的游客是在成都市逗留 4 天甚至更久的时间。相比一日游游客的走马观花式行程，逗留时间较长的游客更有可能深入地了解成都的文化底蕴，对城市形象也会有更深刻的体验与认识。

6. 旅游目的

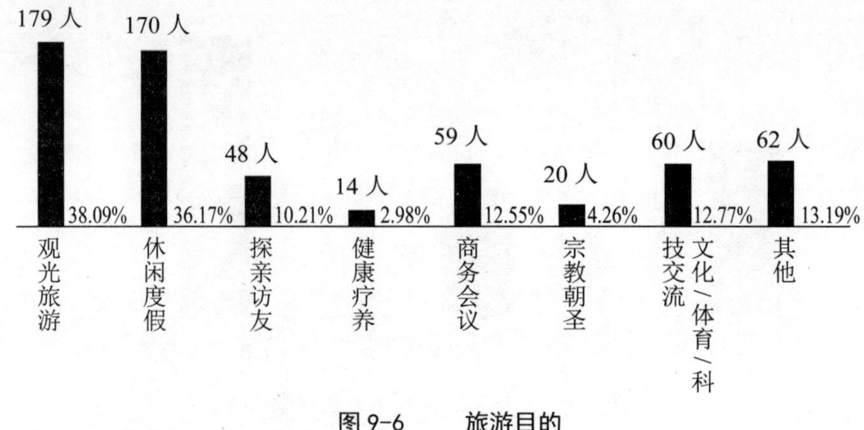

图 9-6 旅游目的

观光游览和休闲度假是大部分游客到成都市旅游的最主要目的，探亲访友、商务会议和文化 / 体育 / 科技交流各占总数的 10.21%、12.55% 和 12.77%，出于健康疗养和宗教朝圣目的来成都市旅游的游客很少，另有 13.19% 的游客选择了“其他”，据调查过程中与游客的交流，“其他”项主要是品尝成都市的美食和转乘两种。

7. 游客期待的市区景点

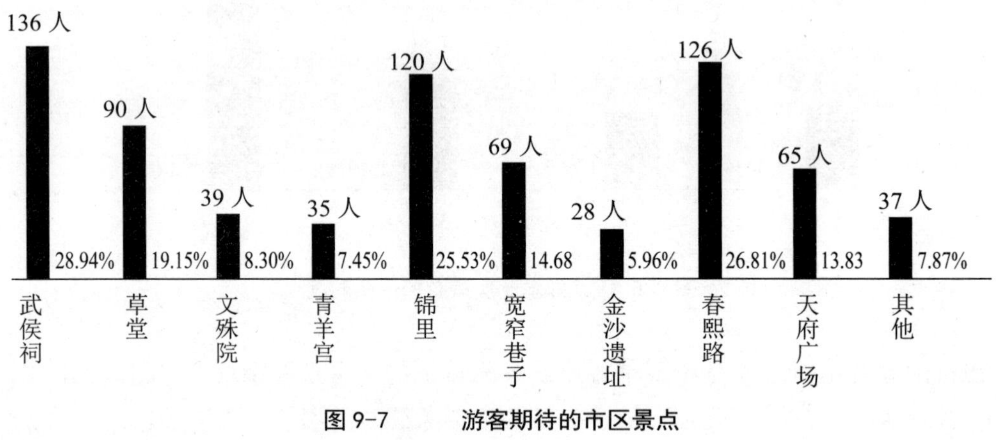

图 9-7 游客期待的市区景点

根据调查的结果，武侯祠、锦里和春熙路是游客到成都市以后最想去的景点，其他项主要是熊猫基地。

从以上统计数据可以看出：①与另外两个最佳旅游城市杭州、大连相比，成都在国内游客的接待量上处于优势，而在境外游客接待量上处于劣势，而且差距明显，只相当于杭州的 25% 和大连的 56%；就旅游总收入而言，在三个城市中成都与大连相当，与杭州的差距较大。②在西部地区同类城市的比较中，成都整体优势比较明显，但在国际旅游方面还显薄弱。通过分析表明，成都在国内旅游市场上具有较高的知名度，其主要的客源来自国内，而在国际旅游市场上的知名度较低。因此，成都城市旅游未来的发展，一方面要巩固和进一步提升其在国内旅游市场的地位；另一方面要加大在境外旅游市场的宣传力度，提高成都在境外旅游者心目中的知晓度，扩大成都在境外旅游市场的影响力和吸引力。③前来成都旅游的游客，主要目的是观光游览和休闲度假，表明成都这两类旅游产品对旅游者的吸引力较大；逗留时间较长，说明成都旅游过境地的局面得到很大改变。

第三节　文化符号与成都城市旅游品牌管理

符号现象由来已久，是一种与人相关联的最古老的社会存在，它伴随着人类形成的全部过程。随着人类社会实践活动的不断深入，作为信息物质载体的符号，其内涵也得到不断地丰富，符号成为人与世界沟通的桥梁和精神媒介。作为旅游主体的人，既是文化的产物，又是符号的动物。在人类步入消费社会的时代背景下，符号的价值正日益凸显。符号学作为研究符号化过程和规律的学科，被人们运用到各个领域，成为人们认识和解释各种社会现象的工具。

本节基于符号学的相关理论，结合问卷调查、实地考察、深度访谈等获取的相关资料，从文化符号的视角对成都市城市旅游品牌管理所涉及的品牌设计、传播、延伸、竞争与合作等内容展开讨论。

一、成都城市旅游形象定位

“形象”一词源于人们对具体事物的感知，指的是存在于人们心目中、通过感知活动所获得的对某一事物的印象。城市旅游形象是指旅游者（现实的、潜在的）对某一城市作为旅游目的地所表现出来的个性的总体认识和评价，是该地在旅游者心目中的总体印象。在旅游业步入“形象驱动”的时代，城市旅游形象竞争力成为各城市间进行旅游市场竞争的利器。其中，城市旅游形象的定位又是其核心问题，可以说，城市旅游形象定位是城市旅游品牌管理的起点和目标。

成都市旅游形象一直受到当地政府和学界的关注，自20世纪80年代的“天府风光、熊猫故乡、古蜀文明”以来，其城市旅游形象定位不断变化，提法众多，如“成功之都、美食之都、多彩之都”“休闲之都、锦绣成都、天府之都、人居天府”“中国西部的优游天府”“天府之都、休闲之都”“西部人居之都”“天府蜀都”“一座来了就不想走的城市”“第四城”“东方伊甸园”等。这一现象表明：①成都旅游资源丰富，很难将其旅游形象准确定位；②当地政府对城市旅游形象可谓相当重视，但一直处于摇摆、更迭状态，无法形成一个相对稳定的城市旅游形象，这对于成都城市旅游的发展十分不利。城市旅游形象的模糊，加大了旅游者对成都城市旅游形象的认知和认同的难度，使得旅游地的资源难以形成合力，上升为品牌文化符号，从而失去市场的竞争力。

（一）成都城市旅游形象定位的设想

成都城市旅游形象一直处于模糊和变动之中，其根本原因在于未对成都的旅游资源尤其是城市特色文化深入发掘，未能将该地的地脉和人脉资源进行提炼上升为一种城市旅游形象。结合成都本地的各种资源，在前人研究的基础上，本书作者认为可将成都城市旅游形象定位为“悠闲天府、田园成都”。这种考虑的依据如下：

1.“悠闲”与“休闲”之辨

据《现代汉语词典》（2002 年增补版）的解释，“悠闲”意为“从容、自在”，表现的是一种处世心态和精神境界。“休闲”意为“休息、过清闲的生活”。两者在意义上既有联系也有区别，“悠闲”包含着“休闲”之意，更体现出人们从容、自在的心态，而“休闲”是一种不作为。这也导致有人对“休闲”一词持否定的态度。陈叙（2006）就指出“初到成都的旅游者获得的一个主导印象就是成都人的闲散，遍及大街小巷的茶馆和随处可见的麻将，似乎构成了成都人生活的主要层面……成都温情脉脉的市井文化也透露出因循守旧、狭隘封闭、不思进取的另一面。这种情形对于成都良好旅游形象的塑造十分不利，也不利于城市的发展和进步，尤其是在西部大开发的背景下。”

诚然，本书并非有意于文字游戏，也非贬低“休闲”之说，在工作之余，打牌、喝茶，无可厚非。只是相比之下，本书倾向于使用“悠闲”一词，该词更能贴切地表现成都城市旅游形象的特质与个性。

2.“天府”之说历史悠久

“天府”一词最早见于《周礼》，最初的意思是指专门负责保管国家珠宝和库藏的官吏。后用来指土地肥沃、物产丰富的地区。秦太守李冰建成都江堰之后，使成都平原成为“水旱从人，不知饥馑”的富庶之地，从此被誉“天府之国”。而成都作为该地的政治、经济、文化的中心，“天府”与成都这座古老的城市紧紧地联系在一起。天府一方面说明了成都历史的悠久和文化的灿烂；另一方面，也表明了成都优越的地理环境、宜人的气候、丰富的物产、富足的人民，这些都为成都城市旅游业的发展奠定了坚实的基础。

3.“休闲之都”的泛化

休闲产业是近代工业文明的产物，发端于 19 世纪中叶欧美。进入 20 世纪，随着科学技术的快速发展，与休闲相关的产业便逐渐应运而生，20 世纪 70 年代进入快速发展阶段。休闲产业是指与人的休闲生活、休闲行为、休闲需求（物质的与精神的）密切相关的产业领域，特别是以旅游业、娱乐业、服务业为龙头形成的经济形态和产业系统，休闲产业已成为国家经济发展的重要的支柱产业。其中，旅游是实现休闲的重要途径和手段。

改革开放以来，我国经济发展迅速，社会文明程度显著提高，随着国民收入和带薪休假制度的改革和完善，人们的休闲价值观也发生了巨大的变化。在这样的时代背景下，各地，特别是旅游城市，纷纷提出打造“休闲之都”的设想，一时间“休闲之都”在中国遍地开花。如杭州、成都、合肥、长沙等省会城市，还有诸如威海、肇庆、承德、乐山、北海、中山、荆门、张家口等城市。相信还会有城市不断地加入打造“休闲之都”的行列，可以说“休闲之都”的提法已十分泛化。

4. 田园城市——现代城市发展的趋势

田园城市是19世纪末英国社会活动家霍华德提出的关于城市规划的设想。霍华德在其著作《明日，一条通向真正改革的和平道路》中认为应该建设一种兼有城市和乡村优点的理想城市，他称为“田园城市”。田园城市实质上是城乡结合体，目的是以城乡一体的新的社会结构形态来取代旧的城乡分离的社会结构形态。1919年，英国“田园城市和城市规划协会”经与霍华德商议后，明确提出田园城市的含义：田园城市是为健康、生活以及产业而设计的城市，它的规模能足以提供丰富的社会生活，但不应超过这一程度。

霍华德认为城市环境的恶化是由城市膨胀引起的，城市无限扩展和土地投机是引起城市灾难的根源。他建议限制城市的自发膨胀，并使城市土地属于城市的统一机构；通过控制和有意识地移植城市中具有吸引人口聚集的“磁性”，改变城市人口的过于集中，控制城市的盲目扩张。霍华德对他的理想城市作了具体的规划，绘成简图，并在英国亲自主持建设了莱奇沃思（Letchworth）和韦林 (Welwyn) 两座田园城市。

霍华德针对现代社会出现的城市问题，提出带有先驱性的规划思想，针对城市规模、布局结构、人口密度、绿带等城市规划问题，提出一系列独创性的见解，是一个比较完整的城市规划思想体系。田园城市理论对现代城市规划思想起了重要的启蒙作用，对后来城市规划和城市理论产生了重大而深远的影响。

长期以来，中国城市化进程是单向进行的。改革开放以后，我国城市迅速发展，乡村发展滞后，城乡发展极不协调，造成了城乡二元对立的鲜明特征。这种二元对立的状态一方面会引发诸多矛盾，另一方面也束缚了城市自身的持续发展。鉴于改变我国城乡二元结构体制、探索建立构建和谐社会体制的需要，国家于2007年将成都、重庆设立全国统筹综合配套改革试验区。可以说，田园城市是现代城市发展的趋势。

5. 旅游者的认知

为了进一步明确成都市在游客心目中的形象，在本次问卷调查中列出“时尚”“浪漫”“休闲”“安逸”“大气”5个词语，由调查对象从中选择认为恰当的词语，问卷统计结果如下：

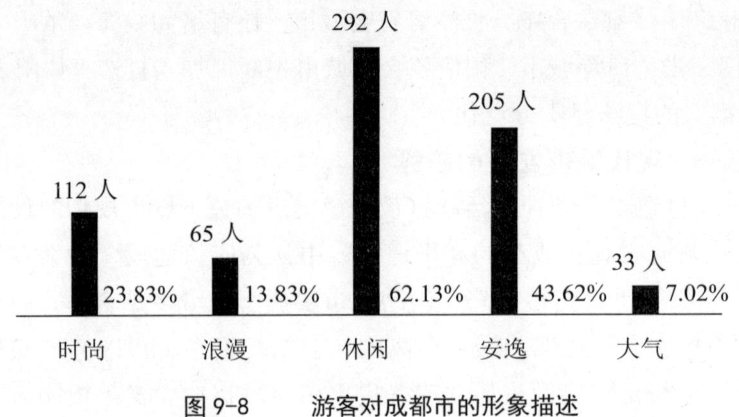

图 9-8 游客对成都市的形象描述

大部分游客认为成都最大的特质在于“休闲”，另有相当部分的游客认为“安逸”一词用来形容成都也较为恰当，选择“时尚”“浪漫”形容成都的游客分别占样本总数的23.83%和13.83%，选择“大气”一词的游客则较少，仅有7.02%。可见，成都“休闲”“安逸”的城市形象得到旅游者的广泛认同。

（二）成都城市旅游形象定位的符号学解读

皮尔斯的符号学理论认为，符号是由代表项（符号本身）、对象、解释项三个要素构成的统一体。在这一统一体中，解释项起着关键的作用，它就像另一个符号，或者“大脑中的符号”。作为解释项，它能承担另外一个符号 / 代表项的职能。这样它又和另外一个对象产生关系，依次产生新的解释项，然后又转化为新的符号 / 代表项，又和新的对象产生关系，产生另外一个解释项，接着又和新的对象产生关系，产生另外一个解释项，如此往复，循环不息。符号就是一个意义不断生成的无限的过程。按照皮尔斯的符号学理论，我们可以对成都城市旅游形象进行以下的符号学解读。

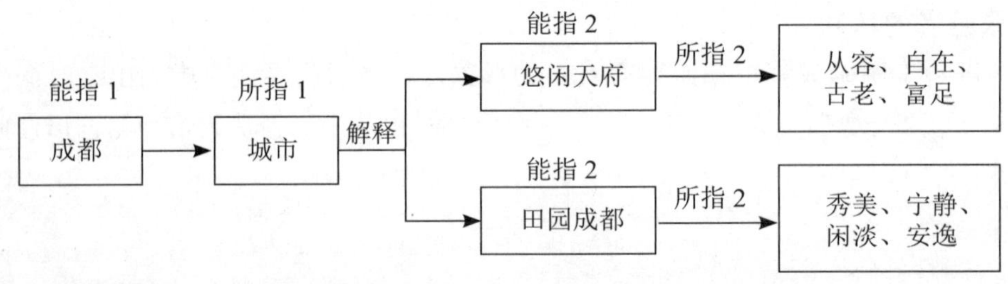

图 9-9 成都城市旅游形象定位的符号学解读

图 9-9 是一个有关成都旅游形象的符号学解读，其中，“成都”这两个汉字符号是“能指”，即该符号体系中的物质的层面；“城市”是“能指”所要指涉的对象，即“所指”，是符号体系中的心理层面；“悠闲天府、田园成都”为“解释”项，是符号“三

位一体”中最为活跃的要素。随后，该解释项本身变为新的符号/代表项，承担起另外一个符号/代表项的职能，又和另外一个对象产生关系，形成另一个由“代表”“对象”“解释”构成的符号体系，指涉新的内容，产生新的解释项。如“悠闲天府”可以指涉“从容、自在、古老、富足”“田园”指涉“秀美、宁静、闲散、安逸”等。作为一个符号，成都城市旅游形象就是以这样的方式，在起初的由“代表项”“对象”“解释项”的基础上，不断生成新的“解释项”，产生新的意义，循环不息。

二、成都城市旅游品牌定位

按照美国营销协会的定义，“品牌是一种名称、术语、标识、符号或设计，或是它们的组合，其目的是借以辨认某个销售者或某群销售者的产品或服务，并使之同竞争对手的产品或服务区分开来”。王连森（2004）运用符号学的相关理论，提出了“整体品牌”的概念模型，受其启发并根据城市旅游自身的特点，本书从城市旅游品牌文化符号“三位一体”出发，将城市旅游品牌的构成要素归纳为：城市品牌名称及标志、产品及服务、经营者关于城市旅游的表达。

城市旅游品牌是一个整体性的文化符号，城市旅游品牌除了包括城市名称及标志、产品和服务外，还包括城市旅游管理者和经营者关于城市旅游的解释（表达），这些解释（表达）通过语言、文字、图案、线条、色彩等各种符号向外界展示和传播城市旅游的某种独特的文化理念，这些解释（表达）包括解释（表达）的内容以及表达（解释）方式或活动本身构成了城市旅游品牌的一部分，不断诠释和丰富着品牌的内涵，使城市旅游品牌成为一个有意义的社会符号，成为旅游者认知、了解城市旅游的媒介。其中，“解释项”是城市旅游品牌的关键要素，它表现了城市旅游品牌的定位，向目标市场和潜在市场的旅游者表达和传递了与该地密切相关的独特旅游体验的价值承诺。

（一）城市旅游品牌定位的原则与流程

自20世纪50年代大卫·奥格威（David Ogilvy）第一次提出了现代意义上的品牌概念以来，品牌的表现形式和功能一直在不断地发展和演化。本书作者认为城市旅游品牌是城市旅游管理者和经营者以城市区域内旅游资源禀赋为基础，以城市特色文化为核心提炼而成的，用于代表其自身及产品（服务）特征的，便于促进旅游者对其感知的，由名称、标志等组成的符号系统。其目的是表达和传递与该地独特相关的某种特定旅游体验承诺，从而影响旅游者目的地选择的行为，并通过自己的名称、标识、图案等符号系统与其他城市的旅游产品和服务相区别。

1. 城市旅游品牌定位的原则

在旅游业发展到“品牌竞争”的阶段，城市旅游品牌能够对旅游者形成巨大的推动效应，成为旅游者目的地选择的重要影响因素。但要城市旅游品牌真正发挥其所承担的指向力和吸引力的作用，关键在于品牌的定位。城市旅游品牌定位就是城市旅游经营者依据本地特色旅游资源，结合旅游业发展趋势和市场需求，推出自己设想的、包含独特旅游体验价值承诺的旅游品牌文化符号，使之在目标市场的旅游者心中占据有利的位置，从而达到旅游者优先选择的目的。当然，城市旅游品牌的定位不是凭空想象，主观臆断的结果，而是要遵循一定的原则。

（1）市场导向性原则

品牌定位其实就是借助营销和传播等途径在旅游者心目中占据一个有利的位置，因此要将品牌所包含的价值承诺与旅游者的利益诉求有机地结合起来。然而，任何一个旅游目的地都无法满足所有旅游者的需求，任何一个旅游品牌也只能以部分旅游者作为其服务的对象。所以，成都城市旅游的管理者和经营者在进行成都旅游品牌定位之前，要充分考虑目标市场的游客消费心理和旅游动机，通过科学的市场调查分析主要客源市场的方位、客源市场的构成、了解旅游者的需求等，根据分析结果来设计满足目标客源市场需要的旅游品牌，确保自己所设想的品牌定位与旅游者的需求相吻合。通过一系列的营销和传播活动向目标旅游者传达这一定位信息，使旅游者感知到该品牌所承诺的旅游体验与自身的旅游需求相切合，从而获得旅游者的认同和青睐，形成稳定持久的吸引力。

（2）符合城市发展现状的原则

品牌定位要考虑城市自身经济发展水平、资源禀赋、基础设施、接待能力、城市环境、区位条件等各种因素。品牌定位一方面要促进现有城市资源的整合利用，发挥最大的效能，另一方面，不能盲目自恋，提出不切实际的品牌定位。因此，成都城市旅游品牌的定位，一方面要考虑当地旅游资源的禀赋，另一方面要将城市旅游品牌定位与城市自身发展现状和未来发展趋势紧密联系起来。

（3）差异化原则

品牌定位的任务就是确定某一产品或服务特有的价值承诺，以有意义的方式向消费者传达和展现其有别于其他产品或服务的特色（内容、意义），彰显品牌个性，实现品牌的差异化。不能形成差异性，品牌将无法从竞争品牌当中脱颖而出。为了能够从众多的城市中脱颖而出，形成品牌个性，成都城市旅游品牌必须在本地旅游资源禀赋的基础上，提炼出能够标识自身文化个性和旅游特色的品牌符号，表达该地旅游文化特色，向旅游者做出与该地密切关联的独特旅游体验的价值承诺，凸显旅游品牌的差异性。

（4）符合旅游产品自身的特点原则

旅游品牌应以旅游产品为载体，不可脱离具体的产品而孤立存在。品牌的定位要与产品自身的特点、属性、可行性等相结合，才能将品牌转化为生产力，产生经济效益和社会效益。成都城市旅游品牌的定位，不仅要体现和彰显本地城市旅游品牌的文化个性特征，还要具有可操作性，使旅游项目能够得以实施，形成旅游者可以体验的载体。

（5）动态性原则

品牌定位不是一劳永逸、一成不变的，而是要关注和把握时代的脉搏、消费者生活方式、价值观念、需求的变化以及市场竞争环境等，进行不断地调整，始终贴近旅游者的需求，使品牌长期拥有生命力、吸引力和竞争力。成都城市旅游品牌定位并非一日之工，也不可能一劳永逸，而是要根据旅游者消费诉求、城市自身发展变化、社会经济环境等，采取相应的措施，保证城市旅游品牌的生命力和吸引力。

（6）可操作性原则

城市旅游品牌定位不是一种空洞而抽象的说辞，而是一种实实在在的战略和战术，必须具有可操作性。①品牌形象必须建立一套完整的识别系统，便于品牌的识别和传播。②旅游品牌的导入计划要符合城市旅游发展实际状况，可以长期执行。③城市旅游品牌定位要与城市总体发展战略一致，旅游品牌的创建要有利于城市品牌的塑造，提升城市整体形象。因此，成都城市旅游品牌定位，既要便于能够设计出一套可识别的符号系统，又要与成都打造“现代田园城市”的发展战略目标相一致，实现城市旅游发展与城市建设相互协调、相互促进。

2. 城市旅游品牌定位的流程

阿克和仙斯拜（1982）提出了一个城市品牌战略定位模式，认为“定位的重点在于强调你所擅长的，并掩盖你所缺失的。并指出品牌定位策略是形成顾客认知及选择决策的关键因素，营销计划中的任何元素都有可能影响该品牌定位的结果。为确保营销计划中的所有元素都能和该品牌的定位策略一致，必须先以定位策略作为营销方案的中心。”为此，他们提出了六大品牌定位策略：①属性定位：以某些特质或特色来自我定位；②价格和品质定位：把产品定位于某一价格与品质阶层；③使用定位：定位该产品在某些应用上为最佳产品；④产品使用者定位：以目标顾客为产品定位；⑤产品类别定位：可形容为该产业的领导者；⑥竞争者定位：暗示自己的产品较竞争者优异或有所不同。借助阿克和仙斯拜的城市品牌战略定位模式，本书作者提出成都城市旅游品牌定位的模式，如图 9-10 所示。

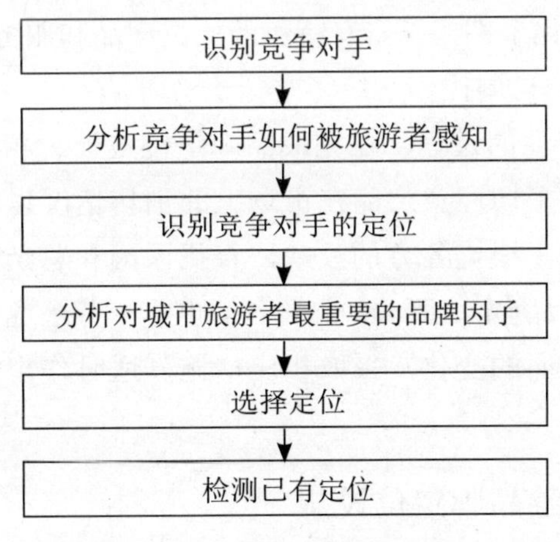

图 9-10　城市旅游品牌定位模式

品牌定位是一个复杂的过程，其具体的流程一般包括以下五个部分。

（1）旅游者分析

品牌定位的目的就是将自己品牌形象在旅游者的心目中树立并占据一个有利的位置，因此品牌定位必须对目标市场的旅游者进行分析，详细研究、了解顾客的需求，将成都城市旅游品牌文化特色和所承诺的独特旅游体验与旅游者的个性需求有机结合，这样的品牌定位才可能具有号召力和吸引力。

（2）竞争者分析

所谓“知己知彼，百战不殆”。成功的品牌定位必须对业内竞争者的相关情况进行分析。要了解竞争者的数量、产品以及市场占有率、在市场中处于何种竞争地位、对手有哪些优势和劣势以及发展动向等。运用一切调研手段，对市场和消费者展开深入调查，广泛搜集相关资料，通过科学系统的分析，形成客观的分析结果，为决策者的决策行为提供可靠的参考。成都城市旅游品牌的定位要充分了解国内其他城市旅游发展情况，分析自己与竞争对手之间的优势与劣势，做到扬长避短。

（3）竞争品牌定位分析

品牌的功能在于识别，将自身的产品或服务与竞争者的产品或服务区别开来，因此，定位之前了解竞争品牌定位的意义显得格外重要。通过相关信息的分析，结合城市的各种资源，寻找和发掘与竞争品牌的差异点，选择与众不同的品牌定位，提炼并彰显品牌文化个性与魅力。目前，国内致力于打造“休闲之都”旅游品牌的城市越来越多，成都应该确立本地旅游品牌定位的差异性，凸显品牌个性特征。

（4）品牌定位决策

每座城市在其形成和发展的历程中，在资源禀赋、城市风貌、规模、人口、经济、设施等方面都会存在差异，品牌定位并非求大求全，面面俱到，而是要选择与旅游者需求相符，最具特色，能够展示其独特竞争优势的差异点来进行品牌定位。成都城市旅游品牌应紧紧围绕品牌的文化个性，以富有特色的旅游产品和服务，彰显品牌特质。

（5）品牌定位的监控与调控

品牌定位是一个动态性的过程，在完成品牌定位设计、相应的品牌传播和营销活动开展之后，旅游经营者要密切注意产品在市场上的销售情况以及竞争对手和目标市场旅游者对于品牌定位的反映，根据各方的反映，查找原因和总结经验，对品牌定位进行适时的调整。成都城市旅游品牌定位既非一日之工，也非一劳永逸。应根据旅游者消费心理、市场竞争、城市发展等方面的变化，采取相应措施，适时作出调整，以保证城市旅游品牌定位的适应性。

（二）成都城市旅游品牌定位设想

依据城市旅游品牌定位的原则、成都旅游资源文化特色、城市发展现状和未来趋势、现代旅游者的消费诉求等，本书将成都城市旅游品牌定位为“悠闲田园城市”。

1. 成都休闲业发展的基础

从历史的角度看，城市的产生和发展主要依赖于制造加工业的繁荣。随着社会、经济、文化的发展，如今城市的经济发展已经转向并依赖于与人类休闲活动有关的产业，城市经济的良性循环在很大程度上越来越依赖于休闲要求的实现。在欧美国家，休闲产业十分发达，据有关数据表明，美国的休闲产业已处于国民生产总值第一的位置，其就业人口占全部劳动力的1/4。《时代》杂志预测，2015年前后，美国休闲业将占国民生产总值一半的份额，越来越多有条件的人会将生命50%的时间用于休闲和娱乐。据国际休闲研究权威人士预测，25年后，发达国家将进入“休闲时代”，一些发展中国家将紧随其后。

中国目前还属于发展中国家，离真正的“休闲时代”还有相当距离。但随着经济的发展、人民生活水平的不断提高和消费观念的转变，带薪休假制度的完善，全面建设小康社会进程的加快，休闲产业在中国已初露端倪。在北京召开的“国际休闲产业论坛2010年会”上，有关专家指出，未来50年中国将逐步进入“休闲时代”，休闲经济将成为中国扩大内需的主要动力，休闲产业将在未来的发展中扮演越来越重要的角色。

1995年，世界旅游组织（WTO）明确了模糊不清的旅游的定义：旅游是人们为了休闲、商务和其他目的，离开他们惯常的环境，到某些地方去以及在那些地方停留的活动。休闲成为人们外出旅游活动的主要动机之一。作为人类实现休闲活动的途径，旅行和旅游业是一项同休闲活动密切联系的产业，已经成为世界最大的产业之一。

成都，素有“天府之国”的美誉，其地理位置、气候条件、历史文化、 休闲观念等都为该地休闲业的发展提供了坚实的基础。

（1）地理位置

成都市位于四川省中部，四川盆地西部，介于东经102°54′～104°53′和北纬30°05′～31°26′，全市东西长192千米，南北宽166千米，总面积12 390千米^2，2004年市区建成区面积386.0千米^2。东北与德阳市、东南与资阳市毗邻，南面与眉山市相连，西南与雅安市、西北与阿坝藏族羌族自治州接壤。距东海1 600千米，南海1 090千米，属内陆地带。

（2）气候条件

成都市位于川西北高原向四川盆地过渡的交界地带，具有自己特有的气候资源：一是东西两部分之间气候不同。由于成都市东、西高低悬殊，热量随海拔高度急增而锐减，所以出现东暖西凉两种气候类型并存的格局。而且，在西部盆周山地，山上山下同一时间的气温可以相差好几度，甚至由下而上呈现出暖温带、温带、寒温带、亚寒带、寒带等多种气候类型。这种热量的垂直变化，为成都市发展农业特别是多种经营创造了十分有利的条件。二是冬暖、春早、无霜期长，四季分明，热量丰富。年平均气温在17.5℃左右，≥10℃的年平均活动积温为4 700～5 300℃，全年无霜期大于337天，冬季最冷月（1月）平均气温为5℃左右，0℃以下天气很少，比同纬度的长江中下游地区高2～3℃，提前一个月入春。三是冬春雨少，夏秋多雨，雨量充沛，年平均降水量为1 124.6毫米，而且降水的年际变化不大，最大年降水量与最小年降水量的比值为2 ：1左右。四是光、热、水基本同季，气候资源的组合合理，很有利于生物繁衍。五是风速小，广大平原、丘陵地区风速为1～1.5米/秒；晴天少，日照率在24%～32%，年平均日照时数为1 042～1 412小时，年平均太阳辐射总量为83.0～94.9千米/厘米^2。

（3）历史文化

①成都是一座有2 300多年悠久历史的古城，是国务院首批公布的24个历史文化名城之一。公元前4世纪，古蜀国王开明九世于“广都樊乡”（今双流境内）“徙治成都”，以“周太王从梁止岐，一年成邑，二年成都”，故名成都，相沿至今。公元前311年，秦人按咸阳建制兴筑成都城垣。公元前256年，蜀郡太守李冰父子率岷江两岸人民兴建的都江堰水利工程，2 000多年来一直浇灌着成都平原。由此，成都水旱从人，土地肥沃，气候温和，物产丰富，故世称“天府”。西汉时期，成都织锦业驰名天下，当时，在城西南设立了锦官，专管织锦，并筑有锦官城，故成都又有“锦官城”“锦城”之称。五代后蜀主孟昶时，在城墙上遍种芙蓉，故成都还有“芙蓉城”“蓉城”之称。在历史上，成都又是一座水网密布，江桥众多，树木葱茏，繁花似锦的“花城”。19世纪法国旅行家古德尔孟曾赞叹成都是“东方的巴黎”。

②2 000多年来，成都一直是我国西南地区的政治、经济、军事重镇，具有重要战略地位。

③成都是工商繁茂的大都会。秦汉时代，成都是全国有名的商业都市。汉代，又是全国五大都会（洛阳、邯郸、临淄、宛、成都）之一。唐代有“扬（州）一益（成都）二”之称。北宋时期是汴京以外的第二大都会。一年内，各种专业性市场不断：一月灯市、二月花市、三月蚕市、四月锦市、五月扇市、六月香市、七月宝市、八月桂市、九月药市、十月酒市、十一月梅市、十二月桃符市。

④成都的教育事业发达，历史悠久。早在公元前141年，蜀郡太守文翁在成都兴学，开学馆，设讲堂，建石室。“文翁倡其教，相如为之师”，于是蜀之人才，辈出于两汉。

⑤隋、唐至宋时代，成都的造纸技术为全国的高峰。唐代成都造的“益州麻纸”是官方规定的诏书、册令和中央图书馆的标准用纸。中国用木刻印刷五经、文选、诗文集，始于唐代的成都。宋代的成都，是全国印刷业三大基地之一，有“宋时蜀刻甲天下”之称。

⑥工艺名城。从战国到汉代，成都的漆器即负盛名，享誉海外。著名的马王堆汉墓出土的精美漆器就有成都制造的。

⑦蜀锦的故乡。成都一直是中国丝绸文化重要的发源地和生产地。汉、晋时期，蜀锦风靡天下。六朝以后至隋唐，通往西域的丝绸之路所销蜀锦大都是成都生产的。蜀锦在1909年的南洋博览会上获“国际特奖”。成都麻织的“蜀布”，在汉代是名扬天下的高级织物，远销“大夏”（即阿富汗）。

⑧音乐之城。唐宋时期，成都的音乐、歌舞、戏剧已非常繁盛，有“蜀戏冠天下”之称。成都的乐器制造，闻名全国，成都乐器世家雷氏所制“雷琴”，使当时的文化界“叹为观止”，

而留存于世者，珍同“国宝”。成都大慈寺的壁画也被称颂为“天下第一”。

⑨成都的茶文化。饮茶文化始于中国。中国饮茶，源于四川。而四川最早进行茶叶贸易的是成都新津。诗歌中最早饮茶记录也在成都。唐宋时期，成都是全国茶叶生产的主要地区，也是茶叶贸易的集散中心。清代以来，成都的茶馆文化别具一格，相延至今。成都茶馆之多，世界第一。

⑩人才荟萃之城。汉赋四大家成都有司马相如和杨雄两位。唐代大画家成都有黄筌、黄居采父子。宋代著名史学家成都有范镇、范祖禹。成都还是名流云集之地，大政治家诸葛亮，大诗人李白、杜甫、岑参、薛涛、韦庄、陆游、范成大等都曾寓居这里，有“天下诗人皆入蜀”之说。无产阶级革命家朱德、陈毅都曾就学成都。现代著名文学家郭沫若、巴金、李劼人、李一氓，科学家周太玄等，都曾在成都石室中学接受教育。

此外，成都的古蜀文化、三国文化、道教文化、佛教文化等都具有悠久的历史和厚重的积淀。

（4）饮食文化

“食在中国、味在四川”，川菜发源于我国古代的巴国和蜀国。它经历了从春秋至两晋的雏形期，隋唐到五代的较大发展，两宋出川传至各地，至清末民初形成菜系四个阶段。据史学家考证，古代巴蜀人早就有“尚滋味”“好辛香”的饮食习俗。贵族豪门嫁娶良辰、待客会友，无不大摆“厨膳”“野宴”“猎宴”“船宴”“游宴”等名目繁多的筵宴。到了清代，民间婚丧寿庆，也普遍筹办“家宴”“田席”“上马宴”“下马宴”等，因而造就了一大批精于烹饪的专门人才，使川菜烹饪技艺世代相传，长盛不衰。

身为四川省会，成都不仅是政治、经济、文化中心，也一直是四川美食的中心。作为拥有 2 300 多年历史的文化名城，成都的饮食文化与烹调技艺是它文明史的一部分。“一菜一格，百菜百味”使得川菜深受世人的赞誉与青睐。2005 年，成都应法国安锡市之邀，将连续 5 年赴法国举办“四川美食节”，美食已成为成都走出国门，扩大国际影响力的一张亮丽的城市名片。

（5）休闲观念

城市居民是城市的主人，也是旅游资源构成的要素之一，市民的态度、价值观、行为等，对城市旅游形象的塑造和旅游品牌的传播，具有巨大的影响。主客关系的研究一直受到国外从事于旅游社会学和旅游人类学的专家和学者的关注。发展休闲时代的旅游产业是一项系统工程，需要政府、社会、个体三方共同协作，共同开发。尤其是旅游目的地居民对旅游行为的感知和态度，直接影响休闲时代的旅游行为。

优越的地理环境、宜人的气候、小富即安的心态，使得成都人长期以来保持着一种悠闲自在、安逸散淡的生活情趣。成都人喜游好赏的风习由来已久，如“成都游赏之习甲于西南”“成都游赏之盛甲于西蜀，西蜀甲于天下”“成都行乐之习，相延成风”。可以说，成都人休闲的气质与心态是这座城市所独有的。当地居民悠闲的心态和乐于休闲的行为，为成都开展城市休闲旅游提供了极为有利的条件。

2. 成都建设世界现代田园城市的规划及进程

（1）成都建设世界现代田园城市的规划

成都市依据体现“世界现代田园城市”的内涵要求，以市域生态本底为基础和前提，根据成都市域不同区域资源禀赋，规划市域总体功能分区。其中：

旅游重镇“生态屏障”：龙门山、龙泉山是成都市的生态屏障，也是旅游产业的重点发展区。范围包括彭州、都江堰、崇州、大邑、邛崃、蒲江、双流、龙泉驿、青白江、金堂的山区。

农田区域“城在田中”：彭州、都江堰、郫县、温江、崇州、大邑、邛崃和蒲江以平原为主，是成都市都江堰精华灌区、基本农田集中分布区，城镇布局应注重显山露水，充分体现“城在田中”。

中心城区“园在城中”：中心城区，重点优化调整产业结构，提高城市承载能力，提升城市功能和品质，改善人居环境，形成“园在城中”的城市布局。

扩展区域“城田相融”：扩展型发展区是以先进制造业为主导，现代服务业与现代农业协调发展的区域。范围包括成都市域东部的新都、青白江、金堂、龙泉驿、双流和新津以丘陵为主的地区。

五大区域产业合作：在成都经济区范围内，规划了成德绵、成资遂、成眉乐、成雅和成阿五个区域产业合作区，其中：成德绵合作区主要以装备制造、高新技术产业合作为主；成资遂合作区主要以汽车制造、旅游产业合作为主；成眉乐合作区主要以新材料和石化下游产业合作为主；成雅、成阿合作区主要以旅游产业合作为主。在区域合作基础上形成产业功能合理分工、城镇体系和基础设施合理布局、生态环境充分协调的一体化格局。

13个市管区统筹发展：产业功能区分市管产业功能区和区（市）县管产业功能区。按照战略性重点产业功能，成都市共划定了高新技术产业区、金融总部商务区东部新城文化创意产业综合功能区、北部新城现代商贸综合功能区、西部新城现代服务业综合功能区、“198”生态及现代服务业综合功能区、龙门山、龙泉山生态旅游综合功能区、汽车产业综合功能区、新能源产业功能区、新材料产业功能区、石化产业功能区、国际航空枢纽综合功能区、国际铁路物流枢纽功能区13个市管产业功能区。

按“一区一主业”的定位，进行重点产业功能分区，确定各区（市）县管产业功能区分别为：

锦江区重点发展中央商业区（东区）、以传媒为主的文化创意产业区、以工业设计为主的总部经济区；

成华区重点发展以数字音乐为重点的文化创意产业区、以装备制造为主的总部经济区；

金牛区重点发展以综合交通为主的总部经济区、火车北站客运枢纽综合功能区；

青羊区重点发展中央商业区（西区）、航空产业基地、以文博为主的文化创意产业区；

武侯区重点发展人民南路科技商务区、以轻工设计及电子信息服务为主的总部经济区、城市商业物流配送中心；

新都区重点发展机电装备产业区、家具产业区、西部公路物流枢纽（北区）；

青白江区重点发展冶金建材产业区、现代物流商贸产业区；

郫县重点发展电子电气设备产业区、川菜产业基地、教育培训基地、国家级乡村旅游示范区；

温江区重点发展国际医疗服务中心、通信及视听设备产业区、国家级体育产业基地、国家级乡村旅游示范区；

双流县重点发展国际体育赛事产业区、临空经济综合功能区、以动漫为主的文化创意产业区；

龙泉驿区重点发展西部农产品（果蔬）物流中心、西部公路物流枢纽（东区）；

金堂县重点发展节能环保产业区。第二机场规划确定后，设立以临空制造为主的市管空港经济功能区；

彭州市重点发展现代农业及农产品物流区、塑胶及服装产业区；

都江堰市重点发展聚源文化创意综合功能区、健康食品产业区、国家级乡村旅游示范区；

崇州市重点发展家具及皮革产业区、乡村旅游区；

大邑县重点发展轻工产品与通用机械产业区、安仁文博旅游区；

邛崃市重点发展农副食品加工及中成药产业区、精细化工产业区；

蒲江县重点发展食品饮料产业区、印务包装产业区；

新津县重点发展临空经济综合功能区、水上运动休闲产业区、金融后台中心。

（2）成都建设世界现代田园城市进程

2003 年成都开始进行城乡一体化发展模式的探索，提出以“三个集中”为突破口的城乡一体化战略；2004 年 2 月，成都市委、市政府出台《关于统筹城乡经济社会发展推进城乡一体化的意见》，随后陆续发布了 50 多个配套文件，缓解了城乡二元结构矛盾，初步建立新型城乡管理体制；2007 年，成都市被选定为全国统筹城乡综合配套改革试验区；2009 年 10 月 14 日，成都市人民代表大会常务委员会正式公布《成都市城乡规划条例》，明确了该市城乡规划的原则；至此，成都市统筹城乡深度发展之路已现端倪。

2009 年年底，成都市确立了建设“世界现代田园城市”的全新定位，提出建设“世界现代田园城市”的构想：世界级国际化城市，西部地区现代化特大中心城市，人与自然和谐相融、城乡一体的田园城市。为此，成都市将采取“三步走”战略。第一步，从现在开始，用 5 ～ 8 年，真正建成为中国西部地区创业环境最优、人居环境最佳、综合竞争力最强的现代特大中心城市的“新三最”城市；第二步，用 20 年时间初步建成“世界现代田园城市”，进入世界三级城市行列；第三步，用 30 ～ 50 年最终建成“世界现代田园城市”，成为世界二级城市。

“悠闲田园城市”作为成都城市旅游的品牌定位，是以成都自然资源和人文资源禀赋为基础，结合城市发展现状和目标，提炼出成都的城市旅游品牌文化符号。该品牌符号，一方面体现了成都市旅游资源中城市文化特质，向旅游者表达和传递了与该地密切相关的独特的旅游体验的价值承诺；另一方面反映了成都城市未来发展的目标。

三、成都城市旅游品牌的设计

品牌是用于指称特定产品或服务的具有一定内涵的文化符号。城市旅游品牌的设计就是在该地旅游品牌定位之后，运用适当的符号形式将该品牌的文化内涵表现出来。城市旅游品牌的主要构成要素包括城市名称、标志、口号。山东省旅游品牌设计被认为是近年来的经典之作，该品牌设计传递了“文化圣地，度假天堂”的品牌定位，表达了“好客山东”的品牌理念。

（一）品牌名称

Cai（2002）指出：“与典型的产品和服务不同，旅游品牌名称与目的地实际地理名称相联系。”城市旅游是以城市为载体开展的旅游活动，城市旅游品牌的名称就是城市本身的名字。城市经过千百年的演化，其名称一般已经固化，不可轻易改变。因此，与其他产品和服务不同，城市旅游品牌名称只能是其城市名字，而不能随意命名。尽管如此，城市旅游品牌名称在设计上还是应该通过适当的方式表现出来。从设计美学的角度，利用汉语字母、英文、书法艺术、色彩等表现手段展示品牌名称，给消费者以视觉冲击和美学感受，增强城市旅游品牌名称的独特性和感染力。如“山东”是品牌名称，用中文和字母的形式表现。

在成都城市旅游品牌的设计中，应遵循设计美学的原则，利用符号化手段将“成都”二字鲜活形象地表现出来。同时，考虑到国际市场的营销，要有能指涉“成都旅游”和“Leisure and Garden City”的内容。

（二）标志

品牌标志又称品牌标识，是用于品牌识别的视觉符号，包括标志文字、标志图案、标志色和标志物。作为品牌的具象符号，品牌标志是品牌必备的要素，其不仅帮助区隔不同的品牌，而且还有助于消费者产生相应的联想。如澳大利亚旅游标志是一只在阳光下跳跃的袋鼠，形象生动活泼，极富视觉冲击力，让人记忆深刻。

目前，成都旅游标志是“太阳神鸟”。

太阳神鸟金饰是2001年出土于四川成都金沙遗址的一张金箔，属商代晚期作品，是古蜀人丰富的哲学思想、宗教思想，非凡的艺术创造力与想象力和精湛工艺水平的完美结合，也是古蜀国黄金工艺辉煌成就的代表。2005年8月16日“太阳神鸟”金饰正式成为中国文化遗产标志。2005年10月12—17日，“太阳神鸟”金饰的蜀绣制品搭载神舟六号飞船在太空中遨游后返回地球。无疑，从历史和工艺的角度，“太阳神鸟”堪称国宝级文物。但由于其形象抽象，难以为人理解。以下是本次问卷调查的相关情况。

对于调查中的“您知道成都市的旅游标志吗？”一题，有 75.74% 的调查对象表示知道，7.56% 的人回答“有印象，但说不清”，15.96% 的人回答“不知道”。这表明绝大部分的游客对成都市的旅游标志有所关注，调查中给出了熊猫、芙蓉花、太阳神鸟和其他项让游客选择，以明确游客对成都市旅游标志是否有准确的认知，该题答案的结果如下：

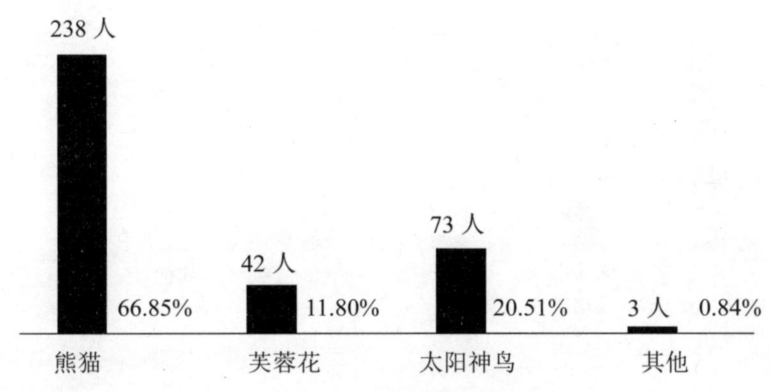

图 9-11 游客对成都市旅游标志的认知

在表示知道的 356 名游客中，有 66.85% 的游客认为成都市的旅游标志是熊猫，调查过程中不少游客在钩选“熊猫”时犹豫不已，认为熊猫应该是整个四川的旅游标志，不仅仅属于成都。有 20.51% 的游客选择了“太阳神鸟”，11.80% 的游客选择了“芙蓉花”。

从问卷调查的结果来看，“太阳神鸟”作为成都城市旅游标志，形象较为抽象，在旅游者知晓度较低，难以给旅游者留下深刻的印象，从而影响了其作为城市旅游标志作用的发挥。对此，本书对成都市旅游标志提出两点设想。

（1）更换现有的标志。为了让旅游者能有一个清晰的认知，旅游品牌标志最好能形象化。成都城市旅游品牌的标志可考虑换成为世人所熟知的大熊猫。一方面，大熊猫作为国宝，在世界上享有极高的知名度。另一方面，大熊猫外形憨态可掬，外形可爱。成都作为四川省省会，以大熊猫作为其城市旅游标志也无可厚非。考虑到旅游者的心理认知，以及川内其他城市（如雅安）对大熊猫标志的争夺，成都城市旅游以大熊猫作为其标志，在操作层面上可能会有难度。

（2）提高现有标志的知晓度。旅游品牌标志是旅游者对品牌产生记忆和联想的线索，是旅游品牌差异性的标志物。为发挥品牌标志的功能和作用，应提高“太阳神鸟”的知晓度：①在成都市各主要旅游景点设立“太阳神鸟”的标志，并用文字加以说明；②通过各种渠道进行宣传，提高“太阳神鸟”的曝光率。

（三）品牌口号

城市旅游品牌口号是表达城市旅游经营思想的表达，解释并传达了城市旅游中独特旅游体验的价值承诺，包括定位口号和营销口号。不论是哪一种口号，都要涉及有效性的问题，即该品牌口号是否向旅游者诠释了该地旅游品牌的文化理念，是否传递了与该地密切相关的独特旅游体验的价值承诺。作为城市旅游品牌构成要素之一，品牌口号扮演着十分重要的角色。以下是本次问卷关于旅游者对成都城市旅游口号的调查情况。

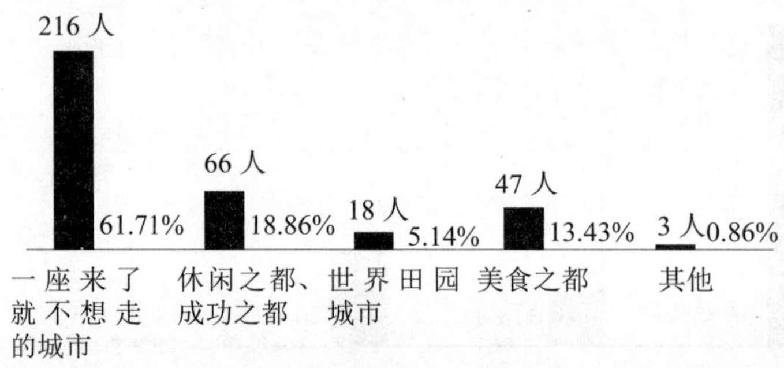

图 9-12　游客对成都市旅游宣传口号的认知

74.47% 的游客表示知道成都市的旅游宣传口号，认为“有印象，但说不清”的占 7.66%，回答“不知道”的占样本总数的 17.02%。对于回答“知道”的游客，问卷中列出下列四个口号供其选择：①成都——一座来了就不想走的城市；②休闲之都，成功之都；③世界田园城市；④美食之都；⑤其他（自填项）。从问卷统计的结果来看，游客对口号①的认可度最高，61.71% 的样本选择了该项；其次是②和④，分别占样本总数的 18.86% 和 13.43%，而对“世界田园城市”，仅有 5.14% 的游客选择。

通过问卷调查，可以看出“成都——一座来了就不想走的城市”在旅游者拥有很高的知晓度。本书建议采用张艺谋那句“成都——一座来了就不想离开的城市”作为成都城市旅游品牌口号。该口号以朴素的语言诠释了成都的城市特质，激发了人们丰富的联想：美景、美食、安逸、悠闲……

综合以上分析，作者认为成都城市旅游品牌是一个整体性品牌文化符号，由城市名称及标志、产品和服务、口号三个要素构成，即品牌名称（成都旅游）及标志（太阳神鸟）、产品和服务、“成都——一座来了就不想离开的城市”（口号）。如图 9-13 所示。

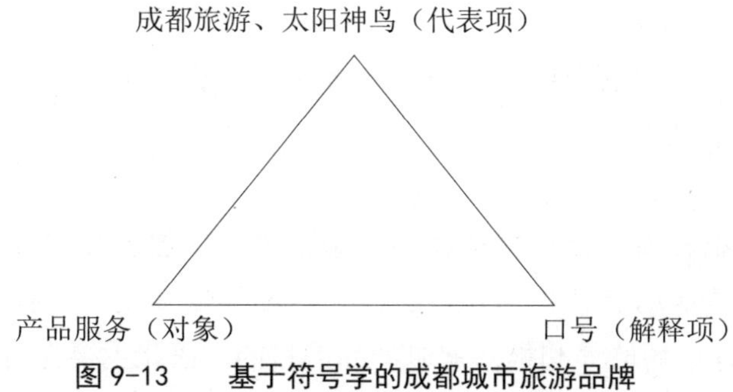

图 9-13 基于符号学的成都城市旅游品牌

其中，“成都旅游”“太阳神鸟”为成都城市旅游品牌的“代表项”，即符号学中的“能指”，代表着成都城市旅游的文化特色；“产品服务”为“代表项”所指涉的对象，即“所指”，支撑着成都城市旅游的文化特色；而口号“成都——一座来了就不想离开的城市”则是“解释项”，是对成都旅游体验的表达和诠释，反映成都城市旅游的文化特色。

第四节 成都城市旅游品牌的传播与延伸

一、成都城市旅游品牌的传播

品牌传播，是指品牌主将自身品牌中能够满足消费者利益诉求的价值信息进行编码，用适当的方式与消费者进行持续的沟通，在消费者的解码中促进其了解、认可和信任，产生购买和再次购买的愿望，并不断维护其对品牌忠诚度的过程。品牌传播过程中，信息传播者的“编码”和消费者的“解码”都以符号为载体，符号在其中扮演着极其重要的角色。城市旅游品牌的符号特性，决定了其具有认知与传播的符号功能。

城市旅游品牌传播就是，城市旅游管理者和经营者将本地旅游品牌的文化理念和独特旅游体验，用符号编码形成信息，通过传播媒介，将这些信息传递给旅游者的过程。城市旅游品牌传播的渠道是指用于传播城市旅游品牌信息的手段和路径，主要包括广告传播、销售传播、公共关系传播、人际传播等。在此，主要探讨成都城市旅游品牌的广告传播、销售传播和公共关系传播。

（一）广告传播

旅游广告是指由旅游企业出资，通过各种媒介进行有关旅游产品、旅游服务和旅游信息的有偿的、有组织的、综合的、劝服性的、非人员的信息传播活动。旅游广告以旅游产品的信息为主要内容，通过各种媒介和方式来推广和宣传旅游产品，推动旅游产品的销售，实现旅游企业的经济效益。

与其他产品不同，旅游产品的本质特征是其生产和消费的时空统一性，不存在中间的流通环节。旅游产品的生产过程就是旅游者对产品进行消费的过程，旅游者实际上参与了旅游产品的生产过程。因此，对旅游者参与行为的引导和控制，成为旅游活动和旅游产品的销售得以顺利进行的关键。旅游广告必须考虑如何对旅游者的旅游活动和过程进行全程引导和控制。除了提供立体化的旅游信息外，旅游广告还要通过电视、报纸、杂志、互联网、公益活动等各种形式，多样化、多层次地整合具体的旅游产品广告，才能达到对旅游者进行市场培养和推广旅游产品的目的。在此主要探讨以下几种广告形式。

（1）报纸

报纸是以刊载新闻和时事评论为主的定期向公众发行的印刷出版物，是大众传播的重要载体，具有反映和引导社会舆论的功能。报纸广告具有受众覆盖面广、信息量大、灵活性强、图文并茂、费用低等优点。成都城市旅游要充分利用当地主要报纸，如《成都商报》《华西都市报》《天府早报》《成都晚报》《成都日报》《四川日报》等，加大成都城市旅游的宣传和推广，提高当地居民对成都城市旅游品牌的认知、认同与支持；增加外地旅游者对成都城市旅游的了解，激发其旅游动机。

（2）电视

电视广告的优势在于：覆盖范围广泛、具有强制的特征、创造激情的能力、一对一面对消费者的能力、施加影响的能力等。电视与其他媒介相比，最大的优势在于其所具备的产品使用演示功能。电视广告色彩绚丽，能声情并茂、形象生动地表现产品，从视觉和听觉上将产品信息同时传递给消费者。因此，电视的传播效果最为显著，电视广告也就无可厚非地成为当前提高旅游目的地知名度的最有效的手段之一。

电视作为一种强势媒体，虽然广告价格昂贵，但作为旅游者认知城市旅游品牌的捷径和提升城市旅游品牌形象的重要平台，城市旅游品牌的广告仍然不断地出现在电视荧屏上。中央电视台因其覆盖率广、可信度高、关注度强等优势，成为品牌主竟相争夺的阵地。目前，央视也可见成都旅游宣传广告的身影。但其宣传片的内容还有待丰富，需要加入反映成都城市旅游特色的元素，如太阳神鸟、芙蓉花等。

四川卫视是川外电视观众唯一可以收看到的四川电视频道，四川卫视是省外观众了解和认知四川的重要渠道。成都城市旅游品牌的传播也要充分利用好这一平台，可以定时播放成都城市旅游宣传片，让四川卫视成为省外旅游者了解成都城市旅游的窗口。

（3）户外广告

作为城市门户的机场、汽车站、火车站等地，是户外广告的有效投放地。可考虑在双流国际机场、成都火车北站、南站等交通枢纽地投放广告，采用路牌广告、招贴广告、霓虹灯广告、电话亭广告、气球气模广告、飞艇广告、车站招贴画、LED 彩屏媒体等形式，进行城市旅游品牌的宣传。2009 年成都公交车、出租车的拥有量分别为 7 552 辆、13 979 辆，因此要充分发挥成都数量众多的公交车、出租车这类流动的交通媒体的作用，让旅游者、市民最大限度地了解成都城市旅游特色、品牌理念、精品路线、发展愿景等信息，营造成都作为一个旅游城市的良好氛围。

（4）网络

20世纪中叶以来，全世界兴起了以计算机为标志的信息技术革命，人类社会迈入信息时代，互联网随之诞生。20世纪90年代中期开始，网络的规模迅速扩展。作为发展中国家，我国互联网发展速度令人瞩目。截至2014年底，据中国互联网络信息中心(CNNIC)发布的统计报告显示，中国网民规模达到了6.49亿，互联网普及率攀升至47.9%，而且这一数据还在不断刷新。

1994年美国AT&T公司在Hotwired上发布了世界上第一个互联网广告，揭开了广告新媒介的篇章。此后，网络广告作为一种广告形式迅速发展，遍及世界各地，网络广告成为旅游品牌信息传播的主要阵地。在本次问卷有关"旅游决策信息旅游"中，选择互联网的占27.66%，位居第二。因此，成都城市旅游品牌的传播要紧随时代步伐，建设和管理好成都城市旅游的相关门户网站。

通过对成都市旅游门户网站的分析，可以看出目前存在的主要问题有：

①品牌意识不足。在该网站的首页未发现城市旅游品牌的主要构成部分，如标志、口号等。应尽快对成都城市旅游品牌进行符号化设计，让旅游者熟知该品牌符号。

②统计数据陈旧，资料不全。应加快数据的更新，丰富资料的内容，使旅游者能直观地了解成都城市旅游发展情况，便于旅游业内人士对成都城市旅游发展进行研究。

③日常维护亟待加强。该网站的英文网页上，在对成都城市旅游的介绍栏目中，有7个无法打开网页，占总数的近一半。这严重影响了境外旅游者信息的获取，也有损于成都城市旅游形象。

（二）销售传播

销售传播是指除了广告、人员推销和公共关系与宣传之外，企业在特定的目标市场上，为迅速起到刺激需求作用而采取的促销措施的总称。就城市旅游而言，城市旅游品牌的销售传播是指城市旅游品牌的管理者和旅游企业在了解旅游者需求的基础上，为扩大和保持品牌产品销售，将特定的旅游品牌信息，在特定的时间和特定的地点，以特定的方式传达给目标旅游者的传播形式。旅游业的产品具有无形性、不可移动性和异地消费的特点。旅游销售传播的方式相比其他行业要少得多，其基本形式主要是旅游消费券。

成都市政府投入了3 000多万元来发放消费券。2009年3月底推出熊猫金卡，并在全国大力推广。4月15日，"关爱天府成都体验最佳旅游'熊猫卡'专项旅游活动"在上海正式启动，吹响熊猫卡省外营销巡展的号角。之后，在西安、福州、贵阳、北京、天津、沈阳、广州、重庆等21个城市，覆盖华东、华南、华西、华北、东北地区的各重点城市成功举办熊猫金卡首发仪式和旅游推介活动。

成都文旅集团分别在台湾、上海、北京举行《熊猫回家路》首映仪式，旨在通过熊猫这一极具成都特色的文化符号，宣传成都旅游，并推广发行熊猫卡，进一步激发省外游客前往四川旅游的热情。2009 年“五一”三天小长假大批国内持熊猫金卡的游客纷纷涌入蓉城，三天时间全市旅游接待人数 298 万人次，同比增长 15.2%；旅游总收入 112 261.2 万元，同比增长 22%。旅游消费券的发放对成都城市旅游品牌的推介和刺激城市旅游业发展，发挥了重要的作用。

（三）公共关系传播

城市旅游品牌的公共关系传播就是城市旅游管理者和旅游企业，以城市旅游品牌信息为核心，通过各种公共关系活动，以大众传播媒介为主要传播手段，以树立城市旅游品牌形象，提高品牌知名度，应对品牌危机，而开展的向公众传递、协调、沟通品牌有关信息为目的的传播活动。成都应利用身为西部中心城市的有利条件，通过举办节庆、重大城市事件、会议会展、文化论坛等形式，向外界宣传成都城市旅游形象和品牌，吸引世人的关注，激发其对成都旅游的兴趣。

随着现代科技的进步，人类进行传播的手段和形式也日益增多。因此，要发挥各种传播渠道的优势，对成都城市旅游品牌进行立体传播和整合营销。

二、成都城市旅游品牌的延伸

卢泰宏（1997）较全面地表述了这一概念，认为所谓的品牌延伸，是指借助原有的已建立的品牌地位，将原有品牌转移使用于新进入市场的其他产品或服务（包括同类的和异类的），以及运用于新的细分市场之中，以达到以更少的营销成本占领更大的市场份额的目的。在品牌延伸中，被延伸的品牌称为母品牌，而延伸的新的产品称为延伸产品。

从符号学的角度来看，品牌延伸就是母品牌的文化符号（品牌名称、标志、图案、色彩、口号等）全部或部分转移到新产品的过程。品牌文化符号是消费者对延伸产品认知的线索和情感纽带，在品牌延伸中扮演着重要的角色。消费者对延伸产品的态度源于其对母品牌的符号（名称、标识、图案、口号、色彩）以及该符号所蕴含的核心理念认知，这种认知在消费者以往的消费经验中形成，并诱导出消费者对母品牌的意识、情感和忠诚。

由于自身行业特点，与制造业相比，旅游品牌的延伸还存在很大的差距。不过人们还是在不断地探索，也出现了成功的例证。国内旅游品牌延伸的范例以少林景区为代表。少林景区正是以母品牌的名称为基础，以“禅·武”的品牌理念为线索进行产品的延伸，不仅有助于减少消费者的认知成本，降低消费风险，同时也借助其延伸产品的使用和消费，扩大少林母品牌在现实和潜在旅游者中的知晓度，提高其在旅游市场上的影响力和竞争力。

（一）成都城市旅游品牌延伸的困境

（1）地域广、行业多。与一般的景区相比，城市的地域范围要大得多，而且集中了各种行业，要将城市名称延伸至所有产品是不现实的。

（2）旅游业自身的复杂性。旅游业是一个服务性、关联性强的产业，涉及诸多行业，单个的产品生产者或供给者无法为旅游者的旅行体验负责，容易形成各自为政的局面。一旦旅游品牌的管理出现问题，城市范围内来自第一和第二产业的制造者们，就不会借助该城市旅游品牌作为展示自己产品的平台，也就缺乏协助维护城市旅游品牌的动力。

（3）旅游者体验与其他行业产品的关联。旅游者开展城市旅游的目的是将城市作为一个旅游目的地，满足其旅游需求，实现旅游动机，而旅游者的动机之中没有或很少是主动了解该市其他行业所生产的产品。

（二）成都城市旅游品牌延伸的设想

（1）注重品牌的知识产权保护。品牌设计完成之后要及时进行注册，运用法律的手段对品牌名称、标志、口号等进行保护，否则将无法进行母品牌的延伸。如某公司于2005年成功注册了“太阳神鸟”图形商标第2类和第45类商标的部分组别。其中，第2类商标涉及多个组别，包括染料、媒染剂、画家、装饰家、印刷商和艺术家用金属箔及金属粉等；而第45类则属于社会服务类，包括安全服务、提供人员服务、提供服装服务等。这些延伸的产品类别和性质与成都城市旅游标志“太阳神鸟”关联度低，容易引发消费者认知上的混乱；更为严重的是，一旦该公司的产品或服务出现问题，将直接牵连到成都城市旅游品牌，给成都城市旅游形象造成极大的负面影响。

（2）以成都城市旅游品牌的理念元素（悠闲、天府、田园）为线索进行品牌的延伸，向与旅游相关的产品（服务）延伸，如饮食、交通、娱乐、购物等。

（3）恰当地运用母品牌中的文化符号元素进行品牌延伸，可以将成都城市旅游品牌的标志延伸到其他行业或产品中去。2009年12月，鹰联航空改为“成都航空”。成都航空集团以城市名称命名，大打成都城市旅游特色牌，将成都城市旅游标志“太阳神鸟”作为其航徽，较好地进行了成都城市旅游品牌的延伸。交通与旅游业联系紧密，二者具有高关联性，这一品牌的延伸有利于成都城市旅游品牌的传播。

第五节　成都城市旅游品牌的竞争与合作

竞争是市场经济一个永恒的话题，经济学上的竞争是指商品生产者为争取有利的产销条件而进行的相互斗争。现代企业竞争包括价格竞争和非价格竞争两个方面。城市旅游品牌竞争的概念是一般品牌竞争的概念具体化，指的是以城市为单位的旅游市场竞争主体，以品牌为手段所实施的全方位竞争，以实现挤压竞争对手的品牌，提高市场占有率和获取更大利润的目的。竞争的层面包括：产品竞争、服务竞争、人才竞争、科技竞争、信息竞争和销售竞争等，这些共同构成城市旅游品牌的竞争力。

城市旅游品牌竞争力是指以城市为单元的旅游业竞争主体，通过对城市空间范围内资源的有效配置和使用，形成区别或领先于其他竞争对手的，能够实现城市旅游业持续赢利独特能力。由于城市旅游是以城市为载体开展的旅游体验活动，其品牌竞争力的源泉也包含城市自身发展竞争力，可以说，城市旅游品牌竞争力是一个城市旅游综合实力的体现，是城市旅游综合竞争力的象征。成都城市旅游品牌的竞争力关键在于提高其品牌文化符号在旅游者心目中的知晓度、美誉度，增强该品牌符号在旅游市场的影响力和号召力。

一、成都城市旅游品牌竞争力提升设想

鉴于成都城市旅游发展现状、旅游者消费需求以及竞争格局，对成都城市旅游品牌的提升提出以下几点设想。

（1）紧扣品牌定位，丰富旅游子品牌

围绕“悠闲田园成都”的品牌定位，深度挖掘成都休闲城市文化，提升成都休闲旅游品牌品位，进一步提升成都作为旅游直接目的地的地位。完善和丰富已建立的具有影响力的子品牌，如文化遗产游、古蜀探秘游、都市休闲游等。以成都城市旅游品牌文化符号的理念为内核，以各种子品牌的产品和服务为载体，凸显主品牌的形象，丰富主品牌的内涵。

（2）以文化为根基，彰显城市特色

文化是旅游的灵魂，旅游是文化的重要载体。在“文化牵引经济”的时代，要充分利用成都特有的文化旅游资源，实现文化产业与旅游的有机结合。有计划地举办文化旅游节庆活动，塑造能够彰显城市旅游品牌的文化旅游活动品牌。整合利用现有演出资源，鼓励民间、境外资本进入旅游演出市场，运用现代高新科技，创新演出形式，提升节目创意，突出成都地域特点和文化特色，打造优秀旅游演出节目。对川剧等非物质文化遗产，通过生产性保护方式，加以利用，为旅游业和文化产业注入新鲜元素。依托成都独具特色的文化生态资源，经济发展文化观光游、文化体验游、文化休闲游等形式多样的旅游活动。

（3）营造休闲城市环境

以成都建设“世界现代田园城市”为契机，加大城市绿化、基础设施、文教体卫等各个领域的投入，将成都建成具有示范性的现代田园城市，优化、美化、亮化城市环境，为成都城市旅游的持续发展打下基础。

（4）大力发展会展旅游

会展旅游被誉为“城市的面包”，近年来发展迅速，年增长率达 20%。会展旅游不仅可以极大地推动城市经济的发展，而且因其自身所具备的宣传名片效应、集聚效应等特点，在城市知名度和品牌推广、提升城市形象方面发挥重要作用。

目前，成都会展旅游已初具规模，2009 年成都成为唯一获得“中国会展名城”殊荣的城市，2010 年成都共举办各类会展 360 个。根据成都会展业发展的规划，到 2030 年，成都将建设成为亚洲会展名城，会展业年直接收入超过 350 亿元，带动产值 2 800 亿元以

上。为此，成都应注重会展旅游的发展，展示和营销城市，助推城市旅游的可持续发展。

（5）加大境外市场的推广

通过相关数据可以看出，成都国际旅游市场无论是在旅游接待量还是旅游外汇收入，都差强人意。为此，要有针对性地做好成都城市旅游品牌在境外市场的传播和营销，根据不同国家（地区）旅游者的消费心理、消费需求，利用各种媒介将成都城市文化的特质传递给旅游者，促进境外旅游者对成都城市旅游的认知、了解，提高成都旅游在境外旅游者中的知晓度。

二、成都城市旅游品牌的合作

面对日益激烈的市场竞争，以城市为主体的区域性旅游合作成为当今旅游业发展的一种趋势。涂人猛（1992）指出合作是以客源集中中心城市或者风景名胜旅游点为依托，根据区域内的旅游资源、交通条件、地理位置、行政区划等因素，按照经济活动规律，全面安排旅游资源开发、旅游景点和设施建设以及旅游商品的生产和供应，以取得最理想的经济效益。

从品牌的起源可以看出其功能是为了区别，在品牌驱动的经济时代，品牌成为竞争的利器。本书作者认为品牌是用以指称特定产品或服务的具有一定内在含义的文化符号。文化具有“同宗性”，这就意味着，品牌的功能不仅仅是用于“区分”（竞争），还具有合作的功能。合作的目的是为了形成合力，以便在更高的层面上进行竞争。本书主要探讨成都与重庆两市的城市旅游品牌跨区域合作问题。

（一）成渝两市旅游品牌合作的必要性

旅游业作为“朝阳产业”，其对目的地经济和社会的推动效应被越来越多的人所认知并接受，各级政府对致力于通过发展本地旅游业，以实现当地社会和经济的持续发展。与此同时，区域旅游业的相互竞争也日趋激烈，为了避免过度竞争，实现“双赢”，城市作为区域旅游发展的重要单元，其旅游合作显得十分必要，主要表现为：

1. 外部竞争的压力

随着旅游业的发展，我国旅游供给扩张明显，旅游地数量迅速增多，造成了一定区域内旅游地空间的聚集，旅游区块化发展明显，不仅一定区域内部次区域旅游地之间竞争激烈，而且跨区域的旅游竞争也异常激烈。成都、重庆位于相对狭小的四川盆地，相距不足500千米，旅游资源具有相似性，过度无序的竞争只会导致两败俱伤。两地需要共同面对来自于“长三角旅游区”“环渤海旅游圈”“粤港澳旅游金三角”“环北部湾旅游区”等区域性旅游竞争者的竞争，还要应对来自昆明、西安等西部重要旅游城市的威胁。

2. 旅游业发展的需要

旅游业是一项开放性、关联性程度高的产业。目前激烈而无序的竞争，容易导致隶属于不同行政区域的利益竞争主体之间陷入“囚徒困境”当中，出现零和博弈状况。旅游线路、资源连续性、市场惯性等在行政划分的情况下被人为割裂，导致整个区域的旅游发展低效率或无效率。因此，需要两地政府从旅游业开放性着眼，打破行政区划的限制，从政策层面为区域旅游合作提供支持。

3. 旅游者需求的多样化

随着生活水平和旅游者成熟度的不断提高，旅游者的需求也呈现个性化和多样化的趋势。单一的旅游目的地很难满足现代旅游者的需求，目的地之间的合作可以弥补某一目的地旅游体验的单一性，形成合力，为旅游者提供多种选择，在满足旅游者需求的同时，共同塑造区域旅游形象，树立区域旅游品牌，实现两地旅游发展的“双赢”。

4. 经济全球化发展

目前，经济全球化发展浪潮迅猛。在全球经济一体化和国际、国内区域性合作不断增强的时代背景下，以城市为核心，共同构筑地域旅游大品牌、谋求区域旅游大联合，已成为应对区域旅游业竞争的根本性策略。成都和重庆要从战略的高度审视旅游业发展的趋势，谋求区域旅游的持续发展。

5. 世界城市格局演进的新趋势

21 世纪国际竞争的基本单元既不是企业也不是国家，而是大城市圈，这是世界各国发展中所形成的共识。城市圈作为国家管理和控制在空间上的载体和精华，在一国的政治经济生活中发挥着巨大的作用。旅游业在突破城市行政划分的界限、加强城市之间的沟通与交流方面发挥着重要的作用，城市旅游品牌的合作应成为区域旅游合作的先导。成渝同处中国西部，又都是西部重要的经济、文化中心，以旅游的区域合作为基础，实现两地在社会经济文化等各个领域的广泛协作，可以形成经济“增长极”，以其辐射力和吸引力，带动区域内其他城市旅游的发展，提高区域整体竞争力，共同应对全球竞争。

（二）成渝两市旅游品牌合作的可能性

1. 旅游资源的互补性

受历史、地域和文化等因素的影响，使得成都、重庆城市旅游资源既具有相似性，也具有差异性，这种差异性使得城市在旅游资源上呈现互补性。城市旅游品牌的合作，可以更好地满足现代旅游者的多样化需求，提高旅游者的旅游体验质量，增强各自品牌的竞争力。

2. 空间联系的便捷性

交通条件的改善极大地提高了旅游目的地的可进入性，缩短了城市之间的距离，为城市旅游品牌的合作提供了物质基础。随着两地交通条件的改善，两地之间旅行时间大大缩减。火车方面，动车组已开通，只需 2 个多小时即可达到；公路方面，目前已有 5 条高速公路相连，2012 年成安渝高速公路建成通车，成都至重庆也只需 2 个多小时；民航方面，两地之间的飞行时间仅仅为 40 多分钟。公路、铁路、航空三位一体的交通网络，为成渝两地间频繁的旅游交流与合作奠定了坚实的基础，也为两地间居民的短线旅游和区域旅游品牌合作提供了保障。

3. 地域文化的关联性

每座城市都拥有各自的特色文化，在一定的空间范围里，由于地缘的相连性，又使得城市之间在文化上具有关联性。城市旅游品牌的合作，就是要利用这两个城市间文脉的相连性，打破地域的限制，将区域特色文化整体性地展现出来，放大区域文化的辐射力和影响力。成都、重庆作为巴蜀文化的中心，在文化旅游资源上具有同宗性，可以通过区域城市间的旅游联动，塑造具有影响力的“巴蜀文化”旅游品牌。

4. 血脉商脉紧密性

成都、重庆由于相隔较近，几千年以来处于同一个文化圈内，民俗民风、饮食、性格等相似，两地商业交流活动频繁。过去又同属于一个行政区域，长期以来各个部门之间形成了千丝万缕的联系。区域的旅游合作，可以更好地促进两地间经济文化的交往，共同利用西部大开发的历史机遇，谋求两地社会经济的共同繁荣。

（三）成渝城市旅游品牌合作设想

1. 文化为根，凸显区域旅游特色

以“巴蜀文化”为区域旅游合作的基石，以成都“悠闲天府”和重庆“人文山城”的城市旅游品牌为载体，彰显各自的旅游特色，形成形象叠加，增强区域旅游的影响力和竞争力。把成都“悠闲”“田园”的品牌符号与重庆“动感”“活力”的品牌符号有机地结合起来，展现出“动”与“静”结合，“山水”与“田园”相融的区域旅游整体形象。将成都、重庆作为区域旅游的核心，紧扣“巴蜀文化”的旅游品牌文化符号，设计精品线路，塑造子品牌。

2. 政府主导，保障旅游区域合作顺利进行

旅游是涉及面广的行业，区域旅游的合作需要政府在各个领域给予支持，才能保证合作的顺利进行。为此，两地政府应做好以下几个方面的工作。

（1）制度与机制

有效运行的协调机制是区域旅游合作开展的重要平台。以成都、重庆为“龙头”构建省、市及旅游行政主管部门三个层面的合作协调机制，就两地旅游合作事务进行沟通、交流和协调；建立旅游合作保障机制、合作对接机制、旅游服务咨询机制、旅游投诉处理机制、旅游突发事件应急机制等，保证区域旅游合作协调、有序进行。梳理两地现有的地方性法律法规和政策，协调两地区域旅游发展的目标、方向和内容。对旅游信息、旅游交通、旅游安全、旅游从业人员等重要的旅游要素上制定制定相互一致的旅游标准。

（2）规划

制定具有科学性、前瞻性的区域旅游发展规划，以规划为接口，确定区域旅游发展战略。从区域旅游发展的全局出发，统筹协调区域旅游规划的编制，赋予区域旅游规划的权威性和约束性，通过联动保障措施确保旅游规划的落实。统一策划和实施两地重大旅游项目的建设，以“巴蜀文化”为主体品牌，共同谋划重大旅游节事活动的举办。

（3）人才

统一旅游人才培训市场，建立旅游人才资质互认制定，保证旅游人才的无障碍流动、交流与合作。完善旅游人才信息网络，实现两地旅游人才的共享，为两地区域旅游的可持续发展提供智力支持和人力资源保障。

（4）基础设施

对基础设施实行共建共享，构建区域间旅游立体交通网络，提高基础设施的利用率，实现物资和人员的自由、便捷流动；减少旅游者时间成本，提高游客的旅游体验。

（5）通信信息

共同修建跨区域的通信设施，加快两地旅游信息网路建设，建立两地旅游信息的“高速公路”，可考虑建立“巴蜀旅游网”旅游门户网站，及时发布有关两地“吃、住、行、游、购、娱”等旅游信息，实现两地旅游信息的互通与共享。

（6）营销

在政府主导、企业参与下，携手联动。在市场开拓与促销上，树立“巴蜀文化”区域性旅游品牌，实施国内外旅游市场的联合营销，强化巴蜀文化的同宗性、整体性和特色性，提高区域旅游形象和品牌在国内外旅游市场的知晓度，增强区域旅游的影响力和竞争力。

3. 企业参与，发展集群化产业

企业既是竞争的主体，也是合作的主体，区域旅游合作离不开两地旅游企业的广泛参与。打破地区垄断，整合相关旅游企业，联合开发旅游资源，共同打造、包装精品旅游线路，相互推介客源，实现资源、客源共享。在条件成熟的情况下，实施大型旅行社和酒店集团的跨区域布点与并购，增强区域旅游企业的竞争力。

成都城市旅游品牌的管理，首先在于发掘、提炼成都城市文化中具有鲜明地域特征的特色文化，将之升华为一种城市旅游品牌的文化符号。该品牌符号一方面体现成都作为旅游目的地的悠闲、安逸、田园等文化元素；另一方面要与现代旅游者的消费需求相结合，表达和传递与成都密切相关的独特旅游体验的价值承诺，以旅游产品和服务为载体，让旅游者在追寻、收集、解读成都城市文化符号的过程中，感受该旅游品牌中所蕴含的成都城市特色文化和独特旅游体验，形成对城市旅游品牌的认同度和美誉度，建立旅游者对城市旅游品牌的忠诚。

通过各种渠道，有效传播城市旅游品牌信息，维护和提升城市旅游品牌的竞争力。以文化同宗性为基础，加强与其他城市间的城市旅游合作，形成合力，塑造区域性旅游大品牌。以城市旅游品牌符号中的文化理念为线索，开展城市旅游品牌的延伸。

结论

旅游是现代城市的主要功能之一，城市已成为旅游的中心和支撑点，成为发展旅游业的重要地域单元。受西方消费社会观念的影响，在物质极大丰富的时代，物的符号价值日益突出，备受关注，越来越多的人热衷于追逐物的符号价值。符号学已成为我们研究各种社会现象的重要途径之一，这也同样反映在旅游学的研究领域中，城市旅游品牌的管理可以而且应该纳入符号学的视野。

品牌是传递产品和服务信息，具有一定内在含义的文化符号。城市旅游品牌既要向旅游者表达、传递与目的地密切相关的独特旅游体验的价值承诺，更要向旅游者体现、诠释城市的文化特色，彰显城市旅游品牌的文化个性与魅力。

按照皮尔斯符号学的观点，城市旅游品牌可以被看做一个“三位一体”的整体性文化符号，三个基本构成要素包括：城市名称和标志；产品和服务；口号。其中，城市名称和标志是该文化符号系统中的“代表”项，代表着城市旅游的文化特色；产品和服务是“对象”，支撑着城市旅游的文化特色；口号是“解释”项，向旅游者表达、传递着与品牌紧密相关的独特旅游体验，反映着城市旅游的文化特色。“代表”、“对象”、“解释”共同构成一个完整的城市旅游品牌文化符号，各自发挥着不同的功能。

旅游是一项具有双重结构，即经济学外壳和文化学内涵的事业，文化是旅游活动的内涵、实质或目的。“在文化牵引经济”的时代，城市文化中具有鲜明地域特征的特色文化成为城市旅游的核心吸引物，是城市旅游品牌竞争力形成和城市旅游持续发展的不竭源泉。

作为人类的一项活动，旅游实质上是文化体验和交流的过程。作为旅游活动的主体，人既是文化的产物又是符号的动物，在旅游活动过程中，到处留下文化符号的印记。旅游产品的无形性使得旅游活动具有鲜明的体验性，在这一体验过程中，富有一定文化符号烙印的旅游者，前往目的地搜寻、收集、解读异域文化符号，实现其旅游目的。这一过程可以简单地表述为：具有特定文化符号烙印的旅游者（主体）—借助“凝视”（介体）—异域文化符号（客体）—搜寻、收集、解读异域文化符号（体验）—身份识别、消费认同（目的）。

城市旅游的“拉动效应”和“内聚效应”使得我国各地城市旅游的发展如火如荼。同时，在盲目追求国际化和现代化过程中，城市的文化机理遭到严重破坏，特色文化日趋消失，造成千城一面，产品雷同的现象。

为使城市旅游品牌具有竞争力，确保城市旅游的可持续发展，城市旅游品牌管理的要务在于，在城市地域内旅游资源禀赋基础上，以城市特色文化为根基，发掘、提炼城市特色文化，并将之升华为一种可识别的城市旅游品牌文化符号。该品牌文化符号既要体现城市文化的地域性特征，又要与旅游者的旅游需求、城市发展目标相结合，向旅游者表达和传递与该地密切相关的独特旅游体验的价值承诺。围绕城市旅游资源中的文化特色，遵循一定的原则，实施城市旅游品牌的设计、传播、延伸、竞争与合作、资产评估等管理工作。

参考文献

中文部分

一、著作

保继刚，等 . 城市旅游　原理·案例 . 天津：南开大学出版社，2005.
陈祝平 . 品牌管理 . 北京：中国发展出版社，2005.
崔凤军 . 城市旅游的发展与实践 . 北京：中国旅游出版社，2005.
丁桂兰 . 品牌管理 . 武汉：华中科技大学出版社，2008.
郭庆光 . 传播学教程 . 北京：中国人民大学出版社，2005.
何佳讯 . 现代广告案例 . 上海：复旦大学出版社，1998.
蒋璟萍 . 新经济时代的品牌管理 . 北京：中国社会科学出版社，2009.
李伯聪 . 高科技时代的符号世界 . 天津：天津科学技术出版社，2000.
李思屈 . 广告符号学 . 成都：四川大学出版社，2002.
李岩 . 传播与文化 . 杭州：浙江大学出版社，2009.
刘国光 . 中外城市知识辞典 . 北京：中国城市出版社，1991.
骆静珊 . 旅游资源学 . 昆明：云南大学出版社，1998.
宋玉书，王纯非 . 广告文化学 . 长沙：中南大学出版社，2004.
苏勇，金新民 . 现代公司名牌战略 . 济南：山东人民出版社，1999.
王雷 . 品牌传播学 . 石家庄：河北人民出版社，2005.
王宁 . 消费社，会学：一个分析的视角 . 北京：社会科学文献出版社，2001.
王新玲 . 广告心理学 . 北京： 改革出版社，1996.
王新新 . 新竞争力品牌产权及品牌成长方式 . 长春：长春出版社，2000.

王雪 . 品牌传播学 . 石家庄：河北人民出版社，2005.

王雅莉 . 城市经济学 . 北京：首都经济贸易大学出版社，2008.

王永龙 . 中国品牌运营问题报告 . 北京：中国发展出版社，2002.

吴志强，吴承照 . 城市旅游规划原理 . 北京：中国建筑工业出版社，2005.

伍 庆 . 消费社会与消费认同 . 北京：社会科学文献出版社，2009.

谢付亮、朱亮 . 品牌天机——超低成本塑造品牌的 16 条黄金法则 . 北京：机械工业出版社，2007.

徐恒醇 . 设计符号学 . 北京：清华大学出版社，2008.

薛可，余明阳 . 人际传播学 . 上海：同济大学出版社，2007.

严正 . 中国城市发展问题报告 . 北京：中国发展出版社，2004.

易益典 . 社会学教程（第二版）. 上海：上海人民出版社，2007.

余明阳 . 品牌传播学 . 上海：上海交通大学出版社，2005.

张继焦 . 成功的品牌管理 . 北京：中国物价出版社，2002.

章海荣 . 旅游文化学 . 上海：复旦大学出版社，2004.

周志民 . 品牌管理 . 天津：南开大学出版社，2008.

朱立 . 品牌文化战略研究 . 北京：经济科学出版社，2006.

[德] 卡西尔 . 人论 . 上海：上海译文出版社，1985.

[法] 让・鲍德里亚 . 物体系 . 林志明译 . 上海：上海人民出版社，2001.

[法] 让・鲍德里亚 . 消费社会 . 刘成富，全志刚译 . 南京：南京大学出版社，2001.

[美] 詹姆斯・特威切尔 . 美国的广告 . 屈晓丽译 . 南京：江苏人民出版社，2006.

[美] 阿尔・里斯 . 打造品牌的 22 条法则 . 上海：上海人民出版社，2002.

[美] 阿尔・里斯，杰克・特劳特：定位（中译本）. 北京：中国财政经济出版社，2002.

[美] 大卫・阿克尔 . 管理品牌资产（中译本）. 北京：机械工业出版社，2006.

[美] 大卫・奥格威 . 一个广告人的自白（中译本）. 北京：中国物价出版社，2003.

[美] 丹尼尔・杰・切特罗姆 . 传播媒介与美国人的思想 . 黄静生译 . 北京：中国广播电视出版社，1991.

[美] 菲利普・科特勒 . 市场营销管理 . 郭国庆等译 . 北京：中国人民大学出版社，1997.

[美] 菲利普・科特勒 . 营销管理 . 北京：中国人民大学出版社，2002.

[美] 米德 . 心灵、自我与社会 . 上海：上海译文出版社，1999.

[美] 乔治・瑞泽尔 . 后现代社会理论 . 谢立中等译 . 北京：华夏出版社，2003.

[美] 施密特，西蒙森 . 视觉与感受：营销美学 . 上海：上海交通大学出版社，1999.

[美] 汤姆・邓肯，桑德拉・莫里蒂 . 品牌至尊（中译本）. 北京：华夏出版社，1999.

[美] 特伦斯・A・辛普 . 整合营销传播　广告、促销与拓展 . 廉晓红译 . 北京：北京大学出版社，2005.

[瑞士] 费尔迪南・德・索绪尔 . 第三次普通语言学教程 . 屠友祥译 . 上海：上海人民出版社，2002.

[瑞士] 菲尔迪南・德・索绪尔 . 普通语言学教程 . 北京：商务印书馆，1980.

Stanley Plog. 旅游市场营销实论 . 李天元，李曼译 . 天津：南开大学出版社，2007.

[英] 保罗・科布利，莉莎・詹茨 . 视读符号学 . 许磊译 . 合肥：安徽文艺出版社，2007.

[英]泰勒.原始文化.连树声译.桂林：广西师范大学出版社，2005.
[英]特伦斯•霍克斯.结构主义和符号学.翟铁鹏译.上海：上海译文出版社，1987.

二、论文

阿达.会展——打开“田园城市”的一扇窗.西部广播电视，2010（5）：88-89.
安传艳.旅游城市化内涵及动力机制研究.理论界，2008（8）：223-224.
白凯.旅游目的地形象的符号隐喻关联研究.资源科学，2008（8）：34-39.
包国宪，胡佳林.品牌传播的符号学解读.大连理工大学学报（社会科学版），2009（2）：62-65.
保继刚，龙江智.城市旅游驱动力的转化及其实践意义.地理研究，2005（2）：274-282.
鲍捷，陆林.矿业遗产旅游发展研究——兼论安徽铜陵矿业遗产旅游.经济地理，2009（7）：1228-1232.
卞显红.城市旅游空间一体化研究模式的构建及其分析.桂林旅游高等专科学校学报，2004(6):11-16.
曹宁，郭舒.城市旅游竞争力研究的理论与方法.社会科学家，2004（3）：85-88.
曹新向.基于模糊数学的城市旅游环境质量综合评判及其优化研究——以开封市为例.南开管理评论，2005（4）：22-27.
陈传康.城市旅游开发规划研究进展评述.地球科学进展，1996（5）：508-512.
陈琳，满建.威海市旅游资源开发现状及可持续发展对策.特区经济，2010（4）：156-158.
陈文君.广州城市旅游品牌的创新与发展.热带地理，2008（6）：576-580.
陈文君.广州城市旅游品牌特色发展探讨.黄山学院学报，2005（5）：51-52.
陈先红.试论品牌传播的消费者导向原则.现代传播，2002（1）：45-48.
陈叙.构建城市旅游形象的思考——兼论打造成都城市旅游形象.中共四川省委党校学报，2006（2）：60-64.
陈雪琼，侯仁丽.旅游广告提升旅游城市品牌研究——以大连市为例.旅游研究，2009（2）：76-80.
程艳.论现代旅游广告的传播策略.旅游科学，2004（4）：35-38.
迟静圆.我国旅游地品牌资产价值的评估研究.上海：华东师范大学，2008.
崔凤军.城市旅游的空间竞争与合作——关于杭州旅游接轨上海的对策研究.商业经济与管理，2004（3）：44-48.
崔凤军.关于城市旅游规划几个基本问题的思考.规划师，2004（11）：9-11.
戴学军，登山.长江三角洲与珠江三角洲城市旅游比较研究.世界地理研究，2002（2）：65-71.
邓运员，刘沛林.近十年我国城市旅游研究述评.衡阳师范学院学报，2006（6）：140-144.
杜春艳.论城市旅游规划的问题及对策.现代商贸工业，2010（7）：126-127.
符国群.Interbrand品牌评估法评介.外国经济与管理，1999（11）：39-41.
甘萌雨，保继刚.城市旅游竞争力研究初步.现代城市研究，2003（4）：22-25.
古诗韵，保继刚.城市旅游研究进展.旅游学刊，1999（2）：15-19.
谷明.大连城市旅游形象定位及整体策划.旅游学刊，2000（5）：63-67.

关冰，李春光 . 高速发展下的丽江旅游产业与水资源环境影响分析 . 环境科学与管理，2009(3): 13-15.

郭舒 . 城市旅游发展模式的研究框架 . 北京第二外国语学院学报，2002（4）： 16-19.

郭舒 . 城市旅游发展模式选择的三维依据框架 . 商业研究， 2003（5）： 137-139.

郭燕，陈国华 . 连云港旅游景区管理存在的问题及对策研究 . 江苏商论，2010（3）：65-66.

韩凯，邹欣庆 . 基于空间感知规律的城市旅游形象比较研究——以南京市为例 . 长江流域资源与环境，2003 （4）：312-316.

何方永 . 游客管理研究述评 . 湖南经济管理干部学院学报，2005（3）：64-65.

何兰萍 . 大众旅游的社会学批判 . 社会，2002（10）： 10-12.

何远江 . 影视剧对城市居民出游意向影响研究——以《血色湘西》为例 . 长沙：湖南师范大学，2009.

侯兵，黄震方 . 基于城市意象变迁的城市旅游形象塑造研究——以江苏省扬州市为例 . 经济地理，2009（12）：2012-2017.

胡丽丽 . 汉中旅游城市品牌问题的研究 . 市场论坛，2010（6）：76-77.

胡林 . 休闲时代旅游目的地居民与旅游行为影响因素研究 . 桂林旅游高等专科学校学报，2007（3）：334-337.

胡希军，朱丽东 . 金华市旅游社会承载力研究 . 经济地理 , 2005（4）：590-592.

胡彦容 . 基于博弈的品牌竞争策略 . 常熟理工学院学报（哲学社会科学版），2010（5）：34-37.

黄波 . 鲍德里亚符号消费理论评述 . 青海师范大学学报（哲学社会科学版），2007（3）：1-4.

黄大勇 . 城市旅游形象广告策略 . 湖南商学院学报，2002（1）： 61-63.

黄泰，保继刚，戴学军 . 苏州城市游憩场点系统空间结构分形 . 地理科学进展，2009（5）：735-743.

黄新华，徐慈华 . 符号学视野中的网络互动 . 自然辩证法研究，2003（1）：50-54.

黄元春 . 城市旅游品牌创立刍议 . 商场现代化，2007 年 3 月（中旬刊）：215.

黄悦 . 符号经济与消费神话 . 江西社会科学，2005（11）：32-37.

贾英 . 基于符号学理论的旅游景区品牌塑造研究 . 西安：陕西师范大学，2009：3.

蒋璟萍 . 品牌本体论视角中的品牌竞争力 . 中南大学学报（社会科学版），2010（2）：76-80.

李丰生，杨莎莎 . 中国各省（市、区）城市旅游竞争力评估指标体系的构建及其实证评估 . 生产力研究，2006（6）：137-141.

李海瑞 . 都市旅游与上海模式 . 旅游学刊，1996（1）：20-24.

李君轶，马耀峰 . 基于游客行为的旅游生态足迹研究——以西安市入境游客为例 . 地域研究与开发，2007（2）：107-111.

李蕾蕾 . 城市旅游形象设计探讨 . 旅游学刊，1998（1）：47-49.

李蕾蕾 . 从景观生态学构建城市旅游开发与规划的操作模式 . 人文地理 , 1996（2）： 8-11.

李立勋 . 广州旅游吸引的特色及营造重点浅议 . 旅游学刊，1997（2）：27-30.

李山，王铮 . 旅游地品牌化中的旅游形象与旅游口号 . 人文地理，2006（2）：5-11.

李巍 . 象征符号视野中的民族旅游策划与旅游体验 . 西北民族大学学报（哲学社会科学版），2008（4）：141-144.

李武武 . 城市旅游公共管理体制的现状剖析及创新探讨 . 中州学刊， 2004（3）： 178-180.

李曜良，杨君顺．以咸阳博物馆为例论文化符号学在 CIS 中的体现．包装工程，2008（4）：137-140.

梁滨，毛焱．武汉城市圈轴—辐网络旅游空间结构研究．经济地理，2009（7）：1214-1217.

梁圣蓉．城市会展旅游发展的动力机制与评估——以武汉市为例．旅游学刊，2008（10）：76-81.

刘丹萍，保继刚．旅游者“符号性消费”行为之思考——由“雅虎中国”的一项调查说起．旅游科学，2006（1）：28-33.

刘卉妍，孙厚琴．苏州夜间旅游开发探析．经济师，2009（6）：255-256.

刘 蕾，王晓云．我国城市旅游研究概述与启示．桂林旅游高等专科学校学报，2008（1）：145-149.

刘少和，李秀斌．广东休闲度假旅游发展模式探讨——以滨海珠海市与粤北清新县为例．热带地理，2008（7）：376-381.

刘勇．品牌延伸的决策研究．北京工商大学学报（社会科学版），2006（4）：74-78.

柳洲，李祖杨．广义符号经济：当代经济发展趋势的哲学阐释．天津师范大学学报（社会科学版），2005：7-13.

卢泰宏，谢飚．品牌延伸的评估模型．中山大学学报（社会科学版），1997（6）：8-13.

卢泰宏．品牌资产评估的模型与方法．中山大学学报（社会科学版），2002（3）：88-95.

罗文斌，汪友结．基于 TOPSIS 法的城市旅游与城市发展协调性评价研究——以杭州市为例．旅游学刊，2008（12）：13-17.

骆建建，聂家昕．符号消费理论研究——解析鲍德里亚的“消费社会”．北方论丛，2005（4）：142-144.

吕利军，王嘉学．典型旅游城市环境脆弱度评价与旅游发展对策分析——以昆明市为例．旅游研究，2009（6）：13-18.

马聪玲，倪鹏飞．城市旅游品牌：概念界定及评价体系．财贸经济，2008（9）：124-127.

马华泉．开发“三江”旅游资源打造城市旅游品牌．佳木斯大学学报（社会科学报，2004（6）：46-47.

马惠娣．未来 10 年中国休闲旅游业发展前景展望．旅游管理（人大复印资料），2002（4）：84-91.

马晓龙．西安城市旅游形象再定位研究．干旱区资源与环境，2006（1）：47-51.

梅琼林．符号消费构建消费文化——浅论鲍德里亚的符号批判理论．学术论坛，2006（2）：183.

莫帮洪，杨剑川．城市旅游竞争力分析框架初探．社会科学家，2005（2）：193，201.

牛江艳，曹荣林．跨省区域旅游合作研究——以陕甘豫三省为例．人文地理，2007（1）：28-33.

彭丹．“旅游人”的符号学分析．旅游科学，2008（4）：23-28.

彭华．旅游发展驱动机制及动力模型探析．旅游学刊，1999（6）：39-44.

彭兆荣．现代旅游中的符号经济．江西社会科学，2005（10）：28-37.

宋家增．发展城市旅游之我见．旅游学刊，1996（3）：23-25.

苏平，吴必虎．国外城市旅游规划研究述评．国外城市规划，2000（3）：10-13.

苏伟忠，杨英宝．城市旅游竞争力评价初探．旅游学刊，2003（3）：39-41.

孙淑荣，梅青．济南省会城市群旅游圈的构建与空间发展模式．济南大学学报（社会科学版），2010（3）：57-61.

孙苏．提升中小企业品牌竞争力的研究．西安：西安电子科技大学，2007.

孙湘明，宋月华．城市品牌传播的符号学解析．郑州轻工业学院学报（社会科学版），2009（6）：3-7.

田奋飞．企业竞争优势源泉新论：一个整合的观点．社会科学家，2005（7）：61-64.

涂人猛．湖北省旅游发展战略的一点思考．旅游学刊，1992（6）：34-36.

万红燕．城市旅游品牌问题研究——以提升南昌旅游业竞争力为例．企业经济，2008（9）：127-129.

万绪才，张安．基于旅游者的城市旅游环境质量综合评价研究——南京与苏州两市实例分析．经济地理，2003（1）：113-116.

王诚军．谈谈美国《金融世界》对品牌价值的评估．中国资产评估，2001（4）：6-9.

王计平，邹欣庆．沿海城市旅游环境质量评价研究——以江苏连云港市为例．海洋通报，2006（2）：27-33.

王洁平．城市旅游业危机管理．中国城市经济，2008（7）：56-65.

王连森．基于符号学的"整体品牌"概念．北京工商大学学报（社会科学版），2004（5）：72-76.

王琪延，罗栋．中国城市旅游竞争力评价体系构建及应用研究．统计研究，2009（7）：49-54.

王苏洁，吴园一．长江三角洲城市旅游联合营销策略研究．商业时代，2006（3）：81-82.

魏小安．旅游城市与城市旅游——另一种眼光看城市．旅游学刊，2001（6）：8-12.

吴良镛．试论历史古迹旅游城市的规划与建设——以曲阜规划为例．国际城市规划（增刊），2009：43-48.

武传表，王辉．中国 14 个沿海开放城市旅游竞争力定量比较研究．旅游科学，2009（8）：13-18.

伍锋．论城市旅游品牌的塑造．吉首大学学报（社会科学版），2010（3）：130-133.

谢彦君，彭丹．旅游、旅游体验和符号——对相关研究的一个评述．旅游科学，2005（4）：1-6.

谢彦君．旅游网站的符号及其功能分析．旅游科学，2007（5）：20-25.

谢燕娜，石培基．近十年来国内城市旅游研究进展．经济地理，2009（1）：134-140.

徐红罡，田美蓉．城市旅游的增长机制研究．中山大学学报（自然科学版），2006（3）：95-99.

许峰．成都国际旅游营销的市场细分与定位研究．旅游学刊，2008（2）：36-40.

许峰，杨开忠．现代城市游憩商务区体系建设研究——以武汉市为例．旅游学刊，2006（3）：24-29.

许基南．品牌竞争力研究．南昌：江西财经大学，2004.

宣功巧．城市规划和旅游规划的关系．华东森林经理，2007（2）：53-55.

杨国良，黄鹭红．城市旅游系统空间结构研究．规划师，2008（2）：58-62.

杨丽娟，戴光全．城市体育旅游产品及其产品策略研究．桂林旅游高等专科学校学报，2005（5）：12-15.

杨明秀．打造长沙城市旅游品牌策略探讨．经济师，2003（3）：237-238.

杨佩群．淄博市旅游城市品牌的塑造探究．特区经济，2006（5）：163-164.

杨晓佳，蔡晓梅．旅游广告在旅游产品推广中的应用．商业研究，2005（15）：184-187.

杨宇时，王欣．网络镜像里的中国城市旅游品牌竞争力．旅游学刊，2009（4）：10-11.

杨振之，邹积艺．旅游的"符号化"与符号化旅游——对旅游及旅游开发的符号学审视．旅游学刊，2006（5）：75-79.

银元，李晓琴．基于城市文脉现实载体的城市旅游形象定位——以成都为例．现代城市研究，2009（12）：91-95.

于英士．把北京建设成现代化国际旅游城市．旅游学刊，1994（2）：13-16.

余明阳， 刘春章．品牌竞争力的理论综述及因子分析．市场营销导刊，2006（6）：44-47.

俞宗丽，冯学钢．旅游开发符号化运作模式的构建．桂林旅游高等专科学校学报，2007．

张博，王洁．三角模糊数下的综合评判法对城市旅游竞争力研究．华东经济管理，2007（10）：145-147.

张放．企业品牌竞争力及其评价研究——以中国烟草行业为例．武汉：武汉理工大学，2010.

张洪，张燕．基于加权 TOPSIS 法的旅游资源区际竞争力比较研究——以长江三角洲为例．长江流域资源与环境，2010（5）：500-504.

张红．我国旅游热点城市境外游客旅游流空间分布特征分析．人文地理，2000（2）： 56-57.

张蕾．中国优秀旅游城市体系分析．城市问题，2005（5）：33-37.

张永锋，杜忠潮．西北地区“丝绸之路”沿线 10 城市旅游竞争力浅析．干旱区资源与环境，2009（10）：194-200.

章锦河，陆林．资源型城市旅游形象设计研究——以淮南市为例．人文地理，2001（1）：16-19.

赵红梅．对旅游体验及相关研究的解读．广西民族研究，2007（4）：171-178.

郑斌，杨兆萍．资源型城市工业旅游开发条件与模式研究．干旱区资源与环境，2009（10）：188-192.

郑昌盛．论如何在城市旅游管理中实现对游客的人文关怀．齐齐哈尔大学学报（哲学社会科学版），2006（11）：75-78.

郑四渭，颜明燕．国际化背景下杭州会展旅游发展策略——基于会展旅游发展模式视角的分析．江苏商论，2008（12）：103-105.

郑向敏，范向丽．都市旅游安全研究．桂林旅游高等专科学校学报，2007（2）：173-177.

周常春，唐雪琼．符号学方法和内容分析法在旅游手册研究中的应用．生态经济，2005（6）：24-27.

周富广，郑耀星．城市旅游游客管理探讨．资源开发与市场，2008（8）：747-749.

周建东，王浩．基于可持续发展的城市风景名胜区环境容量研究——以扬州瘦西湖风景名胜区为例．扬州大学学报（农业与生命科学版），2009（4）：95-99.

周建明，岳凤珍．试析城市规划在城市旅游发展中的作用．国际城市规划，2009（增刊）：196-199.

周志民．品牌关系研究评述．外国经济与管理，2007（4）：46-54.

朱红红．旅游景区品牌延伸机制与应用研究．济南：山东大学，2009.

宗晓莲．西方旅游人类学两大研究流派浅析．云南大学学报（人文社会科学版），2001（6）.

邹德慈．中国城镇化发展要求与挑战．城市规划学刊，2010（4）.

外文部分

一、著作

Ashworth, G. J., J. Tunbridge. The Tourist-Historic City.London:Balhaven,1990.

Brown, G. Tourism and symbolic consumption.// P.Johnson, B.Thomas (Eds.),Choice and demand in tourism. London： Mansell Publishing，1992.

Coltman, M.M. Tourism Marketing. New York： Van Nostrand Reinhold,1989.

Dann, G .M. S. The language of tourism. Wallingford, UK:CAB International，1996.

Dann, G.M. S. The people of tourist brochures. //T. Selwyn (Ed.), the tourist image:Myths and myth making in tourism. London： Wiley, 1996.

Dann, G.M.S. Advertising in tourism and travel; Tourism brochures. //M. A. Khan, M. D..Olsen, T. Var(Eds.),NR cyclopedia of hospitality and tourism.New York:Van Nostrand Reinhold,1993.

de Chernatory, L., McDonald. Creating Powerful Brands in Consumer, Service and Industrial Markets. Oxford: Butterworth-Heinemann, 2001.

EUROPEAN COMMISSION. Towards quality urban tourism Integrated quality management (IQM) of urban tourist destinations. Luxembourg: Office for Official Publications of the European Communities, 2000.

Gordon Pirie. Urban tourism in Cape Town. Pirie,G.H.Urban tourism in Cape Town.In Rogerson, C.M.Visser G.(eds.),Urban Tourism in the Developing World–the South African Experience. New Brunswick:Transaction Press, 2007.

Holloway, J.C., Plant, R.V. Marketing for Tourism. London:Pitman, 1988.

Jules-Rosette, B. The messages of tourist art:An African semiotic system in comparative perspective. New York:Plenum Press,1984.

Law, Christopher. Urban Tourism: The Visitor Economy and the Growth of Large Cities. London:Continuum, 2002.

Leslie de Chernation. Brand Vision to Brand Evaluation . Oxfod: Butterworth-Heineman, 2001.

Mac Cannell, D. The tourist: A new theory of the leisure class. New York:Schocken Books，1989.

Page, S.Urban Tourism. London and New York: Routledge,1995.

Porter, Michael E. The Competitive Advantage of Nations. New York:The Free Press, 1990.

Ritchie, J.R.B., Crouch, G. I. The competitive destination, a sustainable tourism perspective. Cambridge: Caibi Publishing，2003.

Scott, Bruce R., Loge, George C.U.S. Competitiveness in the world economy. Havard Business School Press, Boston:MA.，1985.

Selwyn, T. Peter Pan in South-East Asia: Views from brochures. In M. Hitchcock, V.T.King, M. J.G. Parnwell (Eds.), tourism in South-East Asia. London: Routledge, 1993.

Shaw G.A.M.Williams. Critical Issues in Tourism: A Geographical Perspective. Oxford: Blackwell, 1994.

Urry, Ohn. The Tourist Gaze: Leisure and Travel in Contemporary Societies. London:Sage, 1999.

二、论文

Aaker D. A. Shansby J. G.. Positioning your product. *Business Horizons*,1982(5/6): 56-60.

Adler, J. Origins of sightseeing. *Annals of Tourism Research*, 1989(1):7-29.

Ágnes Raffay. Stakeholder Involvement in Urban Tourism Development. A Tale of Two Cities. DERBY: 2007.

Andreas Matzarakis.，Christina Endle. Climate and tourism: Urban tourism potential in Freiburg, Germany. The seventh International Conference on Urban Climate, 29 June-3 July 2009,Yokohama,Japan.

Andrew Smith. Conceptualizing City Image Change: The ‘Re-Imaging’ of Barcelona. *Tourism Geographies*，2005(7):398-423.

Ashworth ,G. J. Urban Tourism: An Imbalance in Attention. In: C.P. Cooper(ed.), Progress in Tourism, Recreation and Hospitality Management. London and New York: Belhaven, 1989:33-54.

Ashworth, G. J. Is There an Urban Tourism?. *Tourism Recreation Research*, 1992(17):3-8.

Asker J. Fournier, S, Brasel S. Ghatting. The Development of Consumer-Brand Relationship. Research paper series graduate school of business, Stanford University, 2001.

Aspa Gospodini. Urban Design, Urban Space Morphology, Urban Tourism: An Emerging New Paradigm Concerning Their Relationship. *European Planning Studies*, 2001(7):925-324.

Blackston. M. The Qualitative Dimension of Brand Equity. *Journal of Advertising Research*，1995(4):2-7.

Blain, C., Levy, S. E.,Ritchie, J .R. B. Destination branding-Insights and practices from Destination Management Organizations. *Journal of Tourism Research*, 2005(3): 328-338.

Burleigh B. Gardner, Sidney J. Levy. The Product and the Brand. *Harvard Business review*, 1955(3-4):33-39.

Cai, L. A. Cooperative branding for rural destinations. *Annals of Tourism Research*, 2002(3),720-742.

Charlotte M. Echtner. The semiotic paradigm: implications for tourism research. *Tourism Management*, 1999(20):47-57.

Christian M. Rogerson. Creative Industries and Urban Tourism: South African Perspectives. *Urban Forum*, 2006(17):149-167.

Clarke, J. Tourism brands–an exploratory study of the brands box model. *Journal of Vacation Marketing*, 2000(4): 329-345.

Cohen, E. Primitive and remote: Hill tribe trekking in Thailand. *Annals of tourism Research*, 1989(1),30-61.

Cooper, D. Portraits of Paradise: Themes and images of the tourist industry. *Southeast Asian Journal of Social Science*, 1994 (22):144-160.

Culler, Jonathan: Semiotics of Tourism. *The American Journal of Semiotics*, 1981 (1):127-140.

David．A．Aaker and Kevin Lane Kelle，Consumer Evaluation of Brand Extension. *Journal of Marketing*, 1990(1):27-42.

De Keyser, R.& Vanhove, N. The competitiveness and societal prosperity. *Journal of Business Research*, 1994(3): 137-152.

Doris Omerzel Gomezelj, Tanja Mihali. Destination competitiveness-Applying different models, the case of Slovenia. *Tourism Management,* 2008(29):294-307.

Dwyer, L.,Kim,C. Destination competitiveness: Determinants and Indicators. *Current Issues in Tourism,* 2003 (5):369-413.

Emma P.Y.Wong, Nina Mistilis, Larry Dwyer. A Framework for analyzing intergovernmental collaboration- The case of ASEAN tourism . *Tourism Management,* 2010 (32):367-376.

Evans-Pritchard, D. How they see us: Native American images of tourists. *Annals of Tourism Research,*1989,16(1), 89-105.

Urbain. The tourist adventure and his images. *Annals of tourism Research,*1989(1): 106-188.

Founier Susan.M. Customer and their brand: Developing relationship theory in customer research. *Journal of Consumer Research,*1998(3):343-373.

Geffery. I. Crouch, J. R. Brent Ritchie. Tourism, Competitiveness, and Societal Prosperity. *Journal of Business Research,* 1999(44):137-152.

H. S. Krihnan. Characteristics of memory associations: A consumer-based brand equity perspective. *International Journal of Research in Marketing,*1996(13):389-405.

Ick-Keun On Effective Tourist Marketing Approaches to Sporting Events: Lessons from the 2002 World Cup. Conference Abstracts（pp.211-213） Proceedings of the 2002 KASTLE Annual Autumn International Symposium' Future of Tourism in Asia: The Role of Sports Tourism' 25 September 2004.

Jeannifer L.Aaker. Dimensions of Brand Personality. *Journal of Marketing Research,*1997(3):347.

Jones，A.Brand extension in tourist attractions: success factors. *Insights* (English Tourism Council). 2000/2001 (6):35.

Joseph E Mbaiwa, Elisha N Toteng& Naomi Moswete. Problems and prospects for the development of urban tourism in Gaborone and Maun, Botswana. *Development Southern Africa,* 2007(24):725-740.

Juergen Gnoth. Leveraging export brands through a tourism destination brand. *Brand Management,* 2002(4-5):262-280.

Kerr, G. From destination brand to local brand. *Brand Management,* 2006(4/5): 276-283.

Kobi Cohen-Hattab.Historical Research and Tourism Analysis: The Case of the Tourist-Historic City of Jerusalem. Tourism Geographies, 2004(3): 279-302.

Konecnik,M.,Go,F. Tourism destination brand identity–the case of Slovenia. *Brand Management,* 2008(3): 177-189.

Krassimira Paskaleva-Shapira Sustainable Urban Tourism: Involving local Agents and Partnerships for New Forms of Governance(SUT-Governance) Project Legacy and the New Challenges. *Technik folgenabschätzung–Theorie und Praxis,* 2004(1):43-48.

Maja. Konecnik,William C. Gartner. Customer-Based Brand Equity For A Destination. *Annal of Tourism Research,* 2007(2):400-421.

Maksym Ivanyna. Urban tourism: benchmarking the strategies. Future Project on Urban Governance, Weimar University, Germany Bavarian Graduate Program in Economics, Germany Central European University, Budapest ,Hungary. January 12, 2007.

Morgan,N.J.,Pritchard,A., Piggot, R. Destination branding and the role of the stakeholders-the case of New Zealand. *Journal of Vacation Marketing,* 2003 (3),285-299.

Mullins, P. Tourism Urbanization. *International Journal of Urban and Regional Research,* 1991(3):325-342.

Nazmi Kozak., Muzaffer Usal , Ibrahim Birkan. An Analysis of Cities Based on Tourism Supply and Climatic Conditions in Turkey. *Tourism Geographies*,2008(10):81-97.

Newall, J. Edward. The Challenge of Competitiveness. *Business Quarterly*, 1992(56): 94-100.

Page, S.M.T. Sinclair .Tourism and Accommodation in London: Alternative Polices and the Docklands Experience. *Built Environment*,1989(2): 125-127.

Page, S., Tourism Planning in London. *Town and Country Planning*, 1989(12):334-336.

Page, S., Tourist Development in London Dockland. *Geojournal*,1989(3):291-295.

Richard Prentice , Vivien Andersen .Festival as creative destination. *Annals of Tourism Research*, 2003(1): 7-30.

Riley, R., Baker.,Van Doren. C,S. Movies as tourism promotion: A 'Pull' factor in a 'Push' location. *Tourism Management*,1992(3): 267-274.

Ritchie, J. R. B.Crouch, G. I. The competitive destination: a sustainable perspective. *Tourism Management*, 2000 (1):1-7.

Robyn Mayes. Doing cultural work: Local postcard production and place identity in a rural shire. *Journal of Rural Studies*, 2010 (26):1–11.

Stansfield, C.A. A note on the urban-nonurban Imbalance in American Recreational Research. *Tourism Review*, 1964(4):196-200.

Tauber, Edward M. Brand franchise extension: New product benefits from existing Brand Names. Business Horizons,1981(2):36-41.

Taylor Valerie A. Bearden William O.A D spending on brand extensions: does similarity matter? *Brand Management*, 2005(4/5):250-255.

The World Competitiveness Report. World Economic Forum and IMD International[R] ,Lausanne, Switzerland.1994:18.

Tooke,N , Baker,M. Seeing is Believing: the effect of film on visitor numbers to screened locations. *Tourism Management*,1996 (2): 87-94.

Urbain, J. The tourist adventure and his images. *Annals of tourism Research*, 1989(1):106-188.

Urbain, J. D. Sur l'espace du touriste: un voyage en Tunisie. Eléments pour une sémiotique de l'espace touristique des Français. *Espace Géographique* ,1983(2):115-124.

Uzzell,D. An alternative structuralist approach to the psychology of tourism marketing. *Annals of Tourism Research*, 1984(11):79-99.

Yamamoto, D.,Gill, A.M.Measuring advertising effectiveness in destination marketing strategies. *Journal of Travel Research*,1999(2): 134-143.